Wolfgang Meixner 12/87

Zu diesem Buch

Was muß sich angesichts der «dritten technologischen Revolution» durch neue Medien und Mikrochips in der Schule ändern? Soll sie, so schnell es eben geht, zur Computerlandschaft umgestaltet werden? Oder sind solche Überlegungen überflüssig, weil das Schulsystem als Relikt des überlebten Industriezeitalters sich ohnehin auflöst?

Fragen nach der Zukunft der Schule, die dieses Buch zu beantworten versucht. Die Autoren beginnen mit einer Bestandsaufnahme der Bildungsreform, ihrer Ergebnisse und Defizite. Sie beschreiben im zweiten Schritt die Anforderungen und Probleme, auf die das Bildungssystem reagieren muß, um nicht bedeutungslos zu werden in einer Gesellschaft, in der Arbeitsplätze abgebaut werden, Arbeit ihren Sinn verliert und die Informationstechnologien immer weiter vordringen. In realistischen Szenarien entwerfen die Autoren ihr Zukunftsbild der Schule: Lernen soll in ihr nicht nur eng an Qualifikationen ausgerichtet sein, die auf dem Arbeitsmarkt verwertbar erscheinen. Vielmehr geht es auch darum, durch schulische Bildung möglichst viele zu befähigen, in der «Informationsgesellschaft» eine aktive Rolle zu übernehmen. Nicht Elitebildung für wenige, sondern mehr Bildung für alle muß Ziel der Schule sein, wenn sie offen für die Zukunft bleiben will.

Klaus Klemm, geb. 1942, ist Professor für Empirische Schulforschung an der Universität – Gesamthochschule Essen.

Hans-Günter Rolff, geb. 1939, ist Professor für Schulpädagogik und Bildungsplanung an der Universität Dortmund. Er war in den sechziger Jahren Mitglied des Experimentalausschusses des Bildungsrats.

Klaus-Jürgen Tillmann, geb. 1944, ist Professor für Schulpädagogik (Schulische Sozialisation) an der Universität Hamburg.

Die Autoren arbeiten im Rahmen des Dortmunder Instituts für Schulentwicklungsforschung (AFS) seit mehr als zehn Jahren zusammen. Seit 1980 geben sie gemeinsam das «Jahrbuch der Schulentwicklung» (Beltz Verlag) heraus.

Klaus Klemm, Hans-Günter Rolff,
Klaus-Jürgen Tillmann

Bildung für das Jahr 2000

Bilanz der Reform, Zukunft der Schule

Herausgegeben von der
Max-Traeger-Stiftung

rororo

Rowohlt

Redaktion Wolfgang Müller
Umschlagentwurf Dieter Busch
Originalausgabe
Veröffentlicht im Rowohlt Taschenbuch Verlag GmbH,
Reinbek bei Hamburg, November 1985

Satz Times (Linotron 202)
Gesamtherstellung Clausen & Bosse, Leck
Printed in Germany
880-ISBN 3 499 17948 2

Inhalt

Die Mitglieder des Wissenschaftlichen Beirates der Max-Traeger-Stiftung haben uns durch die Erörterung unseres Konzeptes sowie durch Lektüre und Diskussion unserer ersten Textentwürfe unverzichtbar wichtige Hilfen gegeben. Dafür bedanken sich die Autoren bei
Frank v. Auer
Walter Bärsch
Hellmut Becker
Erich Frister
Hans-Georg Herrlitz
Elfriede Höhn
Diether Hopf (als Gast des Beirates)
Eugen Kogon
Lothar Krappmann (als Gast des Beirates)
Klaus Mollenhauer
Jakob Muth
Hans-Dietrich Raapke
Ingo Richter
Hans-Georg Schönwälder
Gertrud Seidel (als Gast des Beirates)
Helga Thomas

Vorwort

Welches Urteil fällen wir heute über die Bildungsreform der sechziger und siebziger Jahre? War sie erfolgreich oder ist sie gescheitert? War sie pädagogisch und politisch richtig oder überwogen in der Summe Fehlentwicklungen?

Der Wissenschaftliche Beirat der Max-Traeger-Stiftung hat auf zwei Sitzungen – am 8. Februar 1983 und 13. September 1983 – diese Fragen ausführlich diskutiert. Dabei überzeugte Eugen Kogon mit seinem engagierten Plädoyer, für Lehrer und bildungspolitisch Interessierte eine Bilanz der Bildungsreform zu ziehen, um angesichts der antireformerischen Entwicklungen und Entscheidungen der achtziger Jahre den Reformern zur Bestimmung ihres Standortes zu verhelfen und sie zur Fortsetzung des eingeschlagenen Weges zu ermutigen. Klaus Klemm, Hans-Günter Rolff und Klaus-Jürgen Tillmann erklärten sich nach dem Gespräch mit dem Wissenschaftlichen Beirat am 4. Juli 1984 bereit, im Auftrag der Max-Traeger-Stiftung ein Gutachten zur Bilanz der Bildungsreform zu verfassen. Der Wissenschaftliche Beirat stimmte der Anregung der Verfasser zu, diesen Rückblick auf die allgemeinbildende Schule zu beschränken, vor allem aber, die Bilanz um eine Analyse der gegenwärtigen bildungspolitischen Situation und um Folgerungen für die zukünftige Bildungspolitik zu ergänzen. Der Beirat diskutierte das Gutachten ausführlich am 18. Januar 1985.

Die Entscheidungsgremien der Max-Traeger-Stiftung, Vorstand und Kuratorium, sind den Verfassern des Gutachtens, dem Wissenschaftlichen Beirat und dem Rowohlt Verlag dankbar, daß es zu dieser Veröffentlichung kommt. Ich gehe davon aus, daß dieses Gutachten geeignet ist, Reformern Mut zu machen gegen die Wendepolitik im Bildungsbereich. Der Rückblick zeigt, daß in den vergangenen 15 bis 20 Jahren mehr erreicht wurde, als kleingläubige oder im mühsamen Alltagsgeschäft sich verbrauchende Reformer glauben. Die Analyse der gegenwärtigen Situation macht deutlich, daß die Antworten der Bildungsreformer auf die Probleme von heute maßgeblicher sind als das Gerede ihrer Gegner. Die

Skizze der Anforderungen die an die kommende Generation zu stellen sind, gibt die Gewißheit, daß Bildungspolitik in reformerischer Tradition weiterhin möglich und sinnvoll ist.

Ich hoffe, daß diese Arbeit einen wichtigen Baustein für die Wiederherstellung und Sicherung reformerischer Positionen leisten wird. Die Förderung von Chancengleichheit, der Abbau sozialer Benachteiligungen und die Konzeption der «Begabung» eines jeden Kindes sind Grundsatzpositionen, die sich bewährt haben. Das Gutachten ist geeignet, den vielen Legenden, die sich heute um Bildungspolitik ranken, entgegenzutreten oder sie zu korrigieren.

- Gegen die Behauptung, es bestehe kein Interesse mehr an Bildungspolitik, steht die Beobachtung, daß sich dieses Interesse verschiebt und daß Lehrer der Politik der Eliteförderung – des verzweifelten Versuchs, die Ergebnisse der Bildungsreform rückgängig zu machen oder einzuschränken – das Interesse an der praktischen reformerischen Arbeit *in* der Schule (Alternativen in der Regelschule) entgegensetzen.
- Gegen die Behauptung, die Gewerkschaften oder gar die GEW hätten Interesse an Bildungspolitik verloren, steht die Tatsache, daß der DGB 1982 zum ersten Mal in seiner Geschichte ein bildungspolitisches Grundsatzprogramm beschlossen hat und daß die GEW in vielen Untergliederungen ihre Arbeit auf pädagogische und bildungspolitische Fragen konzentriert.
- Das Gerede über die Resignation der Lehrer ist weit verbreitet, nicht zuletzt gefördert durch all jene Lehrer, die sich in der Reformarbeit aufrieben. Das Gespräch mit diesen Lehrern macht einen Zwiespalt offenbar. Sie klagen über mangelnde politische und gesellschaftliche Unterstützung, aber im Alltag arbeiten sie mit Phantasie und Energie an einer besseren Schule.
- Das vorliegende Gutachten macht eines deutlich: Die Legende, die Bildungsreform sei gescheitert, ist falsch. Richtig ist, daß die Reformer ihre Ziele sehr hoch gesteckt hatten und daß der Weg zur Realisierung dieser Ziele langen Atem erfordert. Ludwig von Friedeburg hat wiederholt darauf hingewiesen: Die Grundschule wurde 1920 eingeführt; erst seit den siebziger Jahren entwickelt sie sich in ihrer pädagogischen Gestalt an vielen Stellen so, daß sich Lehrer voll mit ihr identifizieren können. Das Ziel, die Gesamtschule als alleinige Regelschule einzuführen, ist eine Aufgabe, die selbst unter günstigen politischen Rahmenbedingungen mehr als eine Generation politischer Arbeit kostet.
- Das Gutachten macht die Legende zunichte, nach der heute angeblich

nichts mehr gehe. Es zeigt Perspektiven auf, es zeigt für Reformen günstige Bedingungen auf. Diese gilt es, in realistischer Analyse des politischen Rahmens zu nutzen.

– Unter Reformern ist die Legende weit verbreitet, die Reformgegner seien sehr stark. Dies gilt derzeit sicherlich machtpolitisch, wobei die Differenzen innerhalb der Regierenden nicht gering geschätzt werden sollten. Die Kultusminister Mayer-Vorfelder und Oschatz bleiben nicht vergleichbar. Wer nach dem historisch und zukunftsbezogen fundierten Konzept im konservativen oder liberalen Lager fragt und nach seiner über Tageseffekthascherei haltbaren Glaubwürdigkeit, der muß feststellen: Solche Konzepte gibt es nicht.

Ich möchte den Wert des Gutachtens nicht verabsolutieren. Ich verstehe es aber als einen wichtigen und hoffentlich einflußreichen Diskussionsbeitrag für die Reformer im Bildungswesen. Ich hoffe, daß in Zustimmung, Widerspruch oder Ergänzung, ob angeregt durch die Max-Traeger-Stiftung oder auf andere Weise, viele Wissenschaftler und Bildungspolitiker die Diskussion um die Bilanz der Bildungsreform und die heute zu ziehenden Folgerungen fortführen werden.

Die Max-Traeger-Stiftung wurde vor 25 Jahren von der Arbeitsgemeinschaft Deutscher Lehrerverbände (GEW und BLLV) als wissenschaftliche Stiftung ins Leben gerufen. Sie wird durch die Landesverbände der GEW sowie Spenden von Einzelmitgliedern finanziert. Die Stiftung ist der GEW personell und sachlich eng verbunden. Sie legt allerdings Wert auf ihre Unabhängigkeit. Sie möchte Gelegenheit geben oder schaffen, durch wissenschaftliche Erforschung der Erziehungs- und Schulwirklichkeit die pädagogischen Verhältnisse unserer Gesellschaft zu reformieren. Solche Arbeit muß nicht mit der Politik der GEW identisch sein; GEW und Max-Traeger-Stiftung sind einander im Engagement für Reformen im Bildungswesen allerdings einig. Die GEW ist sich dessen bewußt, daß Wissenschaft zwar interessengeleitet ist, aber unabhängig von aktueller gewerkschaftlicher Politik arbeiten, denken und schreiben muß. Die GEW möchte der Max-Traeger-Stiftung als einer kleinen Stiftung im Bildungsbereich durch ihre finanzielle und personelle Unterstützung ermöglichen, unabhängige wissenschaftliche Forschung für Bildungsreform voranzutreiben.

Dieter Wunder

Zur Einleitung: Schulreform – Krise ohne Ende?

Schulreform ist unpopulär geworden, rechts und links scheint sie kein Thema mehr zu sein.

Bei Konservativen und auch bei Wählern der Mitte überrascht dies nicht: In dem Maße, in dem ererbte oder gerade erworbene Vorrechte durch den Fortgang von Reformen bedroht werden, führt die Verteidigung der eigenen Privilegien zur Abwehr und, wo dies geht, zum Zurückdrängen gesellschaftlicher Reformen. Dieser Widerstand gegen Reformen, der sich immer stärker entfaltet, hat die Schulreform seit Beginn der siebziger Jahre in wachsendem Maße begleitet. Schon damals erklärten konservative Bildungspolitiker die Schulreform, kaum daß sie begonnen hatte, für «gescheitert». Die Mobilisierung von Widerstand – etwa durch den Hessischen Elternverein in den Auseinandersetzungen um Rahmenrichtlinien oder durch Wissenschaftler im Rahmen des Kongresses «Mut zur Erziehung» – veranlaßte bereits in den siebziger Jahren sozial-liberale Ministerien zunehmend zur Rücknahme bereits erlassener Reformen sowie zur Verwässerung inhaltlicher Konzeptionen. Der engagierte Berliner Schulsenator C. H. Evers trat bereits 1970 zurück; der hessische Kultusminister Ludwig v. Friedeburg wurde 1974 vom damaligen Koalitionspartner FDP nicht länger akzeptiert; andere zogen sich aus der Bildungspolitik zurück.

Während jedoch die Reaktionen der Konservativen nicht weiter überraschen konnten, ist die Abkehr von der Schulreform, die sich in Teilen des bunten linken Lagers derzeit vollzieht, etwas Neues. Die Anzeichen einer neuen und distanzierten Einstellung zur Schulreform bei Linken sind unübersehbar. So gab es bei einem ersten Vorbereitungstreffen für einen «Bildungstag» Anfang November 1984 in der Evangelischen Akademie Villigst zahlreiche Stimmen, die die Schulreform nicht nur für gescheitert, sondern bereits im Ansatz für falsch erklärten: Gebracht habe sie nichts als mehr Schule, mehr Staat, mehr Kontrolle. Bei den Verhandlungen über das Motto dieses Bildungstages war es nicht einmal möglich, den Begriff «Reform» aufzunehmen: Konsensfähig waren «Ökonomische Krise und Bildung», «Kulturelle Modernisierung und Bildung», nicht jedoch «Bildungsreform». Dies ist kein Einzelfall: In den Hochschulen stoßen Vorlesungen und Seminare, die sich mit Themen der Schulreform befassen, auf Desinteresse. Das gleiche gilt für Veranstaltungen der Lehrerfortbildung und auch für die so attraktiven Sommer- und Herbstuniversitäten. Wenn die Reform der Schulen an den Hochschulen überhaupt noch thematisiert wird, so geschieht dies im Rahmen der Alternativschuldebatte.

Schulreform ist also in eine schwere Krise geraten, gerade auch im Bewußtsein der sie ehemals tragenden Gruppen. Diese Krise drückt sich in einer Verunsicherung der Reformer aus, die sich fragen, ob die Schulreform sinnvoll war, ob und wem sie genutzt hat, ja, ob sie überhaupt stattgefunden habe. Selbst diejenigen, die die Bemühungen um die Reform der Schulen über Jahre getragen haben, bezweifeln, ob es Maßnahmen gegeben habe, die sie ganz und gar befürworten könnten; kaum eine Maßnahme erscheint ihnen wirklich geglückt. Auch nach jahrelangem Ringen um die Veränderung der Schulen beschreiben Schulpraktiker und -theoretiker schulisches Lernen als lebensfern, handlungsarm, entsinnlicht, einseitig rationalistisch, öd und abstrakt; sie erleben Schule als eine fremdbestimmte, bürokratisch durchorganisierte und ritualisierte staatliche Anstalt; sie geißeln das Elend der Zensurengebung und etikettieren die Schule als Lernknast, als Sortiermaschine oder auch als totale Institution; die Radikalsten unter ihnen stellen öffentlich die Frage, ob die Schule überhaupt noch zu retten sei. Während sich antiautoritäre Pädagogen der späten sechziger und frühen siebziger Jahre – lediglich, muß man aus heutiger Sicht sagen – gegen eine überholte, auf Gehorsam und Unterordnung ausgerichtete Erziehung wendeten, verstehen sich heute etliche Lehrer, viele Referendare und ein beträchtlicher Teil der Lehrerstudenten als weitaus radikalere Schulkritiker: Sinnvolles Lernen, so formulieren sie, sei in der Institution Schule prinzipiell nicht möglich, jeder Versuch zur Reform des Schulwesens sei deshalb vom Ansatz her unsinnig. Das Schulsystem, so sagen es etwa die hessischen Grünen, befinde sich in einem so schrecklichen Zustand, daß es überhaupt nicht reformierbar sei (zitiert nach Preuss-Lausitz 1983). Von da ist es zu einer antipädagogischen Einstellung nicht weit. In der Antipädagogik wird nicht eine bestimmte Art der Erziehung, sondern Erziehung überhaupt kritisiert; die antipädagogische Argumentation ist geleitet von Thesen wie «Menschenwürde ist mit Erziehung nicht vereinbar» (v. Braunmühl 1975, S. 237) oder «Erziehung ist Krieg gegen Kinder» (Text eines Flugblattes, zitiert nach Rolff 1984, S. 138). Durch konservative Versuche, gerade umgekehrt das Heil in einem Mehr an Erziehung zu suchen, die im Verdacht steht, nur zur Anpassung zu führen, wird antipädagogisches Mißtrauen eher geschärft. Diese Wende der Schulkritik fort von der Auseinandersetzung mit einzelnen Erscheinungsformen der Schule, so wie es die Schulreformer betreiben, hin zu einer grundsätzlichen Infragestellung der Institution Schule findet im Zustand des Arbeitsmarktes einen fördernden Nährboden: Wie könnten sich junge Pädagogen für die Reform einer Institution engagieren, die ihnen verschlossen bleibt? Wie sollten sich Lehrer und Schüler noch für Schulreform ereifern, wenn zunehmend unsicher ist, welcher Sinn der heutigen Schulausbildung bei den Unsicherheiten zukünftiger Lebens- und Arbeitsbedingungen noch zukommt?

Angesichts dieser Lage, in der auch engagierten Reformern die Ziele der künftigen Schulentwicklung undeutlich geworden sind, ist es erforderlich, nach neuen Orientierungen zu suchen. Unser Beitrag dazu, den wir mit dieser Arbeit vorlegen, greift aus dem Feld der Bildungsreform, die sich auf alle Erziehungseinrichtungen von der Vorschule bis zur Universität erstreckt, das der Schulreform heraus. Probleme der Vorschule, der Hochschulen sowie der Weiterbildung behandeln wir dabei mehr am Rande.

Wir beginnen unseren Versuch zur Gewinnung neuer Orientierungen mit einer Bilanz der Schulreform. Wir denken, daß sich die Mühe des Bilanzierens lohnt: Eine Bilanz kann uns zum einen die Zielsetzung der Schulreform noch einmal deutlich vor Augen führen und dazu beitragen, die Gültigkeit und den Bestand überlieferter Reformziele zu prüfen. Eine solche Bilanz kann zum anderen über den «Gegenstand» Schule, um dessen Reform es ja ging, Erkenntnisse vermitteln: Denn gerade die Versuche der Schulreformer, die Schule zu verändern, haben manchen Wesenszug dieser Institution und manche charakteristische Eigenschaft der Beziehungen in den Schulen erst deutlich werden lassen. Die Kenntnis dieser Merkmale aber scheint uns für eine erfolgreiche Schulreform, um die es uns immer noch geht, unerläßlich.

Wir stellen also in unserem ersten Kapitel, dem der Bilanz, dar, mit welchen Zielsetzungen die Reformer Mitte der sechziger Jahre angetreten sind, um danach zu fragen: Was wurde davon bis Mitte der achtziger Jahre eingelöst, was nicht – und was hat sich völlig anders entwickelt? Damit an diese Analyse keine falschen Erwartungen gerichtet werden, ist es wichtig zu betonen: «Bilanz ziehen» heißt nicht, die Geschichte der Schulreform zu schreiben. Die Frage nach den gesellschaftlich-historischen Bedingungen, die die Schulreform zunächst in Bewegung und später ins Stocken gebracht haben, die Einteilung dieser Entwicklung in unterschiedliche Phasen, die soziologische Analyse interessengebundener Auseinandersetzungen, die Bewertung der unterschiedlichen politischen Strategien – dies alles ist nicht Gegenstand unserer Bilanz, es wird in diesem Buch allenfalls erwähnt. Wir fragen – wenn man so will eher buchhalterisch – nach der Differenz zwischen den ursprünglichen Zielsetzungen und der gegenwärtigen Realität. An Versuchen, die Entwicklung der Schulreform gesellschaftlich-historisch zu beschreiben und zu erklären, besteht im übrigen kein Mangel. Neben den Arbeiten von v. Friedeburg (1978) ist hier auch die Theorie von der schulischen «Modernisierung im Klassenkonflikt» zu nennen, an deren Erarbeitung wir im Rahmen einer Arbeitsgruppe der «Deutschen Gesellschaft für Soziologie» mitgewirkt haben (vgl. Rolff u. a. 1980 a, S. 27 ff.). Ob und in welchen Punkten sich diese verschiedenen Erklärungsansätze decken, ergänzen oder auch widersprechen, ist sicher eine spannende Frage, ist jedoch nicht Gegenstand unserer Arbeit.

Vor dem Hintergrund dieser Bilanz wollen wir in einem zweiten Kapitel versuchen, nach den künftigen Entwicklungslinien des Schulwesens zu fragen: Mit welchen gesellschaftlichen Rahmenbedingungen, mit welchen zusätzlichen Erschwernissen, aber auch mit welchen Anstößen zur Erneuerung von Lehren und Lernen wird sich die Schule bis zum Ende dieses Jahrhunderts auseinandersetzen müssen? Welche Funktionen, welche Bedeutung behält die Schule in einer Gesellschaft, in der es zunehmend weniger Lohnarbeit und immer mehr Informationsmedien gibt? Ist es sinnvoll, ist es notwendig, sich angesichts dieser Entwicklungen Gedanken über den Fortgang der Schulreform, über die Veränderung von Strukturen und Curricula, über die veränderte Alltagsarbeit der Lehrer zu machen?

Wir versuchen, uns mit diesen Fragen der absehbaren Zukunft auseinanderzusetzen, indem wir von den bereits jetzt erkennbaren gesellschaftlichen Umwälzungsprozessen ausgehen und jeweils unterschiedliche Möglichkeiten der Entwicklung von Gesellschaft und Schule bis in das nächste Jahrhundert aufzeigen. Eine solche zukunftsbezogene Darstellung erlaubt es, über gesellschaftliche und pädagogische Perspektiven zu diskutieren: Welche Entwicklung ist im Interesse der Heranwachsenden wünschenswert, welche sollte hingegen besser verhindert werden?

Aus einer solchen Diskussion hoffen wir, Orientierungshilfen für eine Bildungspolitik und eine Erziehungspraxis zu gewinnen, die den emanzipatorischen Zielsetzungen der Schulreform weiter verpflichtet bleiben, die sich jedoch in einer geänderten historischen Situation vor neue Probleme gestellt sehen. Dieser Versuch, vor dem Hintergrund der inzwischen historischen Erfahrung der Schulreform eine neue Orientierung zu gewinnen, mündet in unser abschließendes drittes Kapitel. Dort bemühen wir uns, ein Verständnis von Bildung zu entwickeln, das uns für die gesellschaftliche Situation am Übergang von unserem zum nächsten Jahrhundert angemessen erscheint.

1. Bilanz der Schulreform

Einer Bilanz der Schulreform muß eine Klärung darüber vorangestellt werden, was wir unter Schulreform verstehen. Dazu wählen wir nicht den Weg einer systematischen Definition. Statt dessen wollen wir versuchen, unser Verständnis von Schulreform dadurch zu verdeutlichen, daß wir den Gang der Bemühungen um die Veränderung der Schulen seit den sechziger Jahren knapp nachzeichnen und dabei implizit herausarbeiten, welche Veränderungsvorhaben von den Akteuren selbst und von uns im Rückblick in ihrer Summe als Schulreform wahrgenommen werden.

Wir meinen, daß die Schulreform um 1964 ihren Aufschwung nahm, daß sie um 1970 einen Höhepunkt erreichte und daß sie seit 1972 mehr und mehr gegenüber restaurativen Bestrebungen in die Defensive geriet (vgl. zu den im folgenden angesprochenen Ereignissen die «Zeittafel zur Schulreform», S. 16f.). Wir wollen dies in aller Kürze nachzeichnen.

1957, nach dem Start des ersten sowjetischen Satelliten, des Sputnik, begann in den westlichen Industrieländern eine Diskussion darüber, wie ein befürchteter technologischer Rückstand gegenüber der Sowjetunion vermieden werden könne. In allen in diesem Zusammenhang angebotenen Strategien nahmen bildungspolitische Maßnahmen einen herausragenden Platz ein. Während die Diskussion darüber in den Vereinigten Staaten bereits unmittelbar nach den ersten Erfolgsmeldungen sowjetischer Raketenbauer entbrannte und in großen bildungspolitischen Forderungsprogrammen ihren Niederschlag fand, erreichte sie die Bundesrepublik erst verhältnismäßig spät. Erste Reformpläne des «Deutschen Ausschusses» (Rahmenplan 1959) und der Gewerkschaft Erziehung und Wissenschaft (Bremer Plan 1960) waren vergleichsweise zurückhaltend. Von einer Aufbruchstimmung lassen sie noch nichts spüren: Weder redeten sie einer Expansion des Bildungssystems das Wort noch forderten sie grundlegende Strukturveränderungen. Dies änderte sich erst 1964 schlagartig, als Georg Picht in der Bundesrepublik einen «Bildungsnotstand», den er vor allem als Abiturientenmangel verstand, ausmachte. Im gleichen Jahr erklärte die Kultusministerkonferenz auf ihrer 100. Plenarsitzung in Berlin, «daß die deutsche Kulturpolitik nach Abschluß der Periode des Wiederaufbaus nunmehr in einen Zeitabschnitt eingetreten ist,

Zeittafel zur Schulreform

Jahr	Ereignis
1957	Start des Sputnik
1959	Rahmenplan des Deutschen Ausschusses für das Erziehungs- und Bildungswesen KMK-Empfehlung 9. Schuljahr
1960	«Bremer Plan» der GEW
1963	«Aufstieg durch Bildung» – SPD-Deutschlandtreffen
1964	PICHT: Die deutsche Bildungskatastrophe 100. KMK: Berliner Erklärung «Bildungspolitische Leitsätze» der SPD
1965	Ende des Deutschen Ausschusses für das Erziehungs- und Bildungswesen (gegründet 1953) Deutscher Bildungsrat wird gegründet DAHRENDORF: Bildung ist Bürgerrecht
1966	Walter-Gropius-Gesamtschule in Berlin wird eröffnet
1967	ROBINSOHN: Bildungsreform als Revision des Curriculum Berliner und hessische Landesverbände der GEW fordern die Gesamtschule EVERS-Plan: Modell eines neuen Gymnasiums und einer Gesamthochschule
1968	KMK-Empfehlung: Mengenlehre Beschluß der Ministerpräsidenten zur Gründung von Fachoberschulen ROTH: Begabung und Lernen (Gutachten des Bildungsrates) GEW-Bund fordert auf dem Nürnberger Kongreß die Gesamtschule 9. Pflichtschuljahr in Bayern (letztes Bundesland)
1969	Empfehlung des Bildungsrates zur Einrichtung von Schulversuchen mit Gesamtschulen Berufsbildungsgesetz Regierungswechsel in Bonn – Beginn der SPD / FDP-Koalition
1970	Bildungsrat: Strukturplan Bundesregierung: Bildungsbericht 1970 KMK: Frankenthaler Beschlüsse zur Vereinheitlichung der Lehrerbildung
1972	KMK: Neugestaltung der gymnasialen Oberstufe Rahmenrichtlinien Hessen Radikalen-Erlaß BVG-Urteil zum Numerus clausus

Jahr	Ereignis
1973	Rahmenrichtlinien Nordrhein-Westfalen Bund-Länder-Kommission: Bildungsgesamtplan Errichtungsstop für weitere integrierte Gesamtschulen in Hesssen
1975	Bildungsrat: Bericht '75 Auflösung des Bildungsrats
1977	Koop-Schule Nordrhein-Westfalen gescheitert
1978	Kongreß «Mut zur Erziehung» Mehr als 90 % aller Schüler gehen in Niedersachsen in die Orientierungsstufe
1979	Hamburger Schulgesetz (Elternrecht auf Gesamtschule)
1980	Bundesverfassungsgerichts-Urteil gegen die Ausbildungsplatz-Abgabe
1981	Schulgesetz Nordrhein-Westfalen (Elternrecht auf Gesamtschule, Bestandsgarantie für das gegliederte Schulwesen)
1982	KMK: Rahmenvereinbarung über Geamtschulabschlüsse
1982/83	Regierungswechsel in Bonn CDU/FDP-Koalition

in welchem die zunehmende europäische Integration und die in allen Staaten gleichlaufenden Bedürfnisse der modernen Industriegesellschaft verstärkt neue Impulse zur Weiterentwicklung der Schul- und Hochschulpolitik geben». Genannt wurden ausdrücklich

- «Anhebung des gesamten Ausbildungsniveaus der Jugendlichen durch vermehrte und verbesserte Schulbildung aller Art
- Erhöhung der Zahl der zu gehobenen Abschlüssen verschiedenster Art geführten Jugendlichen, (...)
- Verstärkung der Durchlässigkeit unter allen bestehenden Schulen (z. B. horizontal, nicht vertikal gegliederte Schulorganisation).»

Ebenfalls im gleichen Jahr beschlossen die Führungsgremien der SPD die «Bildungspolitischen Leitsätze», welche die «Zusammenlegung der Schularten zu einer organisatorischen Einheit» forderten und damit die bundesdeutsche Gesamtschuldiskussion eröffneten.

Damit geriet bereits Mitte der sechziger Jahre, also deutlich vor der Zeit der Studentenbewegung und ebenfalls vor Beginn der sozial-liberalen Koalition, Bewegung in die Schulentwicklung. Die davon ausgehenden Bestrebungen waren im Verständnis ihrer Befürworter allerdings in erster Linie darauf ausgerichtet, einen längst fälligen Beitrag zur Modernisierung der Volkswirtschaft zu leisten: Die «Begabungsreserven» sollten ausgeschöpft und die Durchlässigkeit sollte verbessert werden, um auf diese Weise mehr Jugendliche zu besseren Bildungsabschlüssen zu führen. Eine Reformperspektive, die darüber hinausführte, enthielten zunächst lediglich die «Bildungspolitischen Leitsätze» (1964) der auf Bundesebene damals noch oppositionellen SPD, und dies auch nur sehr verklausuliert. Erst die etwa 1967 einsetzende Studentenbewegung radikalisierte und pädagogisierte die Reformansätze, indem sie für den Abbau von Privilegien, für eine nichtautoritäre Erziehung, für Studienreform und für eine Reform der schulischen Bildungsinhalte eintrat; sie forderte Mitbestimmung und Demokratisierung auf allen Stufen des Bildungssystems.

Dies alles führte um 1970 zu einer Hoch-Zeit der Reformplanungen: Der Bildungsrat legte einen «Strukturplan» vor, die Bundesregierung den «Bildungsbericht '70», in dem sie – so Willy Brandt im Vorwort – «Bildung und Wissenschaft in der vor uns liegenden Entwicklung des Landes die Priorität» einräumt (BMBW 1970, S. 3). Im gleichen Jahr wurde die Bund-Länder-Kommission für Bildungsplanung gegründet, ebenfalls in diesem Jahr verabschiedete die Kultusministerkonferenz ein Konzept wissenschaftlicher Lehrerbildung – gestuft und im Prinzip gleich lang für alle Lehrämter. Die Kultusministerkonferenz stimmte auch noch in diesem Jahr einstimmig, wie es in diesem Gremium sein soll, dem «Strukturplan» zu. In diesem Strukturplan sehen wir eines der bedeutsamsten Dokumente der Schulentwicklung dieser Jahre, weil in ihm die wichtigen Veränderungsanstöße aus den sechziger Jahren aufgehoben sind. Mit ihm liegt erstmalig ein von einem breiten Konsens getragenes Konzept für ein umfassend umgestaltetes Bildungswesen vor: Dieses Konzept bezieht sich gleichermaßen auf den Vorschulbereich, auf allgemein- und berufsbildende Schulen und auf den Bereich der Weiterbildung. In diesem Dokument, in seiner umfassenden Sicht des Bildungssystems, spiegelt sich das Bemühen, den individuellen Bildungsweg des einzelnen als kontinuierlichen Prozeß zu begreifen, für den die Gesellschaft ein abgestimmtes System von Lernmöglichkeiten bereitzustellen habe.

Allerdings zeigt dieser «Strukturplan» bei näherem Hinsehen auch seine Bruchstellen. Er verbirgt nicht, daß ursprünglich wirtschafts- und modernisierungspolitisch gedachte Wandlungen des Bildungssystems erst später durch gesellschaftspolitische und pädagogische Argumente überlagert wurden, ohne daß es zu einer echten Verbindung gekommen wäre: Der «Strukturplan» vertritt mit Verve die Prinzipien der Gesamtschule, fordert aber an keiner Stelle diese Schulform. Er erhebt die Verschränkung von innerer und äußerer Schulreform geradezu zum Programm, indem er überzeugend deutlich macht, daß innere Reformen des Schulwesens äußere Reformen zur Voraussetzung hätten, besteht aber nicht auf der Durchführung schulstruktureller Änderungen; er bezeichnet sich, bei aller Hervorhebung der Wichtigkeit von Lehrinhalten und Lernzielen, als «Strukturplan», scheut aber vor der schlüssigen Konsequenz der Strukturreformen durch Gesamtschulen zurück.

Diese Inkonsequenz des «Strukturplans» ist letztlich der Preis, der dafür gezahlt wurde, daß er von einer einmalig breiten Koalition getragen wurde: von allen Parteien, von Beamten, Angestellten und Arbeitern, von Wirtschaftsverbänden und Gewerkschaften, von Kirchen und Wissenschaftlern. Dieser breite Konsens war vermutlich zustandegekommen, weil für eine kurze Zeit die Bereitschaft bestand, um einer gemeinsam für notwendig erachteten Neugestaltung des Bildungswesens willen Meinungsunterschiede einstweilen auszuklammern. Als aber schon in der ersten Hälfte der siebziger Jahre, auch unter dem Eindruck wirtschaftlicher Rückschläge und der entstehenden Massenarbeitslosigkeit, deutlich wurde, daß das Schulsystem mehr qualifizierte Abschlüsse als vom Beschäftigungssystem gefordert vergab und nach wie vor vergibt, änderten sich die gesellschaftlichen Interessenlagen, so daß der Konsens zerbrach. Weil «Bildungsaufstieg» nun von den privilegierten Schichten nicht mehr als Beitrag zur Modernisierung der Industriegesellschaft, sondern vor allem als konkurrenzhafte Bedrohung für die eigenen Kinder gesehen wird, fallen diese Schichten wieder auf ihre restaurativen Positionen zurück. Die Folgen sind deutlich: Der Bildungsrat, einst ein Motor des Wandels, wird 1975 aufgelöst; konservative Positionen formieren sich mit großer publizistischer Wirkung (Kongreß «Mut zur Erziehung» 1978), die gesetzlich vorgesehene Ausbildungsplatzabgabe wird im Moment des größten Ausbildungsplatzmangels vom Bundesverfassungsgericht zurückgenommen ...

Wenn wir nun im folgenden den Ertrag dieser bildungspolitisch bewegten Jahre zu bilanzieren suchen und wenn wir dieses Vorhaben «Bilanz der Schulreform» überschreiben, so orientieren wir uns bei dem, was wir bilanzieren werden, an den Zielsetzungen der Schulentwicklung, so wie sie sich in den kurzen Konsensjahren finden. Vier Ziele und ein Grundprinzip, die den Kernbestand dessen umfassen, was wir Schulreform nennen möchten, waren in dieser Entwicklungsphase unstrittig. Es sind dies die Ziele des *Abbaus von Ungleichheit*, der *Demokratisierung und ver-*

stärkten Mitwirkung aller am Bildungswesen Beteiligten, der *Wissenschaftsorientierung und der Curriculumentwicklung* und schließlich der mit dem Leitziel vom «Sozialen Lernen» verbundenen *Humanisierung des pädagogischen Umgangs.* Dabei galt es als unstrittig, daß sich diese pädagogischen Zielsetzungen nur realisieren ließen, wenn zugleich eine *Reform der Schulstrukturen* stattfände. Die Schulreform-Bemühungen wurden somit von der Einsicht getragen, daß «innere» und «äußere» Schulreform eine untrennbare Einheit bilden.

Bei der Bilanzierung der Schulreform orientieren wir uns an diesen ursprünglich im Konsens formulierten Zielvorstellungen. Nicht zufällig handelt es sich dabei um Felder der Schulentwicklung, auf denen im Verlauf der Geschichte des öffentlichen Schulwesens immer wieder um Fortschritt gestritten wurde. Jeder dieser Themenbereiche wurzelt in den gesellschaftlichen Auseinandersetzungen, die Europa und auch Deutschland seit der Französischen Revolution bewegt haben und bewegen. Dies erlaubt es, die Bilanz der Schulreform der jüngsten Vergangenheit in eine geschichtliche Entwicklungslinie einzuordnen, in einen Zusammenhang also, der hilfreich sein kann, wenn es um die Gewinnung von Maßstäben geht.

1.1. Abbau von Ungleichheit

1789 erklärte die französische Nationalversammlung im Punkt 1 der von ihr verkündeten «Menschen- und Bürgerrechte»: «Die Menschen werden frei und gleich an Rechten geboren und bleiben es.» (Jellinek 1927) Mit diesem Satz versuchte sie, einen politischen Schlußstrich unter eine Debatte zu setzen, die das endende Jahrhundert, das der Aufklärung, mit stetig wachsender Heftigkeit darüber geführt hatte, ob die Menschen von Gott oder – wo dieser nicht mehr geglaubt wurde – von der Natur frei und unter sich gleich oder abhängig und ungleich geschaffen seien und auch darüber, ob die Entwicklung von möglicherweise frei und gleich Geborenen zu Unfreien und Ungleichen gottgewollt und natürlich sei.

Seither ist Gleichheit nicht nur ein Begriff philosophischer Exkurse, sondern mehr: eine politische Kampfforderung. Zunächst allerdings eine des Bürgertums, die dessen Anspruch legitimierte, an der Gestaltung von Gesellschaft und Staat teilzuhaben und die vor allem gegen Adel und Klerus gerichtet war. Das Bürgertum mußte, um die eigenen Ansprüche

durchzusetzen, Ungleichheit ablehnen, soweit diese auf erblich erworbenen Merkmalen wie dem adliger Geburt beruhte. An die Stelle der durch Geburt zugefallenen sozialen Stellung sollte eine Verteilung von Lebenschancen aufgrund individuell erbrachter Leistungen treten.
So bedeutsam und fortschrittlich die bürgerlichen Forderungen nach «Freiheit, Gleichheit und Brüderlichkeit» auch gewesen sein mögen, bei ihrer historischen Bewertung wird nur zu leicht übersehen, daß die Hälfte der Menschheit – die Frauen – noch für über hundert Jahre davon ausgeklammert blieb; denn Menschen- und Bürgerrechte waren über lange Zeit ausschließlich Männerrechte; erst im 20. Jahrhundert erfolgte nach und nach die Aufhebung der rechtlichen (nicht: der faktischen) Benachteiligung von Frauen (vgl. Schröder/Sauter 1977, S. 46ff.). In Deutschland erhielten Frauen erst nach 1918 das Wahlrecht und den Anspruch auf Teilhabe an weiterführender Bildung. Wesentliche Benachteiligungen im Ehe- und Privatrecht wurden in der Bundesrepublik erst 1957 aufgehoben, etliche rechtliche Benachteiligungen (zum Beispiel bei der Altersversorgung) bestehen weiter fort. Die emanzipatorischen Forderungen des Bürgertums im ausgehenden 18. Jahrhundert änderten somit überhaupt nichts daran, daß Frauen (wie im Feudalismus) von höherer Bildung und Universitätsstudium ausgeschlossen blieben. Ein langsamer Wandel trat hier erst zu Beginn des 20. Jahrhunderts ein, als die ersten Frauen sich das Abitur und die Universitäts-Zulassung erkämpften; erst die Weimarer Verfassung (1919) gestand ihnen dies als Recht zu. Wenn wir also im folgenden die Gleichheitsforderungen in der historischen Auseinandersetzung zwischen Adel, Bürgertum und aufkommender Arbeiterschaft interpretieren, so soll dabei nicht übersehen werden, daß die Frauen aller Klassen von diesen Bürger- und Menschenrechten ausgeschlossen blieben. Daß die Gleichheitsforderung an der Wende zum 19. Jahrhundert ein Postulat des männlichen Bürgertums war, wird bereits im Punkt 17, dem abschließenden Punkt der «Menschen- und Bürgerrechte» von 1789 deutlich. Dort heißt es: «Da das Eigentum ein unverletzliches und geheiligtes Recht ist, kann es niemandem genommen werden ...». In eben dem Dokument, mit dem die Verwurzelung des Prinzips der Ungleichheit in der Religion beiseite gefegt wird, erfährt das Recht auf Eigentum gleichsam eine Heiligsprechung. So dauerte es auch nicht lange, bis das sich emanzipierende Bürgertum den Gleichheitsgedanken so eng an die individuelle Leistungsfähigkeit des einzelnen (und diese ging oft genug mit seinen wirtschaftlichen Möglichkeiten einher) koppelte, daß im Namen dieser Gleichheit nachdrängende Angehörige vor allem aus der Gruppe der Industrie- und Landarbeiter zurückgewiesen

wurden. Nun begründet das Leistungsprinzip, eben noch Grundlage bürgerlicher Gleichheitsforderung, die Ungleichheit zwischen Bürger und Arbeiter.

Die Wandlung von einem philosophisch begründeten und universalistisch vorgetragenem Gleichheitsbegriff zu einem Konzept von Gleichheit, das in Wahrheit die neu entstehende Ungleichheit zwischen Arbeiterschaft und Bürgertum legitimieren half, ist ein wesentliches Element gesellschaftlicher Entwicklung des 19. Jahrhunderts. Zu Beginn dieses Jahrhunderts, 1810, forderte Wilhelm von Humboldt, jener «Kultusminister» aus dem Kreis der preußischen Reformer um den Freiherrn von Stein: «Jeder, auch der Ärmste, erhielte eine vollständige Menschenbildung ... jede intellektuelle Individualität fände ihr Recht und ihren Platz, keiner brauchte seine Bestimmung früher als in seiner allmählichen Entwicklung selbst zu suchen.» (Humboldt 1964, IV, S. 175) Nicht einmal achtzig Jahre später, 1889, schrieb einer seiner Nachfolger im Amt, Kultusminister von Gossler: «Wir müssen uns darüber klar werden, daß die Entwicklung unseres Volkes, unserer Gelehrten nicht nach der rein akademischen Bildung zu befördern ist, sondern wir müssen uns immer gegenwärtig halten: Wie viele braucht ungefähr das preußische Volk für das akademische Studium, für die Füllung derjenigen Klassen, die – ich bitte mich nicht mißzuverstehen, wenn ich das sage – man zu den sogenannten herrschenden Klassen rechnet?» (Sten. Berichte, S. 841). Auf der einen Seite steht eine Idee von Bildung, die allen, auch den Ärmsten, gleichermaßen zugänglich ist, auf der anderen Seite eine solche, die nur so vielen Menschen offen ist, wie zur «Füllung der herrschenden Klassen» erforderlich erscheint, eine Auffüllung, die allemal aus dem Reservoir der Kinder der herrschenden Klassen erfolgt.

Diese beiden Positionen sind in der Tradition des deutschen Bildungswesens verwurzelt; auch im 20. Jahrhundert bleiben sie beherrschend. Sie bestimmen den Streit um die Einheitsschule zu Beginn der Weimarer Republik, sie leben auf in den frühen Schulreformansätzen in den ersten Jahren nach der Kapitulation von 1945, sie beherrschen schließlich die Kontroversen um die Reform des Bildungswesens, die Ende der sechziger Jahre neu belebt wurden und deren am heftigsten diskutierter Teil der Streit um die Einführung und Ausbreitung von Gesamtschulen geworden ist. Für die eine, am Besitzbürgertum orientierte Position steht gegenwärtig der Begriff Chancengerechtigkeit, für die andere, den Bürger- und Menschenrechten verpflichtete Position dagegen der Begriff Chancengleichheit. Hinter diesen inzwischen kontrovers gebrauchten Begriffen stehen unterschiedliche gesellschaftliche Konzepte für die Gestaltung des

Bildungswesens: Zwar wollen die Vertreter beider Konzepte über den ungehinderten Zugang zu Bildungsinstitutionen allen Kindern gleiche Möglichkeiten einräumen. Während aber die Vertreter des Konzepts der Chancengerechtigkeit in der Sicherung gleicher Zugangschancen soziale Gerechtigkeit bereits gewährt sehen, halten die Vertreter des Konzepts der Chancengleichheit gleiche Zugangsmöglichkeiten lediglich für eine notwendige, aber noch lange nicht hinreichende Voraussetzung für eine Annäherung an gesellschaftliche Gleichheit. In ihrer Vorstellung bedarf es zur Chancengleichheit im Bildungssystem vieler weiterer unterstützender Maßnahmen inhaltlicher, struktureller und auch ökonomischer Art. Daß in einer Gesellschaft, in der Einkommen, Bildung, soziale Stellung und vieles mehr ungleich verteilt sind, Chancengleichheit in diesem umfassenden Sinne durch das Bildungssystem allein nicht herstellbar ist, bleibt davon unberührt. Gleichwohl, und dies hat die Entwicklung in der Bundesrepublik gezeigt, kann das Bildungssystem zu einem Abbau von Ungleichheit beitragen. Die Erfolge, die dabei in der Vergangenheit tatsächlich erzielt werden konnten, können allerdings nur auf der Grundlage einer sehr differenzierten Analyse bewertet werden.

Wir wollen das Ausmaß von Gleichheit und Ungleichheit, so wie es sich im Bildungssystem der Bundesrepublik in den achtziger Jahren darstellt, im folgenden dadurch skizzieren, daß wir Bezug nehmen auf eine «Kunstfigur», die in den bildungspolitischen Debatten der sechziger Jahre, während der Startphase des letzten Reformschubes im Bildungswesen also, eine zentrale Rolle einnahm. Damals galt das «katholische Arbeitermädchen vom Lande» gleichsam als die Inkarnation aller Ungleichheit im Bildungssystem. Diese Kunstfigur sollte auf vier Ungleichheiten aufmerksam machen, die das Schulsystem dieser Jahre charakterisierten, nämlich auf konfessionelle, schichtenspezifische, geschlechtsspezifische und regionale Unterschiede. Die Entwicklungen in diesen vier Feldern der Ungleichheit sind seither sehr unterschiedlich verlaufen: Konfessionell bedingte Unterschiede sind bedeutungslos geworden, Mädchen haben – zumindest in allgemeinbildenden Schulen – Jungen inzwischen überholt, regionale Unterschiede haben sich erhalten, soziale Unterschiede bestehen wie eh und je, hinzugekommen sind die in der Bundesrepublik der sechziger Jahre noch bedeutungslosen Unterschiede der Bildungschancen deutscher und ausländischer Kinder. Wir wollen diese knappe Charakterisierung des Ausmaßes von Gleichheit und Ungleichheit im folgenden etwas weiter ausführen und belegen (vgl. dazu Eigler u. a. 1980 und Klemm/Koch 1984).

Regionale Unterschiede der Bildungsbeteiligung, die nach wie vor bestehen, lassen sich zum einen als Unterschiede zwischen den einzelnen Bundesländern, zum anderen aber auch als Unterschiede zwischen verschiedenen Regionaltypen (Stadt/Land) und schließlich auch als solche innerhalb vergleichbarer Regionaltypen mit je unterschiedlicher Ausstattung in den Schulangeboten beschreiben.

Die Ungleichheit der Bildungschancen für die Heranwachsenden in einzelnen Bundesländern sind nach wie vor erheblich: Die Hauptschulquoten des Jahres 1982/83 – etwa gemessen als Anteil an allen Siebtklässlern – schwanken zwischen 17% in Berlin und 48% in Rheinland-Pfalz. Auch wenn die drei Stadtstaaten und das mit zahlreichen Gesamtschulen ausgestattete Hessen nicht einbezogen werden, bleibt immer noch eine Schwankungsbreite von 14 Prozentpunkten zwischen Niedersachsen einerseits und Rheinland-Pfalz andererseits.

Innerhalb der einzelnen Bundesländer lassen sich wiederum – zum Teil noch bedeutsamere – regionale Unterschiede beobachten, die traditionell als Stadt/Land-Unterschiede und als Unterschiede in der Versorgung mit Bildungsangeboten begriffen werden. Eine Analyse aktueller Daten zu dergleichen regional bedingten Ungleichheiten führt zu der Einschätzung, daß die «klassischen» Stadt-Land-Unterschiede verschwunden sind bzw. im Verschwinden begriffen sind: So belegt ein Extremgruppenvergleich in Nordrhein-Westfalen (vgl. Klemm/Rösner 1985), in dem die zehn am schwächsten den zehn am dichtesten besiedelten Verwaltungseinheiten (Kreise bzw. kreisfreie Städte) gegenübergestellt werden, daß der Besuch von Realschulen und Gymnasien im 7. Schuljahrgang 1983/84 in den Landkreisen sogar leicht höher lag als in den Großstädten. Noch 1975/76 war dies deutlich umgekehrt. Damals lag der Besuch von Realschulen und Gymnasien in denselben Landkreisen über 5 Prozentpunkte unter dem in denselben Großstädten. – Während also die traditionell konstatierten Stadt-Land-Ungleichheiten ausgeglichen wurden, sind jedoch weiterhin Unterschiede zwischen den Gebieten zu beobachten, die über unterschiedliche Bildungsangebote verfügen. Dieser Zusammenhang kann an einem Beispiel des Schuljahres 1983/84 aus dem nordrhein-westfälischen Hochsauerlandkreis deutlich gemacht werden (vgl. Klemm u.a. 1985, S. 61): In der Stadt Hallenberg besteht lediglich eine Hauptschule – dort wechseln 57% aller Grundschüler zur Hauptschule über; in der Stadt Medebach besteht neben der Hauptschule ein Gymnasium, nicht aber eine Realschule – dort gehen 54% eines Grundschuljahrgangs zum Gymnasium, aber nur 5% zur Realschule; in der Stadt Olsberg schließlich besteht neben der Hauptschule lediglich eine Realschule, das gymnasiale Angebot fehlt dort – in dieser Stadt wechseln 42 % der Grundschüler zur Realschule, aber nur 17 % zum Gymnasium.

Gewichtiger noch als die regionalen Ungleichheiten bei der Bildungsbeteiligung stellen sich soziale Unterschiede dar. Immer noch läßt sich auch nach mittlerweile jahrzehntelangen Reformdebatten behaupten, daß sozial ererbte Privilegien bzw. Benachteiligungen fortbestehen – und nach wie vor in erheblichem Ausmaß. Diese Behauptung läßt sich mit Hilfe der amtlichen Statistik (Mikrozensus) der Jahre 1972 und 1982 belegen. Dabei muß eine methodische Vorbemerkung vorangestellt werden: Wer nach der sozialen Auslese im Schulsystem der Bundesrepublik fragt, muß sich mit zwei unterschiedlichen Sichtweisen befassen. Zum einen gilt es, die Frage zu beantworten, wieviel Kinder von Angehörigen einer Sozialgruppe eine Chance zum Besuch einer bestimmten Schule haben. Diese Frage ist wichtig für die gesellschaftspolitische Auseinandersetzung um Chancengleichheit. Zum anderen gilt es aber auch, die Frage zu beantworten, wie viele Kinder von Angehörigen einer Sozialgruppe in den einzelnen Bildungseinrichtungen anzutreffen sind – wie also die soziale Zusammensetzung der dort Lernenden ist. Diese Frage ist wichtig für die pädagogische Arbeit in diesen Institutionen und für ihr soziales Klima. Die Unterschiede zwischen diesen beiden Sichtweisen werden an folgendem Modellbeispiel sehr deutlich:

In einer gedachten Gesellschaft mit 100 Familien – bestehend aus je einem Elternpaar mit je einem Kind – sind 90 dieser Familien Arbeiter- und 10 von ihnen Akademikerfamilien. Wenn nun 10 % der Arbeiterkinder und 90 % der Akademikerkinder ein Gymnasium besuchen, so sind aus beiden Gruppen jeweils 9 Kinder in dieser Schulart, die soziale Zusammensetzung besteht dort dann zu gleichen Teilen aus Kindern beider Sozialgruppen. An diesem Beispiel läßt sich zweierlei feststellen: Einerseits haben 10 % der Arbeiterkinder eine soziale Chance zum Besuch eines Gymnasiums, andererseits stammen 50 % der Gymnasiasten aus einer Arbeiterfamilie. Beide Aussagen sind richtig – zu beachten ist nur ihre völlig unterschiedliche Bedeutung!

Wir beschäftigen uns im folgenden mit den Daten, die sich auf die Bildungschancen der Kinder unterschiedlicher sozialer Herkunft beziehen. Dabei interessiert uns die Bildungsbeteiligung der Kinder unterschiedlicher Sozialgruppen in den Schulen der Sekundarstufe I; wir beziehen uns daher auf die Jahrgänge der 13- und 14jährigen, da sich diese Altersgruppe mit Sicherheit nicht mehr in der Primarstufe und auch nicht mehr in Orientierungsstufen/Förderstufen befindet und noch nicht in Bildungswege der Sekundarstufe II eingetreten ist. Bei der Analyse der Daten (vgl. die untenstehende Tabelle) erscheinen uns folgende Beobachtungen bedeutsam: Zunächst einmal fällt auf, daß die Tendenz zum Besuch «höherwertiger» Schulen sich fortgesetzt hat. Der Besuch der Hauptschule hat weiter abgenommen, der des Gymnasiums leicht und der der Realschule etwas stärker zugenommen. Diese Entwicklung findet sich bei den drei quantitativ ins Gewicht fallenden Sozialgruppen in etwa gleichermaßen; Beamten-, Angestellten- und Arbeiterkinder partizipieren an ihr. Für die Arbeiterkinder gilt dies allerdings nur abgeschwächt: In den Jahren seit 1972 hat sich der Teil der Kinder aus Arbeiterfamilien, der zum Gymnasium wechselt, lediglich um 4 Prozentpunkte von 6 % auf jetzt 10 % (gegenüber gut 50 % bei den Beamtenkindern) erhöht. Immer noch gilt, daß nur eines von zehn Arbeiterkindern ein Gymnasium besucht. Deutlich verbessert hat sich allerdings die Lage der Arbeiterkinder im Bereich mittlerer Bildungsabschlüsse: So besuchten 1982 zum Beispiel fast ein Viertel von ihnen Realschulen. Dabei werden seit Beginn der siebziger Jahre zusätzlich «mittlere» Bildungsabschlüsse zunehmend im berufsbildenden Schulsystem erworben. Während in den sechziger Jahren diese Möglichkeit praktisch nicht bestand, haben 1982 insgesamt etwa 90000 Schüler einen solchen Abschluß in Berufsaufbauschulen, Berufsfachschulen u. a. erworben – das sind 9 % des Altersjahrgangs oder 20 % aller mittleren Bildungsabschlüsse (vgl. Bauer/Budde 1984, S. 78). Da dieser Bildungsweg beim Hauptschulabschluß ansetzt, kommt er vor allem Arbeiterkindern zugute und leistet damit einen nicht unerheblichen

13- und 14jährige Schüler nach Schulform und sozialer Herkunft
Vergleich 1972 und 1982 (in %)

	Kinder von ... Beamten 1972	1982	... Angestellten 1972	1982	... Arbeitern 1972	1982
Hauptschule	28,7	17,9	36,1	23,2	73,0	58,9
Realschule	22,5	24,4	24,5	29,1	16,3	23,7
Gymnasium	45,7	52,5	36,1	41,2	6,3	10,5
integrierte Gesamtschule	–	4,1	–	5,2	–	4,9
sonstige	3,1	1,0	3,3	1,4	4,5	1,9
Gesamt	100,0	100,0	100,0	100,0	100,0	100,0
in % aller 13- und 14jährigen	8,1	9,2	20,5	27,9	47,4	40,2

Quelle: Sonderauswertung des Mikrozensus, vgl. KLEMM / KOCH 1984, S. 70

Beitrag zur Minderung der sozialen Auslese. Nun wird gelegentlich behauptet, daß über diesen Weg Arbeiterkinder zum erheblichen Anteil als «Seiteneinsteiger» in die gymnasiale Oberstufe und damit doch noch zum Abitur gelangen. Überprüft man diese Behauptung anhand der amtlichen Statistik (Mikrozensus 1982), so stellt man fest, daß lediglich 13% aller Arbeiterkinder eine gymnasiale Oberstufe besuchen (vgl. Bauer/Budde 1984, S. 102). Da sie in der gymnasialen Mittelstufe vier Jahre zuvor mit 9,4% vertreten waren, können maximal 3,6% aller Arbeiterkinder als «Seiteneinsteiger» (oder auch als Gesamtschüler) in die gymnasiale Oberstufe gelangt sein. Daß zugleich fast 50% aller Beamtenkinder (vgl. ebenda) eine gymnasiale Oberstufe besuchen, macht deutlich, in welchem Ausmaß Arbeiterkinder auch weiterhin benachteiligt werden. Dies kann auch nicht mit dem Argument beiseite geschoben werden, daß der Anteil der Arbeiter an der Bevölkerung ständig zurückgegangen sei und daß Aussagen über die Bildungschancen von Arbeiterkindern zunehmend eine «Restgruppe» beträfen: 1972 waren 47% aller 13- und 14jährigen Schüler Arbeiterkinder, 1982 waren es immer noch 40%; damit sind Arbeiterkinder nach wie vor die bei weitem größte Schülergruppe (vgl. Klemm/Koch 1984).

Insgesamt bestätigt die Analyse der Mikrozensus-Ergebnisse folgende Aussage: Nach wie vor gibt es eine sehr massive soziale Benachteiligung im Bildungssystem der Bundesrepublik. Diese Benachteiligung hat sich in den letzten Jahren noch insofern ausdifferenziert, als in Gestalt der wachsenden Zahl ausländischer Schüler eine ethnisch bestimmte Gruppe entstanden ist, die in ihren Bildungschancen noch hinter den deutschen Arbeiterkindern «herhinkt». Für die überwiegende Mehrheit ausländischer Schüler trifft auch Mitte der achtziger Jahre noch folgende Charakterisierung ihrer Schulkarriere zu: Überwiegend besuchen sie den Kindergarten nicht; mehrheitlich wechseln sie nach Abschluß der Grundschule zur Hauptschule über (bei den türkischen Kindern gehen lediglich 8% zu Realschule oder Gymnasium); nur etwa die Hälfte von ihnen besucht eine Berufsschule; von diesen Berufsschülern wiederum erlernen nur wenige einen Beruf. Durch eine solche Schulkarriere werden ausländische Schüler auf ein Leben als an- oder ungelernte Arbeiter vorbereitet, zugleich ist bei ihnen die Wahrscheinlichkeit besonders groß, daß sie arbeitslos werden (Klemm/Koch 1984, S. 53f.; Klemm 1984c, S. 233).

Die Untersuchung sozialer Unterschiede bei der Bildungsbeteiligung in der Sekundarstufe I führt zu der Feststellung einer stabil gefügten Bildungshierarchie: Beamter, Angestellter, deutscher und schließlich ausländischer Arbeiter.

Nun wird derartigen Beobachtungen häufig entgegengehalten, diese Hierarchie sei im Anschluß an die Sekundarstufe I infolge der vielen alternativen Bildungswege, die anders als über die Mittelstufe der Gymnasien auch zur Studierfähigkeit führten –, längst aufgebrochen. So wurde etwa zu Beginn der siebziger Jahre der Weg von der Fachoberschule in die Fachhochschule geschaffen, der wiederum mit Übertrittsmöglichkeiten zur Universität verbunden ist. Außerdem wurden sowohl die beruflichen Gymnasien (zum Beispiel Wirtschaftsgymnasium) wie auch die Einrichtungen des Zweiten Bildungswegs (Kollegs, Abendgymnasien) erheblich ausgebaut. Im Zuge dieser Entwicklung hat das grundständige Gymnasium seine Monopolstellung beim Hochschulzugang verloren. So wurden zum Beispiel 1982 30% dieser Abschlüsse (vor allem die Fachhochschulreife) in beruflichen Schulen erworben (vgl. Bauer/Budde 1984, S. 79f.). Daher wird vielfach behauptet, daß diese «alternativen» Bildungswege vermehrt Arbeiterkinder zum Studium führten und damit ein Korrektiv zum Selektionscharakter des grundständigen Gymnasiums seien. Betrachtet man jedoch vor dem Hintergrund dieser These die Sozialstatistik der Studienanfänger, so kommt man zu einem gänzlich anderen Ergebnis: Eine Berechnung aufgrund der Statistik der sozialen Herkunft der Studienanfänger (BMBW 1984, S. 150) sowie der sozialen Herkunft aller 19jährigen des Jahres 1982 (Auswertungen von Mikrozensusdaten der Jahre 1980 und 1982; vgl. Bauer/Budde 1984, S. 102 und Brzukalla/Hansen 1982, S. 104) ergibt für die Erstsemester im Wintersemester 1982/83, daß lediglich 7,5% aller Arbeiterkinder des entsprechenden Alters ein Studium an Fachhochschulen oder Universitäten aufnahmen; bei den Universitäten allein betrachtet waren es sogar nur 4,2%. Dagegen besuchte etwa jedes zweite Beamtenkind eine Fachhochschule oder eine Universität.

Unsere Analyse bestätigt damit ein Ergebnis, das auch in Untersuchungen über den Zweiten Bildungsweg immer wieder zutage trat: Ergänzende und korrigierende Bildungseinrichtungen im dreigliedrigen Schulsystem erweisen sich vor allem als «Reparaturbetrieb» für Mittelschichtkinder, ihre Funktion als «Aufstiegshilfe» für Arbeiterkinder ist demgegenüber gering (vgl. Storch 1974).

Die bisher mitgeteilten Ergebnisse zur sozialen Chancengleichheit beziehen sich auf die traditionellen Schultypen des gegliederten Schulsystems. Das von uns vermittelte Bild bliebe unvollständig, wenn nicht ein einheitliches Ergebnis aller Forschungsprojekte, in denen herkömmliche Schulen und Gesamtschulen verglichen wurden, hinzugefügt würde: Empirische Studien in mehreren Bundesländern kommen übereinstimmend zu dem Ergebnis, daß die Ungleichheit der Bildungschancen in der Gesamtschule wesentlich geringer ist als im herkömmlichen Schulsystem – ganz unabhängig davon, ob dies anhand erreichter Abschlußqualifikationen oder anhand des erreichten Niveaus in den Kursen der Mittelstufe gemessen wird. In Gesamtschulen befinden sich durchgängig auf einem dem Gymnasium entsprechenden Kursniveau zwei- bis dreimal soviel Arbeiterkinder – und zwar sowohl in Gesamtschulen in Halbtagsform als auch in solchen in Ganztagsform (vgl. BLK 1982, S. 506 ff.; Fend 1982, S. 137 ff.).

Repräsentative Chancengleichheit, die dann erreicht wäre, wenn alle Klassen, Stände und Gruppen genauso in den Einrichtungen weiterführender Bildung wie in der Gesamtbevölkerung vertreten wären, ist selbstverständlich auch in den Gesamtschulen nicht zu beobachten. Aber integriert organisierte Reformschulen, dies hat die Gesamtschulentwicklung gelehrt, können dazu beitragen, Chancenungleichheit abzubauen.

Abschließen wollen wir unseren Überblick über Gleichheit und Ungleichheit bei der Bildungsbeteiligung mit einer Erfolgsmeldung: Während in den sechziger Jahren Mädchen bei der Beteiligung an höherwertigen Bildungswegen deutlich hinter Jungen zurückblieben, haben sie die Jungen in den achtziger Jahren durchweg überholt (vgl. dazu GEW 1983): Mädchen werden früher als Jungen eingeschult, Mädchen bleiben seltener sitzen, Mädchen werden seltener in Sonderschulen überwiesen und schließlich: Mädchen wechseln nach der Grundschule häufiger als Jungen zu Realschulen und zu Gymnasien. Während 1982 – bezogen auf den Altersjahrgang der 13jährigen – Jungen zu 23 % Realschulen und zu 26 % Gymnasien besuchten, lernten Mädchen zu 29 % in Realschulen und auch zu 29 % in Gymnasien (BMBW 1984, S. 36). Dieser Vorsprung der Mädchen, der sich zu Beginn der siebziger Jahre anbahnte und der inzwischen längst die gymnasialen Oberstufen erreicht und sich in den Abiturquoten niedergeschlagen hat, findet sich auch wieder, wenn man die geschlechtsspezifische Bildungsbeteiligung nach sozialer Herkunft aufschlüsselt: Mädchen aus allen sozialen Gruppen besuchen häufiger Realschulen und Gymnasien als Jungen gleicher sozialer Herkunft. Dieser Erfolg kehrt sich allerdings beim Wechsel zur beruflichen Erstausbildung (Ausbildungsverhältnis rein schulische oder auch universitäre Ausbildung) in sein Gegenteil um (vgl. Faulstich-Wieland u. a. 1984, S. 129 f.). Frauen finden seltener als Männer Ausbildungsberufe, studienberechtigte Frauen verzichten häufiger als Männer auf die Aufnahme eines Studiums, und Frauen studieren häufiger als Männer Fachkombinationen, deren Verwertbarkeit auf dem Arbeitsmarkt zur Zeit als gering eingestuft werden muß (zum Beispiel Sozialarbeit/Sozialpädagogik oder Lehrämter).

Wenn wir unsere Überlegungen zum Abbau von Chancenungleichheit resümieren und wenn wir dies vor dem Hintergrund von Darstellungen und Analysen des Bildungssystems der sechziger Jahre tun, so können wir feststellen, daß in einzelnen Feldern Ungleichheit in sehr unterschiedlichem Maße abgebaut werden konnte: Wesentliche Ausprägungen regionaler Ungleichheit wurden verringert oder ganz abgebaut. Ungleichheit zwischen den Geschlechtern wurde im allgemeinbildenden Schulsystem abgebaut, ja sogar tendenziell zugunsten von Frauen und Mädchen «umgekehrt»; gleichzeitig zeigte sich in diesem Feld gesellschaftlicher Ungleichheit die Begrenztheit aller schulischen Mühen. Ungleichheit zwischen den Kindern unterschiedlicher sozialer Herkunft und neuerdings zwischen den Angehörigen unterschiedlicher Ethnien konnte dagegen kaum verringert werden – zumindest nicht unter den Bedingungen des tradierten Schulsystems. Während wir diese Bilanz ziehen, müssen wir aber bereits darauf verweisen, daß selbst das Erreichte bei den absehbaren Entwicklungen der kommenden Jahre erneut gefährdet ist: Wird Ungleichheit erneut zunehmen, wenn der Schülerrückgang zur Aufgabe von Schulstandorten in ländlichen Regionen führt, wenn andauernde Massenarbeitslosigkeit traditionell benachteiligte Gruppen noch weiter «an den Rand» drückt, wenn neue Technologien und neue Medien von Mädchen anders als von Jungen aufgenommen werden?

1.2. Demokratisierung und Mitwirkung

Erst im Verlauf des 19. Jahrhunderts, das die Durchsetzung der Schulpflicht im deutschsprachigen Bereich brachte, haben sich Bildung und Erziehung in Schulen zu einer überwiegend staatlichen Veranstaltung entwickelt (vgl. Nevermann 1984a). Unbeschadet der Tatsache, daß es seit dem Mittelalter auch öffentlich errichtete, finanzierte und beaufsichtigte Schulen gegeben hat, kann erst nach Abschluß der Entwicklung vom «Hauslehrer» zur «Staatsschule» das Errichten und Betreiben von Schulen als eine überwiegend öffentlichen Aufgabe bezeichnet werden. Der seither weitgehend abgeschlosssene Prozeß der Verstaatlichung muß – so widersinnig dies gegenwärtig auch erscheinen mag – als Befreiung verstanden werden: In seinem Verlauf haben sich Bildung und Erziehung schrittweise befreit von der direkten Bevormundung durch die Kirche (die als Schulträger, als geistliche Aufsicht und oft genug durch ihre Geistlichen auch als Lehrer auftrat), durch den Adel (dessen Mitglieder vielfach «Schulhalter» waren) und durch das Besitzbürgertum (das sich Schulen hielt).

Dieser Verstaatlichungsprozeß ist also durchaus als Emanzipationsprozeß zu sehen. Daran zu erinnern erscheint sinnvoll und notwendig, wenn gegenwärtig über verstärkte Selbständigkeit von Schulen oder auch über deren Reprivatisierung debattiert wird. Dieser Prozeß ist abgeschlossen und allenfalls als Begebenheit aus der Geschichte in Erinnerung. Je weniger er aber als zu erkämpfender und erkämpfter Fortschritt wahrgenommen wird, um so mehr verschiebt sich die Blickrichtung. In der Verstaatlichung des Schulwesens wird nicht mehr die Befreiung aus älteren Abhängigkeiten gesehen, so daß der Staat auch nicht mehr als Garant einer relativen Autonomie der Schulen wahrgenommen wird, sondern dieser Prozeß der Verstaatlichung erscheint als Indienstnahme der Schulen durch den Staat für «seine» Interessen, so daß der Staat als Macht erlebt wird, die Schulen autoritär und bürokratisch fesselt.

Gegen dieses neue Gewaltverhältnis zwischen Schule und Umwelt richteten sich seit den fünfziger Jahren (vgl. Becker 1956) zahlreiche Bemühungen, die der Deutsche Bildungsrat (1973) mit seiner Empfehlung «Verstärkte Selbständigkeit der Schule und Partizipation der Lehrer, Schüler und Eltern» zu einem Höhepunkt führte. In dieser Empfehlung wurde die Forderung nach einer Verstärkung der Selbständigkeit von Schulen und der Mitwirkung der am Schulleben Beteiligten doppelt begründet: Zum einen mit den Problemen, die aus jeder Überzentralisierung von Steuerungsprozessen für komplexe soziale Systeme erwachsen und zum anderen mit wachsenden demokratischen Ansprüchen in allen Lebensbereichen. Dabei wurden die Verstärkung der schulischen Selbständigkeit und die Ausweitung der Mitwirkungsmöglichkeiten für Lehrer, Eltern und Schüler als Einheit begriffen: Nur eine Ausweitung des Kompetenzbereiches der Einzelschule – so wurde festgestellt – führt zu einem Gestaltungsspielraum für die geforderte Partizipation der Beteiligten, so wie umgekehrt nur deren erweiterte Mitwirkungsmöglichkeiten eine kompetente Ausfüllung der den einzelnen Schulen neu gegebenen Entscheidungsbedürfnisse sichert.

Dementsprechend waren die Vorschläge des Bildungsrates untergliedert: Einerseits wurde empfohlen, den einzelnen Schulen zusätzliche Zuständigkeiten bei der inhaltlichen und unterrichtsorganisatorischen Ausfüllung staatlicher Rahmenrichtlinien (durch «schulnahe Curriculumentwicklung») zu geben sowie ihre Kompetenz in Personal- und Finanzfragen zu erhöhen, andererseits sollten die Mitwirkungsmöglichkeiten von Schülern, Eltern und Lehrern ausgebaut werden – bei gleichzeitiger Zurücknahme der Einwirkungsbefugnisse der Schulaufsicht («Wandel vom Anordnungs- zum Kooperationsverhältnis»). Die Realisierung dieser Vorschläge hätte eine deutliche Gewichtsverlagerung zur Folge gehabt: Der Staat hätte einen Teil seiner Macht an die unmittelbar Beteiligten abgegeben – freilich ohne damit gleich auf seine letztendliche Gestaltungskompetenz zu verzichten.

Reichlich zehn Jahre nach Veröffentlichung dieser Empfehlung und im Kontext einer erneuten Diskussion um «Entstaatlichung» und «Privatisierung» fragen wir, welche dieser Vorschläge realisiert wurden. Die Antwort stößt zunächst auf die bekannten Schwierigkeiten, die im Föderalismus des Bildungswesens begründet sind und die eine auch nur annähernd generalisierende Bilanz kaum erlauben. Gleichwohl lassen sich Tendenzen und Entwicklungslinien angeben, die – mit landesspezifischen Nuancen – für das Schulsystem der Bundesrepublik insgesamt gelten (vgl. dazu auch Nevermann 1984b).

Zunächst einmal muß festgestellt werden, daß es die in der Bildungsrat-Empfehlung angeregte Kompetenzausweitung der Einzelschule in keinem Bundesland auf Dauer gegeben hat. Der Empfehlung, «den Schulen eine verstärkte Selbständigkeit zu übertragen» (S. 17) wurde nicht nachgekommen. Beispielhaft kann dies an einer Einzelempfehlung zur Unterrichtsorganisation deutlich gemacht werden. Im Text des Bildungsrates heißt es: «In den Rahmenrichtlinien sollen die verschiedenen Modelle der Unterrichtsdifferenzierung dargestellt und den Schulen eine bewegliche Handhabung der Differenzierung ermöglicht werden. Für eine Leistungsdifferenzierung sollten nur der früheste Zeitpunkt einer Differenzierung und die Höchstzahl der leistungsdifferenzierten Kurse festgelegt werden.» (S. 19). Inzwischen ist – nach einer Zwischenphase vor allem in Versuchsschulen, in denen die Kollegien einige Jahre ein beachtliches Maß an Gestaltungsfreiheit besaßen – das genaue Gegenteil dieser Empfehlung realisiert worden: Die Vorschriften zur Unterrichtsorganisation werden immer «gängelnder» formuliert, zum Teil – wie bei den Gesamtschulen – in Vereinbarungen der Kultusministerkonferenz festgelegt, in manchen Fällen sogar, wie in Nordrhein-Westfalen, im Schulgesetz festgeschrieben. Ähnlich negativ ist die Bilanz in den Bereichen «Unterrichtsinhalte» sowie «Personal-» und «Finanzfragen.»

Während eine Wandlung hin zu mehr Selbständigkeit der Schulen ausblieb, wurde zugleich in umfänglicher Weise die Mitwirkung von Eltern,

Schülern und Lehrern formal neu geregelt (vgl. Fernau 1981, S. 141ff.). In allen Bundesländern wurden die entsprechenden rechtlichen Grundlagen geändert. Dabei hat das Hamburger Schulverfassungsgesetz von 1972 eine gewisse Vorreiter-Rolle gespielt. Die in Hamburg seit den Arbeiter- und Soldatenräten von 1918 bestehende Tradition, daß Schulleitungsmitglieder von den Lehrern gewählt werden (vgl. Melberg 1970, S. 112), wurde in diesem Gesetz beibehalten. Zusätzlich erhielt die neu geschaffene Schulkonferenz (Lehrer, Schüler, Eltern, technisches Personal) das Recht, nach einer zweijährigen Probezeit der Schulleitungsmitglieder über eine «Bestätigung» abzustimmen. Eine solche Entscheidungskompetenz der einzelnen Schulen in Personalfragen gibt es in keinem anderen Bundesland (Ausnahme: Gesamtschulen in Niedersachsen), vielmehr werden sonst überall die Schulleitungen von der vorgesetzten Dienstbehörde ernannt, den Gremien der Schule wird bestenfalls ein Anhörungsrecht zugestanden.

Insgesamt läßt sich für die meisten Landesregelungen sagen, daß für die Mitwirkung der Gruppen (Eltern, Schüler, Lehrer) eigene Gremien eingerichtet wurden (häufig als «Schulkonferenzen» bezeichnet), in denen in genau festgesetzten Paritäten die Zusammenarbeit zwischen diesen drei am Schulleben beteiligten Gruppen geregelt wurde. Mit der Fülle der formalisierenden Einzelbestimmungen kontrastiert allerdings die Kompetenz dieser Gremien. Vielfach haben sie lediglich beratenden Charakter, über wirklich zentrale Fragen des Schulalltags (wie Lehrpläne, Unterrichtsorganisation, Personalangelegenheiten) können sie – von den beschriebenen Ausnahmen abgesehen – in keinem Bundesland entscheiden.

Die Kombination von nicht gewährter Autonomie für die einzelne Schule, verbunden mit hochdifferenzierten Formalbestimmungen für die Mitwirkung bei gleichzeitiger Kompetenzarmut der Gremien, hat insgesamt wohl dazu beigetragen, daß die Einflußnahme von Eltern und Schülern auf die Gestaltung des Schulalltags ausgeblieben ist. Bei den Eltern ist die Bereitschaft, sich komplizierten Wahlhandlungen zu unterziehen und an zeitraubenden Konferenzen teilzunehmen, um an der Terminierung des nächsten Wandertages beratend mitzuwirken, eher gering. Wo sie dennoch vorhanden ist, kann – zum Teil auch infolge der komplizierter gewordenen rechtlichen Grundlagen – häufig beobachtet werden, daß Schulmitwirkung eine Domäne des Bildungsbürgertums geblieben ist und von diesem eher zur Behinderung als zur Förderung demokratischer Prozesse benutzt wird. So ist zum Beispiel an einer Hamburger Grundschule ein Modellversuch zur Integration behinderter Kinder an einem Einspruch der Elternvertreter in der Schulkonferenz gescheitert (vgl. Fabry 1983, S. 163). In einem hessischen Gymnasium hat der Elternbeirat eine Projektwoche zur «Dritten Welt» verhindert, obwohl Lehrer und Schüler dafür eingetreten sind (vgl. Tillmann 1983, S. 161f.). In beiden Fällen haben die Elternvertreter ihr Zustimmungsrecht bei Abweichungen vom «normalen» Schulbetrieb restriktiv genutzt. Daß es sich hierbei keineswegs um seltene Ausnahmefälle handelt, machen Guenther/Heitmeyer 1981 (S. 11ff.) deutlich.

Daß sich Elternmitwirkungs-Gremien hervorragend als Transmissionsriemen eines konservativen Reformwiderstandes eignen, wird besonders in Hessen deutlich. Dort ist es den redegewandten Mitgliedern (zumeist Akademikern) des Hessischen Elternvereins gelungen, viele Kreiselternbeiräte und vor allem den Landeselternbeirat mehrheitlich zu besetzen. Obwohl dieser Verein nur etwa 1% aller hessischen Eltern organisiert, tritt er öffentlich seit Jahren gleichsam als Alleinvertreter des Elternwillens auf. Da der Landeselternbeirat erhebliche Kompetenzen besitzt (bestimmte Formen seines Einspruchs kann der Kultusminister sogar nur durch eine Kabinettsentscheidung übergehen), hat er zum Beispiel die hessische Curriculumreform über Jahre verzögert und durch Hinzufügung konservativer Werte inhaltlich stark beeinflußt. Vor allem dieses Beispiel zeigt, daß die demokratisch gedachten Elternmitwirkungs-Gremien in Gefahr stehen, zu einer Interessenvertretung privilegierter Minderheiten zu werden.

Auch bei den meisten Schülern ist das Verhältnis zu den gesetzlichen Mitwirkungsmöglichkeiten eher distanziert. Im Schulalltag ist von der «Aufbruchstimmung», die Ende der sechziger Jahre im Gefolge der Studentenbewegung auch Schüler erfaßt hatte, wenig geblieben. Obwohl die Rechtssicherheit, die durch neue Gesetze und Erlasse etwa den Klassen- und Schulsprechern geboten wurde, sicherlich als Gewinn gewertet werden muß, brachte sie keine dauerhafte Atmosphäre von Demokratisierung und Partizipation in den Schulen. Pardon/Zimmermann beschreiben und deuten diese Entwicklung: «So durften Schüler zwar an Konferenzen teilnehmen, hatten aber zumeist kein Antrags- und Stimmrecht. Von Zensuren-, Versetzungs- und Abschlußprüfungskonferenzen waren sie zudem gänzlich ausgeschlossen. Trotzdem ließen die neuen Erlasse mit ihren Reizworten wie Konferenzteilnahme, Schlichtungsausschuß, Einfluß im und auf Unterricht den Eindruck eines Fortschritts entstehen. Viele Schüler glaubten es und sahen keinen Grund mehr, aufzubegehren, um ihre Situation in der Schule und die Institution selbst zu verändern.» (1984, S. 54)

Ob dem hier implizit angebotenen Erklärungsansatz nun zugestimmt werden kann oder nicht – sicher ist: Die Distanz der Schülermehrheit hinsichtlich ihrer Mitwirkung bei der Gestaltung des Schulalltags kann und darf nicht voreilig als Desinteresse an gesellschaftlichen Fragen gewertet werden. Dagegen spricht allein die vielfältige Mitarbeit von Schülern in der Friedensbewegung, den Umweltinitiativen und sogar – wie bei den Bremer Schulbesetzungen 1984 – in schulpolitischen Streitfragen.

Während also von einer nennenswerten Stärkung der Beteiligung von Lehrern, Eltern und Schülern nicht gesprochen werden kann, wurden gleichzeitig weder die Position des Schulleiters noch die der Schulaufsicht geschwächt. In seiner Übersicht über die Rechtsstellung der Schulleitung stellt Baumert (1980, S. 665) fest: «Die meisten Schulverfassungsgesetze weisen den Kollegialorganen Grundsatzentscheidungen zu und statten den Schulleiter zugleich mit wichtigen Entscheidungsbefugnissen im Einzelfall aus, die durch schulaufsichtliche Kontrollbefugnisse wie das Recht zum Unterrichtsbesuch, zur Beanstandung von Konferenzbeschlüssen oder zur dienstlichen Beurteilung ergänzt werden, so daß er sich insgesamt in einer gegenüber den Kollegialorganen rechtlich sehr starken Stellung befindet.» Von der Forderung des Deutschen Lehrervereins aus dem Jahre 1919: «Die mehrklassige Schule leitet und verwaltet der Lehrkörper unter dem Vorsitz eines von ihm auf Zeit gewählten Schulleiters (Obmannes). Das Schulleitungsamt ist ein Ehrenamt», ist dies sehr weit entfernt (Boelling 1978, S. 230f.).

Hinsichtlich der Schulaufsicht formuliert Baumert an gleicher Stelle: «Eine explizite Einschränkung der Fachaufsicht unter dem Gesichtspunkt pädagogischer Selbständigkeit sehen nur das Hessische Schulverwaltungsgesetz ... und das Niedersächsische Schulgesetz ... vor ... Faktisch haben die niedersächsische und die hessische Regelung hauptsächlich die Bedeutung, daß Eingriffe der Schulaufsicht einem Begründungszwang unterworfen werden» (S. 636).

Die Frage danach, ob es im Schulwesen der Bundesrepublik eine Entwicklung zu mehr Demokratisierung und Partizipation gegeben hat, muß insgesamt eher negativ beantwortet werden. Die Schule als staatliche Institution tritt in den achtziger Jahren den an ihrem Leben beteiligten Lehrern, Eltern und Schülern zwar in ihren Umgangsformen modernisiert, aber doch nicht weniger autoritär und bürokratisch gegenüber als zu Beginn der Reformdebatten Ende der sechziger Jahre. Dies erscheint besonders bedenklich, da sich gegenwärtig Teilentwicklungen beobachten lassen, die auf ein starkes Anwachsen sozialer Kontrolle hindeuten: Bei der Lehrereinstellung ermöglicht das Überangebot ausgebildeter Lehrer ein hohes Maß von Auswahl und Kontrolle der wenigen, die noch eingestellt werden. Der Rückgang der Schülerzahlen führt insgesamt zu einer deutlichen Verkleinerung der «Betriebsgrößen» von Schulen. Neben den unbezweifelbaren Vorteilen kleiner Systeme führt dies aber zugleich auch zu einem Anstieg der sozialen Kontrolle von Lehrern und Schülern. Der Bedeutungsanstieg schulischer Noten und Abschlüsse angesichts der Entwicklungen auf dem Arbeitsmarkt steigert schließlich in allen Schulen die Möglichkeit der Disziplinierung unter dem Deckmantel der Leistungsbeurteilung, zugleich schränkt die zunehmende Zentralisierung von Abschlußanforderungen den didaktischen Spielraum der Lehrer ein. Die Aufzählung dieser Faktoren berechtigt dazu, ein Anwachsen unterschiedlicher Formen sozialer Kontrolle in den Schulen der Bundesrepublik zu erwarten.

Angesichts der beschriebenen Stagnation bei der Demokratisierung und Mitwirkung reagieren immer mehr Beteiligte dadurch, daß sie Tendenzen der Verrechtlichung und der Privatisierung des Bildungssystems verstärken. Auf dem Wege des Rechtsstreits versuchen immer häufiger einzelne, Einflußnahme auf das Schulleben, die ihnen auf dem Wege der Mitwirkung nicht gewährt wurde, für sich bzw. ihre Kinder durch Anrufung der Gerichte zu erringen. Auf dem Wege der Privatisierung des Schulsystems streben immer mehr Eltern die Schaffung «staatsfreier» oder doch zumindest «staatsferner» Räume an, in denen Bildung und Erziehung von ihnen direkter mitbestimmt werden: sei es in traditionellen Privatschulen, sei es in reformerisch orientierten Alternativschulen. Je häufiger aber von einzelnen oder von ganzen Gruppen Gerichte in Schulangelegenheiten angerufen werden, um so stärker werden die – häufig durch Gerichtsentscheidung auferlegten – Tendenzen zu einer fortschreitenden Verrechtlichung des Schulwesens (vgl. Laaser 1980). Dies wiederum forciert Privatisierungs- und Entstaatlichungstendenzen, so daß sich die Gefahr einer Aufspaltung des Bildungssystems in Schulen in «Staatshand» auf der einen und Schulen in «privater» Hand auf der anderen Seite abzeichnet. Langfristig, so ist zu befürchten, werden die Leidtragenden einer solchen Entwicklung die ohnedies und immer schon benachteiligten Bevölkerungsteile sein.

1.3. Wissenschaftsorientierung und Curriculumrevision

Im deutschsprachigen Raum ist die Schulentwicklung von Anbeginn des 19. Jahrhunderts an mit der Etablierung strukturell und curricular voneinander getrennter Bildungswege verbunden. Zwar hat Wilhelm v. Humboldt während der kurzen preußischen Reformphase am Anfang des 19. Jahrhunderts in seinem «Litauischen Schulplan» gefordert, daß in den von ihm empfohlenen gesamtschulähnlichen Schulstufen der zukünftige «Tagelöhner» und der zukünftige «feinste Ausgebildete» gemeinsam den gleichen Unterricht erhalten sollten: «Auch Griechisch gelernt zu haben könnte auf diese Weise dem Tischler ebensowenig unnütz seyen, als Tische zu machen dem Gelehrten» (Humboldt 1964, IV, S. 189), doch schon kurze Zeit später (1819) schreibt der preußische Staatsrat Ludolph von Beckedorff: «Es gibt nun einmal verschiedene Stände und Berufe in der menschlichen Gesellschaft ... Je länger der Jugend die Verschiedenheit der menschlichen Verhältnisse verheimlicht wird, als eine desto größere Last muß sie ihr hinterher erscheinen; ja, eben dieser lange Traum und Wahn einer allgemeinen Gleichheit wird nicht bloß die nachfolgende Ungleichheit um so drückender machen ...» und weiter stellt v. Beckedorff fest, es bedürfe keiner «künstlichen Gleichheit der Volkserziehung, sondern vielmehr einer naturgemäßen Ungleichheit der Standeserziehung; zwar allerdings einer übereinstimmenden Bildung zur Religion und Sittlichkeit, aber keineswegs einer gleichartigen Abrichtung in Kenntnissen und Fertigkeiten» (zit. nach: Schweim 1966, S. 222f.).

Damit ist die Tendenz der kommenden Schulentwicklung vorgezeichnet. Im Namen der Natur oder im Namen Gottes, häufig im Namen der wirtschaftlichen Bedürfnisse und gelegentlich auch im Namen eines sich in Selbstbescheidung erfüllenden Glücks wird von nun an geschieden. An die Stelle einer gemeinsamen Volkserziehung, die sich an dem von der Romantik geprägten und alle Menschen umfassenden Begriff vom «Volk» orientierte, trat in Volksschulen die Bildung für das – gemeine – Volk, die volkstümliche Bildung, und in «höheren» Schulen die gymnasiale und akademische Bildung für den männlichen Teil des Bürgertums. Auf dieser Linie entwickelten und verfestigten sich im Verlauf des 19. Jahrhunderts die Konturen des gegliederten Schulwesens: In separierten Institutionen unterrichteten unterschiedlich ausgebildete Lehrer standesspezifisch rekrutierte Schüler volkstümlich bzw. akademisch. Damit war «der soziale Klassencharakter des Schulsystems perfektioniert»

(Herrlitz u. a. 1981, S. 60). Unbeschadet aller Kritik und unberührt von allen strukturellen sowie curricularen Anpassungen und Modernisierungen konnten sich die Grundzüge dieses Systems, soweit es die Unterscheidung in volkstümliche und höhere Bildung betraf, halten. Sie finden in der deutschen Schulgeschichte 1959 im Rahmenplan des Deutschen Ausschusses eine vorerst letzte, gleichsam offiziöse Absegnung: «Die unterschiedlichen Bildungsanforderungen, die unsere arbeitsteilig entfaltete Gesellschaft an ihren Nachwuchs stellt, und die Unterschiede in der Bildungsfähigkeit dieses Nachwuchses zwingen dazu, an drei Bildungszielen unseres Schulsystems festzuhalten, die nach verschieden langer Schulzeit erreicht werden: an einem verhältnismäßig früh an Arbeit und Beruf anschließenden, einem mittleren und einem höheren» (Deutscher Ausschuß 1960, S. 16).

Sowohl die schulstrukturelle als auch die curriculare Seite dieser Position – zwei Seiten, die ohnedies nur analytisch zu trennen sind – fanden in den Folgejahren aus sehr unterschiedlichen Begründungen wachsenden Widerspruch. Zum einen war – bezogen auf die gymnasiale Bildung – die Gewißheit zerbrochen, einen verbindlichen Bestand an Wissen und Kultur zu besitzen, der als Gegenstand höherer Bildung erhalten werden könnte: Der Versuch, nach den politischen und kulturellen Zerstörungen der nationalsozialistischen Herrschaft den tradierten Bildungskanon des deutschen Bürgertums einfach wieder – leicht modernisiert – zu restaurieren, war gescheitert; gleichzeitig ließ der beschleunigte technologische Wandel mit seinen raschen Veränderungen und Erweiterungen von Wissensbeständen eine kanonische Festschreibung von Unterrichtsinhalten immer fragwürdiger erscheinen. Zum anderen wuchs infolge der wirtschaftlichen Expansion und der außenwirtschaftlichen Beziehungen der Bundesrepublik die Nachfrage nach hochqualifizierten Arbeitnehmern in bisher nicht gekanntem Umfang, so daß die Verweisung eines Teils der Schüler und künftigen Arbeitnehmer in die Begrenzungen volkstümlicher Bildung wirtschaftlich widersinnig wurde. Schließlich verstärkte sich im Verlauf der Festigung demokratischen Bewußtseins in der Bundesrepublik unter dem Schlagwort «Bildung ist Bürgerrecht» die Forderung nach gleicher Bildung für alle. In diesem Zusammenhang wurde die Forderung erhoben, daß sich die schulische Bildung für alle an den Anforderungen einer modernen Industriegesellschaft zu orientieren habe, so daß tradierte Lerninhalte in allen Schulformen einer gründlichen Revision zu unterziehen seien.

Im Kraftfeld dieser sehr heterogenen bildungstheoretischen, ökonomischen und gesellschaftspolitischen Argumentationslinien wurden zwei eng aufeinander bezogene Konzepte entworfen: Zum einen entwickelte vor allem der Bildungsrat das Konzept der Wissenschaftsorientierung schulischen Lernens – in allen Schulformen und Fächern sollte sich das Lernen vor dem Horizont der Wissenschaft ausweisen können. Parallel dazu wurde von reformorientierten Erziehungswissenschaftlern – insbesondere von Robinsohn – das Konzept einer durchgreifenden Überprüfung und Veränderung der schulischen Lehr- und Lerninhalte entworfen und mit dem damals neuen Begriff der Curriculumrevision belegt – nicht unhinterfragte Traditionen, sondern kritische und systematische Analysen sollten zur inhaltlichen Gestaltung von Lehrplänen und Richtlinien führen. Dabei sollte sich die Curriculumrevision nicht ausschließlich am Horizont der Wissenschaft, sondern auch an Prinzipien wie zum Beispiel der Lebensnähe, der beruflichen Verwendbarkeit, des exemplarischen Charakters orientieren. Insofern hängt das leitende Prinzip «Wissenschaftsorientierung» eng mit dem Reformvorhaben «Curriculumrevision» zusammen, ohne mit ihm identisch zu sein. Wenn wir im folgenden auch die Einlösung beider Konzepte getrennt bilanzieren, so sind doch von der Sache her Überschneidungen nicht nur unvermeidbar, sondern sogar dringend geboten.

Wissenschaftsorientierung

Im Kern bedeutete und bedeutet Wissenschaftsorientierung die Festlegung darauf, daß sich alles schulische Lernen vor den Gesetzen und Erkenntnissen der Wissenschaft ausweisen muß. Dies gilt für das Lernen in allen Schulen: in Grundschulen, Gymnasien, Realschulen, Gesamtschulen, Hauptschulen und Berufsschulen, und zwar für alle Fächer des schulischen Kanons. Wissenschaft, auf diese Weise in den Dienst des Lernens aller Schüler genommen, leistet so einen Beitrag zur Aufklärung, wenn diese mit Kants berühmter Formulierung verstanden wird als «Ausgang des Menschen aus seiner selbst verschuldeten Unmündigkeit» (1964, S. 51).

Dieses Prinzip der Orientierung des Lernens an Wissenschaft, das im Maße seiner Verwirklichung eine Grundlage für die Aufhebung der Trennung von volkstümlicher und akademischer Bildung, von Massen- und Elitebildung bot, galt einige wenige Jahre den Bildungspolitikern aller Richtungen als allgemeinverbindliche Richtschnur. So konnte die Bildungskommission des Deutschen Bildungsrates 1970 im «Strukturplan» formulieren: «Die Bedingungen des Lebens in der modernen Gesellschaft erfordern, daß die Lehr- und Lernprozesse wissenschaftsorientiert sind. Das bedeutet nicht, daß der Unterricht auf wissenschaftliche Tätigkeit oder gar auf Forschung abzielen sollte; es bedeutet auch nicht, daß die Schule unmittelbar die Wissenschaften vermitteln sollte. Zwischen Schule und Hochschule und innerhalb des Hochschulbereichs wird es fließende Übergänge hinsichtlich der Vermittlung von Wissenschaft geben; dasselbe gilt für das Verhältnis des beruflichen Unterrichts und der beruflichen Lehre zu den Wissenschaften. Wissenschaftsorientierung der Bildung bedeutet, daß die Bildungsgegenstände, gleich ob sie dem Bereich der Natur, der Technik, der Sprache, der Politik, der Religion, der Kunst oder der Wirtschaft angehören, in ihrer Bedingtheit und Bestimmtheit durch die Wissenschaften erkannt und entsprechend vermittelt werden» (Deutscher Bildungsrat, S. 33).

Wissenschaftsorientierung in diesem Sinn hat in den Folgejahren viele Reformprojekte bestimmt: Die Spaltung der Lehrerausbildung in nichtwissenschaftlichen Institutionen einerseits und Universitäten andererseits wurde aufgehoben. Basis des Lehrerberufs ist inzwischen in allen Bundesländern ein wissenschaftliches Hochschulstudium in Unterrichtsfächern und in Erziehungswissenschaften und eine schulpraktische Ausbildung im Anschluß an das Hochschulstudium. Die in den siebziger Jahren neu konzipierten Lehrpläne, besonders die von Grundschulen, von den neu geschaffenen Hauptschulen sowie zunehmend auch von Berufsschulen sind dem Prinzip der Wissenschaftsorientierung verbunden; die Einführung des «Sachunterrichts» an den Grundschulen und die Durchsetzung des Fachlehrerprinzips an Hauptschulen sind dafür sichtbare Zeichen. Auch der Unterricht in den seit Ende der sechziger Jahre eingeführten Reformschulen ist wissenschaftsorientiert angelegt: in Gesamtschulen ebenso wie im nordrhein-westfälischen Kollegschulversuch oder im Bielefelder Oberstufen-Kolleg.

Ein Rückblick auf diese vielfältigen Bemühungen, Wissenschaftsorientierung als grundlegendes Prinzip schulischen Lernens zu verankern, zeigt jedoch, wie ambivalent dieses Prinzip ist und wie leicht es zu Fehlentwicklungen führen kann. Dies läßt sich anhand der Versuche aus den siebziger Jahren, die Grundschullehrpläne nach dem Prinzip der Wissenschaftsorientierung zu reformieren, besonders deutlich belegen. Kernstück der neuen Lehrpläne, die damals in allen Bundesländern für die Grundschulen erstellt wurden, war die Ablösung des überlieferten Gesamtunterrichts durch einen in Lernbereiche untergliederten Unterricht. Dabei nahm der Sachunterricht von Anfang an eine prominente Stelle ein, weil durch ihn die über die Kulturtechniken Rechnen, Lesen und

Schreiben hinausgehenden Unterrichtsinhalte in die Grundschulen eingebracht werden sollten. Es ergaben sich in den Bundesländern, gleichermaßen unter dem Vorzeichen der Wissenschaftsorientierung, zwei prinzipiell unterscheidbare Entwicklungslinien: eine stärker fachorientierte und eine eher integrierende.

Die fachorientierte Konzeption eines wissenschaftsorientierten Sachunterrichts, der in den Lehrplänen von Bayern, Berlin, Hamburg, Nordrhein-Westfalen, Rheinland-Pfalz, dem Saarland und Schleswig-Holstein gefolgt wurde, richtete sich stark an den Unterrichtsfächern der Sekundarstufen aus, die ihrerseits fachwissenschaftlich zugeschnitten waren. Stellvertretend sei dazu aus dem Hamburger Lehrplan (1973) zitiert: «Die Ziele des Sachunterrichts sind bedingt durch die Bedürfnisse der Kinder, die Erfordernisse individuellen und gesellschaftlichen Lebens und durch Erkenntnisse der jeweiligen Fachwissenschaften. Nach diesen Zielen werden die Inhalte, Methoden und Medien bestimmt; sie werden so ausgewählt, daß zugleich der Fachunterricht auf der Sekundarstufe durch sie vorbereitet werden kann» (Richtlinien Hamburg 1973, SU, S. 3).

In der integrierten Konzeption des Sachunterrichts sollen im Gegensatz dazu schulische Inhalte gerade nicht aus bestimmten Schulfächern oder Fachwissenschaften abgeleitet, sondern integriert aus der Lebenswelt der Kinder entwickelt werden. In den niedersächsischen Richtlinien von 1975, die neben den baden-württembergischen und den hessischen dieser Entwicklungslinie folgen, heißt es dazu: «Der Schüler begegnet der Lebenswirklichkeit in komplexen Situationen. Daher wird im Sachunterricht nicht von traditionellen Fächern oder Systemen der Wissenschaften ausgegangen, sondern es werden im Sinne eines situationsorientierten Ansatzes Lernfelder genannt ...» (Rahmenrichtlinien Niedersachsen 1975, SU, S. 4).

Beide Konzeptionen, die fachorientierte wie die integrierte, berufen sich auf das Prinzip der Wissenschaftsorientierung und führen doch einerseits zu bloßer Fachpropädeutik oder andererseits zu lebensweltnahem Grundschulunterricht. Diese im Prinzip der Wissenschaftsorientierung angelegte Ambivalenz, die nicht nur in der Grundschule wirkt, hat mit dazu beigetragen, daß die kritische Auseinandersetzung mit Wissenschaftsorientierung nie verstummt und neuerdings auch in sonst sehr unterschiedlichen Lagern verbreitet ist.

Zunächst und vor allem wurde und wird sie von denen vorgetragen, die in der gegenwärtigen restaurativen Phase die Stunde für eine Wiederbelebung überkommener Elitevorstellungen gekommen sehen und die mit der Verdammung wissenschaftsorientierten Lernens alle Versuche beenden möchten, die darauf abzielen, die Trennung in Elite- und Volksbildung aufzuheben. Viele unter ihnen, so auch die Verfasser der Erklärung «Mut zur Erziehung» (Bonn 1978), bedienen sich dabei nur allzuoft eines Zerrbilds der Wissenschaftsorientierung im Unterricht, das ihnen polemisches Dreinschlagen anstelle von sorgfältigem Argumentieren erlaubt. In der Antwort auf einen dieser Restaurateure hat Blankertz dies deutlich gemacht und zugleich dabei noch einmal das Konzept herausgestellt: «Unverständlich ist mir dabei, wie Spies meinen kann, mit der wissenschaftsorientierten Didaktik seien Christus und Goethe aus der Schule verdammt. Wissenschaftsorientierung bedeutet doch nur, daß im Religionsunterricht über Christus aus dem regulierenden Horizont der Theologie gesprochen wird, nicht aus der rein persönlichen Glaubenserfahrung des Lehrers, nicht aus den Träumen eines Geistersehers oder aus Sekten-Aberglauben, und es bedeutet, daß die Interpretation eines von Schülern und Lehrern gemeinsam gelesenen Werkes von Goethe in Fühlung mit dem Stand der Literaturwissenschaft und der Goetheforschung erfolgen muß, nicht aus einer der Argumentation und intersubjektiven Überprüfung entzogenen privaten Eingebung des Lehrers – um dieses auszuschließen, studieren angehende Deutschlehrer Germanistik» (1982a, S. 14).

Parallel zu der konservativen Kritik am Konzept der Wissenschaftsorientierung, wenn auch aus grundsätzlich anderer Quelle genährt, hat sich im Lager derer, die sich dem Fortgang der Schulreform verpflichtet wissen, eine kritische Auseinandersetzung mit der schulischen Realität wissenschaftsorientierten Lernens entfaltet (Freise 1983, Schreier 1983, Pfeiffer u. a. 1984). Diese Kritik richtet sich vor allem gegen zwei Entwicklungen, die mit der Ausbreitung wissenschaftsorientierten Lernens verbunden sind: gegen «die vor allem kognitive Vermittlung fachwissenschaftlich legitimierter, weitgehend unbegriffener Fakten» (Freise 1983, S. 8) und gegen die damit einhergehende Verbannung alles «Nichtwissenschaftlichen» aus der Schule, gegen die «Blockade der Alltagserfahrungen» (Schreier 1983, S. 43). An die Wand gemalt wird dabei die Gefahr, daß Aufklärung durch Wissenschaft zu einer «Erfahrungszerstörung im Namen von Aufklärung» (Dewe 1984, S. 323) verkürzt wird und letztlich verkommt.

Gegen diese Perspektive erinnert Klafki an die ursprüngliche Konzeption von Wissenschaftsorientierung, in der die Bedeutung von Wissenschaften für den Unterricht gerade darin gelegen habe, ein angemessenes Wirklichkeits- und Selbstverständnis sowie eine entsprechende Handlungsfähigkeit für eine Welt zu vermitteln, die in wachsendem Maße von

Wissenschaft bestimmt sei. Klafki folgert daraus: «Damit aber verweist dieses Prinzip bereits aus sich selbst heraus auf die notwendige Vermittlung mit seinem ‹Gegenpol›: mit der ‹Schülerorientierung›, anders formuliert: der Berücksichtigung der individuellen und sozialen ‹Lebenswelt›, der ‹Alltagswirklichkeit› der Schüler» (1984, S. 82).

Schließlich ist das Prinzip der Wissenschaftsorientierung seit einiger Zeit einer zunehmenden Kritik aus dem Bereich der «neuen sozialen Bewegungen» ausgesetzt. Die heute feststellbare Naturzerstörung und die Lebensbedrohung durch Massenvernichtungswaffen sei – so wird gesagt – ohne Wissenschaft und Technik undenkbar, insofern stehe auch die schulische Wissenschaftsorientierung im Widerspruch zu der notwendigen Versöhnung des Menschen mit der Natur (vgl. de Haan 1982, S. 106). Eine solche Kritik verweist darauf, daß die Naturwissenschaften, die über Jahrhunderte vor allem als Instrumente der Menschen zur Beherrschung und Ausbeutung der Natur eingesetzt wurden, die menschliche Gesellschaft in unserer Zeit nicht der Humanität, sondern dem ökologischen und atomaren Kollaps immer näher bringen. Allerdings ist eine solche Einsicht wiederum nur möglich, indem in kritischer Weise gesellschaftliche Entwicklungen wissenschaftlich analysiert werden. Damit wendet sich auch diese «alternative» Kritik nicht gegen wissenschaftliches Denken an sich, sondern gegen eine bestimmte Verkürzung und Verfälschung des Prinzips der Wissenschaftsorientierung. In diesem Fall werden deutlich die Gefahren aufgezeigt, die entstehen, wenn Wissenschaft allein als Ansammlung technologisch verwertbarer Erkenntnisse betrachtet wird und eine kritische Diskussion der gesellschaftlichen Auswirkungen solcher Erkenntnisse ausgeklammert bleibt. Ein kritisches Wissenschaftsverständnis hat sich stets gegen eine solche «halbierte Rationalität» (Habermas) gewehrt, wenngleich wohl zugestanden werden muß, daß eine Kritik der Naturausbeutung durch den Menschen bisher nur in Ansätzen geleistet wurde. Damit verweist aber auch diese Kritik darauf, daß sich eine schulische Wissenschaftsorientierung auf ein umfassendes und kritisches Konzept von Wissenschaft zu beziehen hat.

Die letztgenannten Einwände haben deutlich gemacht, daß die Umsetzung und Weiterentwicklung eines wissenschaftsorientierten Lernens bestimmten Mißverständnissen und Gefahren ausgesetzt sind, die man gerade angesichts der zukünftigen gesellschaftlichen Entwicklungen sehr ernst nehmen sollte: Wenn neue Technologien zu einem weiteren Auseinanderreißen von «Kopf» und «Hand» führen und die neuen Medien primäre Erfahrungen immer weiter verschwinden lassen, muß sich die Schule um so stärker um Integrationsleistungen und Erfahrungsvermittlung statt «Verkopfung» bemühen. Wenn die Umwelt- und Friedensbedrohung die Menschen auch weiterhin in Atem hält, muß die Schule sich um so stärker mit einem kritischen Wissenschaftsverständnis gegen eine technologische Verkürzung und gegen einen inhumanen Mißbrauch von Wissenschaft wenden.

All diese Einwände sind geeignet, eine Reflexion über das Prinzip der Wissenschaftsorientierung und seiner schulischen Umsetzung immer wieder neu in Gang zu setzen. Wissenschaftsorientierung als Prinzip ist dadurch jedoch keineswegs gegenstandslos geworden – sagt es doch nicht mehr und nicht weniger, als daß die menschliche Fähigkeit, den Verstand zu gebrauchen, den Orientierungspunkt für den Unterricht aller Kinder bilden soll.

Curriculumrevision

Das Prinzip der Wissenschaftsorientierung legt die Auswahl schulischer Lerninhalte, wenn sie sich nur vor der Wissenschaft ausweisen können, nicht weiter fest. Eine Bilanzierung, die die Schulentwicklung seit den sechziger Jahren zum Gegenstand hat, bliebe daher unvollständig, wenn sie nicht auch die Veränderung der Auswahl dieser Lehrinhalte selbst in den Blick nehmen würde. Sie würde übersehen, daß ein beachtlicher Teil der Bemühungen um die Schulreform sich auf die Auswahl schulischer Lerninhalte, auf die Revision der «Curricula», wie es seit Robinsohn (1967) heißt, gerichtet hat (vgl. zu den folgenden Ausführungen Rolff u. a. 1980 a, S. 79ff.).

Die Veränderung der Curricula zu sichten und zu bilanzieren, ist angesichts der Unterschiede in der Vielzahl der Bundesländer, der Schulformen sowie der Unterrichtsfächer nahezu unmöglich. Wir wollen daher statt dessen drei Hauptströmungen, die wir in der Curriculumentwicklung erkennen, nachzeichnen: die Modernisierung der Curricula, die Gestaltung des Verhältnisses der Fächer zueinander und den Bezug der Unterrichtsfächer zur Lebenswelt der Schüler.

Die Modernisierung der Curricula hat sich auf vielfältige Weise vollzogen: durch die «Aufpolierung» von Unterrichtsinhalten anhand des Standes der wissenschaftlichen Diskussion, durch die Aufnahme neuer Teilgebiete in ein Unterrichtsfach, durch die Schaffung völlig neuer Unterrichtsfächer und schließlich auch durch die Anordnung von Stoffen und deren systematische Zuordnung zu Lernzielen. Für all dies lassen sich unzählige Beispiele anführen. Die Ersetzung pflügender Bauern durch

Mähdrescher steuernde Landarbeiter in den Fibeln gehört ebenso dazu wie die Einführung der «Neuen Mathematik». Zu nennen wäre auch die Wandlung des Erdkundeunterrichts von einem länderkundlichen Fach zur Geographie, in der nicht so sehr einzelne Länder, sondern verstärkt komplexe Probleme wie zum Beispiel die Rohstoff- und Energieversorgung oder die Verflechtungen von Wohnen, Arbeiten und Freizeit behandelt werden. Für die Erweiterung der einzelnen Fächer um neue Teilgebiete lassen sich gleichfalls viele Belege anführen: Im Fach Geschichte gewinnt Wirtschaftsgeschichte einen eigenen Anteil, in Biologie wird Verhaltenslehre unterrichtet, in Chemie tauchen ökologische Fragestellungen auf. Schließlich finden sich auch eine lange Reihe völlig neu in die Lehrpläne aufgenommener Fächer: Arbeitslehre oder Polytechnik vor allem in Haupt- und Gesamtschulen, Sachunterricht in den Grundschulen, Psychologie in den gymnasialen Oberstufen sowie – neuerdings – Informatik in verschiedenen Schulformen. Mit diesen curricularen Neuerungen einher ging die Ausbreitung der Lernzielorientierung des Unterrichtens: In stark klassifizierten und hierarchisierten Katalogen wurden Lernziele festgeschrieben, absteigend von Grob- zu Feinlernzielen, ausdifferenziert und weiter so operationalisiert, daß für die einzelne Unterrichtseinheit das Erreichen des vorgesehenen Lernziels kontrollierbar wird; dies setzt sich in der Entwicklung lernzielorientierter Tests und der darauf gestützten Lernerfolgsmessung fort. Derart konsequent ausgeführte und zudem noch lernpsychologisch fundierte Curricula laufen ständig Gefahr, komplexe Stoffgebiete in vereinzelte Unterrichtseinheiten zu zerstückeln. Sie vermögen Inhalte so aufzulösen, daß in ihrer Darbietung durch Lehrer wie auch in ihrer Aufnahme durch Schüler Strukturen durchscheinen, die der Taylorisierung der Arbeitsorganisation im Produktionsprozeß vergleichbar sind.

Neben dieser Modernisierung der Curricula läßt sich eine zweite Hauptströmung im Verlauf der Revision der Curricula beobachten. Sie bezieht sich auf das Verhältnis schulischer Fächer zueinander und ist am ehesten durch die Positionen von Integration und Addition zu beschreiben. Ausgehend von Robinsohns Plädoyer für die Orientierung der Unterrichtsinhalte an künftigen Lebenssituationen der Schüler – solchen ihrer Berufstätigkeit, ihrer persönlichen Freizeit, aber auch ihrer gesellschaftlichen Mitbestimmung – verlieren die wissenschaftlichen Bezugsdisziplinen ihre alleinige «Organisationsmacht» bei der Konzipierung schulischer Fächer. An die Stelle einzelner Fächer, die sich oft genug als wissenschaftliche Disziplinen «in nuce» verstanden und die in der Schule zum Lehrplan addiert wurden, traten neue, mehrere Wissenschaften integrierende Fächer: Ein bekanntes und umstrittenes Beispiel für die Integration überkommener Schulfächer ist die «Gesellschaftslehre», in dem die Fächer Geographie, Geschichte und Politik aufgingen. Ebenso sind Ansätze zu einem Physik, Chemie und Biologie zusammenfassenden Fach «Naturwissenschaft» («Science») zu nennen. Schließlich kann auch das Mitte der sechziger Jahre entstandene Fach Arbeitslehre / Polytechnik als Beispiel für die systematische Integration von Elementen mehrerer Bezugsdisziplinen wie Wirtschafts-, Politik- und Ingenieurwissenschaften gesehen werden. Die hier skizzierte Tendenz zur Integration von Fächern hat allerdings nur kurze Zeit und auch nur in einzelnen Wissensgebieten die didaktische Entwicklung geprägt. Inzwischen gewinnen Bemühungen der Reklassifikation die Oberhand: Der Sachunterricht der Grundschule wird in einzelnen Bundesländern wieder in seine fachbezogenen Bestandteile zerlegt und in eine Fachpropädeutik für den Fachunterricht der weiterführenden Schulen überführt; aus dem Fach Gesellschaftslehre wird der Geschichtsunterricht wieder herausgelöst, und auch im Fach Arbeitslehre entwickelt sich eine interne Einzelfachstruktur.

Die dritte Hauptströmung, die in der Curriculumrevision der vergangenen Jahre neben der Modernisierung und neben dem Schwanken zwischen Integration und Addition zu beobachten war, ist die der Öffnung bzw. Abschließung der Curricula gegenüber Interessen, die sich im Verlauf des Unterrichts bei Schülern und Lehrern entwickeln. Für eine Unterrichtsgestaltung, die sich solchen Interessen eher verschließt, hat sich in der Curriculumtheorie der Begriff der «geschlossenen Curricula» eingebürgert. In ihnen werden vom Anspruch her Zielvorstellungen, Inhalte, Lehr- und Lernprozesse sowie deren Auswirkungen vorgeplant und vorherbestimmt – und zwar ohne Beteiligung der unterrichtenden Lehrer und erst recht ohne Beteiligung der Schüler. An einem derart technokratisch-funktionalistisch ausgerichteten Konzept, das sich nahtlos an Modernisierungs- und Taylorisierungstendenzen der Curriculumrevision anschließen läßt, wurde im Verlauf der siebziger Jahre immer deutlicher der Graben bemängelt, der sich dadurch zwischen den «Curriculum-Konstrukteuren» einerseits und den Schulen und Lehrern sowie ihren Interessen und ihrem Gestaltungswillen andererseits auftut. Entgegengesetzt wurde dem «geschlossenen Curriculum» die Konzeption «offener Curricula»: In dieser Konzeption wird der Anspruch einer umfassenden Steuerung schulischer Lerninhalte und schulischer Lernschritte durch Außenstehende aufgegeben. An dessen Stelle tritt die Möglichkeit für Lehrer und Schüler, an den inhaltlichen Zielentscheidungen, an der Auswahl der

Stoffe sowie an der Festlegung der Lernschritte teilzunehmen. Der damit verbundene Verzicht auf eine rationale Außensteuerung des Unterrichts öffnet die Schule zugleich wieder stärker für kreative Beteiligung und für kreative Fähigkeiten der Schüler. Auf der Entwicklungslinie dieser curricularen Konzeption bemühten sich Schulfächer, in ihren Inhalten und in ihren Methoden auf die Alltagssituation der Schüler einzugehen. So entstanden für den muttersprachlichen Unterricht Lehrgänge, in denen eine individualisierende Sprachförderung in den Vordergrund gerückt wurde. Im Musikunterricht vermehrten sich Versuche, Schüler nach dem Muster des von Orff eingeführten Prinzips mit Hilfe einfacher Instrumente Geräusche herstellen und somit komponieren zu lassen. Ohne das herkömmliche Notensystem zu kennen, gelangen Schüler auf diesem Weg dazu, selbst erfundene Musik zu hören und zu «notieren.» Daraus entstanden Unterrichtsvorschläge zur kreativen Notation von gehörter Musik. Die Entwicklung ging vom Musikhören und von der Musikinterpretation zum produktiven Umgang mit Klängen. Aktive Musikgestaltung, eigenes Erfinden und Realisieren von Musik erhielten neues Gewicht. Im Kunstunterricht gab es ähnliche Bestrebungen, die darauf hinausliefen, das Spektrum dessen, was im Unterricht behandelt wird, erheblich zu erweitern (und nicht nur Kunstbetrachtung und Zeichnen zu lehren). Es wurden gemeinsame Aktionen geplant, die den Schülern erlaubten, eigene Pläne für ästhetische Projekte zu entwerfen und diese zu realisieren. Dabei fällt auf, daß das gemeinsame Vorgehen eine besonders große Rolle übernimmt. Ähnliche Entwicklungen können auch in andren Fächern und Lernfeldern beobachtet werden.

Der Übergang zu solchen «offenen» Curricula stellt an die Schüler, noch mehr aber an die Lehrer, hohe Anforderungen. Die Lehrer müssen sich auf größere Zusammenarbeit untereinander, mit den Eltern und selbst mit Vertretern öffentlicher Institutionen einstellen. Sie arbeiten nicht mehr hinter verschlossenen Türen, ihre Arbeit wird sichtbarer, und damit wird sie leichter kontrollierbar. Es besteht ein größerer Zwang zu didaktischer und ideologischer Übereinstimmung, und zwar nicht nur in der Kooperation mit Kollegen, sondern selbst in der Interaktion zwischen Lehrern und Schülern. Dies mag auch erklären, daß sich die Tendenzen zu einer solchen Öffnung der Curricula und des Unterrichts in der Bundesrepublik nicht ungebrochen durchgesetzt haben. In den letzten Jahren finden sich verstärkt Bestrebungen, durch die Festlegung der Lehrer auf eng führende Lehrpläne, durch die Wiederbelebung einer zentralen Rolle von Schulbüchern anstelle der zu Recht, aber doch zu polemisch bekämpften «Zettelpädagogik» und durch die Mittel der Schulaufsicht das Unterrichtsgeschehen zentral zu steuern und zu kontrollieren. Insbesondere Gesamtschulen, die bei zahlreichen Projekten «offener» Curriculumentwicklung häufig Neuland betreten haben, spüren diese neue Gängelung derzeit schmerzlich.

Insgesamt führt eine Betrachtung der schulischen Curriculumrevision zu einer ambivalenten Bilanz: Fraglos hat sie eine tiefgehende und überfällige Modernisierung schulischer Inhalte in nahezu allen Fächern und in allen Schultypen gebracht. Sie hat darüber hinaus mit ihren Projekten der Integration von Fachgebieten und Fächern sowie mit der Öffnung der Lerninhalte und Lernverfahren hin zu einer Mitgestaltung durch Lehrer und Schüler Wege gewiesen, die Außensteuerung des Unterrichts durch Fachdisziplinen und Schulaufsicht abzuschwächen. An dessen Stelle hat sie den Fachwissenschaften die Funktion zugewiesen, wissenschaftlich formulierte Auskünfte zu Problemen zu geben, die in einem Bezug zum Erfahrungshorizont der Schüler erwachsen sind und von daher definiert wurden. Zugleich aber hat die Curriculumrevision mit ihrer Modernisierung der Lerninhalte und mit der Entwicklung eines Instrumentariums zur Gestaltung eines lernzielorientierten und geschlossenen Curriculums ein Umfeld vorbereitet, in dem sich neue Technologien, neue Medien und computergestütztes Lernen – kurz: ein weiter technologisierter und entfremdeter Unterricht leichter entfalten können.

1.4. Humanisierung des pädagogischen Umgangs

Die Reformvorstellungen, die Ende der sechziger Jahre artikuliert wurden, nahmen auch die Umgangsformen zwischen Schülern und Lehrern – das «pädagogische Verhältnis» in den Blick. Die damit verbundenen Zielsetzungen wurden vom Deutschen Bildungsrat anhand der didaktischen Kategorien der «Individualisierung» und der «Verstärkung der Lernmotivation und Leistungsfreude» angesprochen, um daraus Vorstellungen für eine geänderte Lehrerrolle zu entwickeln: «Der Lehrer handelt als Erfinder und Planer von Problemsituationen, die die Eigeninitiative der Schüler herausfordern. Er soll vor allem die Denkprozesse der Kinder leiten, indem er beobachtet und zuhört, unterstützt und erweitert, auswählt und plant» (Deutscher Bildungsrat 1970, S. 134).

Unmittelbar verknüpft mit einem solchen Verständnis der Unterrichtsarbeit von Lehrern ist das Plädoyer für ein «pädagogisches Leistungsprinzip». Gefordert wird ein Unterricht, der zwar Leistungen herausfordert, allerdings ohne mit Deklassierung zu drohen und ohne Angst zu erzeugen (vgl. ebenda, S. 35f.). Über eine solche didaktisch-unterrichtliche Zielbestimmung hinaus entwickelte der Bildungsrat seine Vorstellungen von einem geänderten pädagogischen Verhältnis anhand der Kategorien des «sozialen Lernens» und der «Mündigkeit». Diese Begriffe sind zwar auch als didaktische Kategorien zu verstehen, sie gehen jedoch zugleich über den unterrichtlichen Kontext hinaus, indem sie generelle Ansprüche für die Schüler–Lehrer-Beziehung formulieren: «Wenn es ferner das Ziel der Schule ist, den jungen Menschen auf das Leben in einer offenen Gesellschaft und in einem demokratischen Staat vorzubereiten, müssen die Grundmuster des mündigen Verhaltens in der Schule eingeübt und erprobt werden. Einübung und Erprobung erfolgen im tätigen wechselseitigen Verhalten ... zwischen Lehrern und Schülern. Das Lehrer–Schüler-Verhältnis besteht weniger in einem Gegenüber als in einem Miteinander. (...) Die künftige Schule wird vom Schüler mehr Selbständigkeit und Eigenverantwortung fordern und ihn zu beidem stärker motivieren.» (Ebenda, S. 37)

Diese Vorstellungen einer «inneren» Reform, einer qualitativen Veränderung der Umgangsformen zwischen Schülern und Lehrern, werden in dem Satz zusammengefaßt: «Die stärkere Wissenschaftsorientierung des Unterrichts muß Hand in Hand gehen mit einer stärkeren Pädagogisierung der Schule.» (Ebenda, S. 37) Darin klingt zugleich Kritik gegenüber Extremen der damals herrschenden pädagogischen Praxis an. Hauptschulklassen, in denen mit «harter Hand» regiert wurde, in denen körperliche Züchtigung noch erlaubt war (zum Beispiel in Nordrhein-Westfalen bis 1971), in denen autoritäres Lehrerverhalten häufig die Reste von Eigenständigkeit und Lernmotivation abtötete – das war der eine Teil der Schulwirklichkeit in den auslaufenden sechziger Jahren. Gymnasialklassen, in denen Fachwissenschaftler unterrichteten und häufig mit elitärem Selbstverständnis eine «Pädagogik» der Leistungsauslese betrieben – das war der andere Teil der Schulwirklichkeit, den der Bildungsrat im Blick gehabt haben dürfte.

Nun sind allerdings die Reformvorstellungen, die mit dem Begriff der «Pädagogisierung» einer solchen Praxis entgegengesetzt wurden, Ende der sechziger Jahre nicht zum erstenmal formuliert worden. Vielmehr lassen sich deutlich die historischen Quellen in der Reformpädagogik des beginnenden 20. Jahrhunderts und der dort formulierten «Pädagogik vom Kinde aus» erkennen. Ob Ellen Kay, Berthold Otto, Gustav Wyneken oder Siegfried Bernfeld, sie alle kritisierten den Zwangscharakter der «alten» Schule, die autoritär geprägte Lehrerrolle, die Dominanz rezeptiver Lernformen, den schematischen Unterrichtsablauf und die «Lebensferne» von Lehrern und Schule (vgl. Scheibe 1969, S. 51). Die «Schule der Zukunft» wurde von den verschiedenen Reformpädagogen zwar sehr unterschiedlich ausgemalt (bzw. erprobt), doch finden sich bei ihnen auch gemeinsame pädagogische Prinzipien, die sich in den Vorstellungen des Bildungsrats wiedererkennen lassen: Selbsttätigkeit im Unterricht, Verbindung von praktischem und theoretischem Lernen, die Betonung der Erziehungsaufgaben des Lehrers, die Bedeutung der Kooperation in der Gruppe. Während diese Prinzipien von den Reformpädagogen meist sehr emphatisch vertreten wurden, werden sie beim Bildungsrat in einer eher nüchternen Sprache formuliert und zudem mit organisatorischen Forderungen verknüpft: Die Klassenfrequenzen seien zu senken, vor allem die Gymnasiallehrer-Ausbildung sei um pädagogisch-didaktische Anteile anzureichern, ein System von Bildungs- und Erziehungsberatung in der Schule sei auszubauen.

Versucht man nun zu bilanzieren und nach der Veränderung im pädagogischen Verhältnis zu fragen, so ist es naheliegend, sich zunächst auf diese organisatorischen Forderungen zu beziehen: Die Klassenfrequenzen in Grund- und Mittelstufe sind deutlich zurückgegangen, die Lehrerausbildung wurde – ungeachtet der erheblichen länderspezifischen Differenzen – insgesamt auf ein fachlich und pädagogisch qualifizierteres Niveau gehoben, ein schulisches Beratungssystem wurde hingegen lediglich punktuell etabliert.

Solche Antworten lassen sich zwar «abgesichert» geben, sie bleiben jedoch auf der Oberfläche; denn damit werden lediglich die organisatorischen Rahmenbedingungen des pädagogischen Umgangs, nicht jedoch dieser selbst erfaßt. Nun erweist es sich als äußerst schwierig, wissenschaftlich fundierte Aussagen über die Veränderung schulischer Kommunikationsformen zu machen. Denn während sich in den vorangegangenen Abschnitten die Ziel-Annäherungen durch die Analyse von Statistiken (zum Beispiel Bildungsbeteiligungsquoten) oder Unterrichtsmaterialien (zum Beispiel Lehrplänen) belegen ließ, ist der hier zu behandelnde Sachverhalt viel diffuser, vielfältiger, er ist einer empirischen Argumentation nur schwer zugänglich. Es kommt hinzu, daß die Prozesse kommunikativer Veränderung noch weniger einer Planungs- und Realisierungslogik unterliegen, als dies etwa bei Struktur- und Curriculumveränderungen der Fall ist: Lebensverhältnisse außerhalb der Schule (zum Beispiel Jugendarbeitslosigkeit, Aktivitäten der Frauenbewegung) dringen alltäglich in die schulische Kommunikation ein, bewirken dort möglicherweise kommunikative Veränderungen, ohne daß dabei irgendeine Planung eine Rolle spielt. Somit läßt sich die Veränderung kommunikativer Prozesse in der Schule nicht unabhängig vom kulturellen Wandel, vom Wertwandel in einer Gesellschaft betrachten. Trotz dieser theoretischen und methodischen Schwierigkeiten versuchen wir, zu einer knappen Einordnung von Entwicklungstrends zu gelangen. Wir werden dabei, dies scheint uns angemessen, Eindrücke und Erfahrungen vorstellen und die Frage nach der «Beweiskraft» und der «Verallgemeinerungsfähigkeit» unserer Beispiele der Diskussion überlassen. In einem ersten Schritt fragen wir in übergreifender Weise nach der Veränderung der Schulkultur (und der darin eingelagerten Verkehrsformen), um danach in spezifischer Weise den Unterricht und seine didaktisch-methodische Struktur zu betrachten.

Neue Lehrergeneration – neue Schulkultur?

Die Autoren dieses Buches waren um 1960 noch Schüler und zwar in Realschulen, Gymnasien und Berufsschulen. Wir erinnern uns an übereinstimmende Züge einer konservativen Schulkultur, obwohl wir ganz unterschiedliche Schulen in verschiedenen Bundesländern besucht haben. So haben wir zum Beispiel alle recht ähnliche Ordnungs- und Höflichkeitsrituale in der Mittelstufe (Aufstellen auf dem Pausenhof, Begrüßungschor zu Stundenbeginn) erlebt; die hohe persönliche Abhängigkeit vom jeweiligen Klassenlehrer, die – je nach Person – Schrecken oder Glück bedeuten konnte, ist uns noch gut in Erinnerung. Auch die «Notenpeitsche», die von vielen Lehrern ohne jede pädagogische Hemmung benutzt wurde, haben wir erlebt und erlitten. Unsere Erinnerungen decken sich mit denen von Thomas Ziehe, der eine Abiturfeier der sechziger Jahre beschreibt: «... sämtliche Klassen mit Lehrern (hatten sich) in der Aula zu versammeln. Vorne, vom Kunstlehrer arrangiert, flankierende Gummibäume und Schüler-Streichquartett. In der weiten Halle Geraune und eine Mischung von Stumpfheit und Erwartung. Ein Signal des Oberstudienrats, der an einer der Eingangstüren verharrt hatte: Der Direktor kommt!, die ganze Belegschaft erhebt sich. Dann war ‹der Chef› aber erst ganz unten am Treppenabsatz, sechshundert Leute warteten, die Lehrer versuchten, eine Mucksmäuschen-Stille herzustellen. Dann kam er herein, ging in majestätischer Getragenheit den ganzen Mittelgang entlang zur vordersten Reihe und nahm Platz. Der Oberstudienrat, der ihm nicht ganz ohne respektvollen Abstand gefolgt war, forderte die Menge zum Sitzen auf. Der Musiklehrer erklomm die Bühne ...» (Ziehe 1983a, S. 317).

(Fotos:
Jochen Goerke, Flintbek)

Seit Beginn der siebziger Jahre hat sich dieser Typus von Schulkultur mehr und mehr verflüchtigt, ohne daß er überall völlig verschwunden sein dürfte. Wir selbst erfahren diese Veränderung immer wieder bei Schulbesuchen, die wir (als Forscher oder Praktikumsbetreuer) in verschiedenen Bundesländern und ganz unterschiedlichen Schulformen vornehmen. Ein ganz kleines Indiz: der Schulleiter, der – hinter Vorzimmer und großem Schreibtisch verschanzt – die Besucher nach angemessener Wartezeit vorläßt und dann im Gespräch seine Regierungsmacht durchblicken läßt, ist selten geworden. Viel häufiger findet man heute (in allen Schulformen) ein oft hektisches, belebtes Schulsekretariat vor, in dem es dem Besucher schwerfällt, unter den dort agierenden Jugendlichen und Erwachsenen den Schulleiter auszumachen. Dies alles sind Änderungen des Atmosphärischen, des Umgangsstils, der Schulkultur, die sich nur schwer «festmachen» lassen, die aber dennoch (oder gerade deshalb?) von hoher pädagogischer Bedeutung sind. Ziehe hat diesen Prozeß die «Enttraditionalisierung der alten Schulkultur» genannt. Was damit gemeint ist, wird u. E. durch zwei Fotos viel besser verdeutlicht als durch viele Texte. Das erste Foto zeigt das Lehrerkollegium des Max-Planck-Gymnasiums Kiel im Jahr 1969, das zweite Foto bildet das Kollegium derselben Schule im Jahr 1982 ab. Diese Fotos zeigen, daß sich 1982 viele Lehrer/innen wesentlich offener, freundlicher, «lässiger» präsentieren. Die eigene Stilisierung ist weit weniger an Traditionen und Autoritätsdarstellung orientiert, an die Stelle konservativer Normierung tritt die individuelle Interpretation der eigenen Person; dies gilt nicht nur – aber auch – für die Kleidung. Zugleich wird aus diesen Fotos plastisch deutlich, in welch großem Umfang seit Ende der sechziger Jahre junge Lehrer in die Schulen nachgerückt sind und wie stark sich dadurch die personelle Zusammensetzung des Kollegiums geändert hat. Was bei dem Kieler Gymnasium im Bild festgehalten ist, läßt sich auch in bundesweiter Statistik ausdrücken: Seit Mitte der sechziger Jahre veränderte sich die Altersstruktur der Lehrerkollegien grundsätzlich: 1983 waren von den fast 500000 Lehrern an allgemeinbildenden Schulen 71% und von den 88000 Lehrern an beruflichen Schulen 66% noch nicht 45 Jahre alt (BMBW 1984, S. 70 und S. 74). Der personelle Zustrom, der in den vergangenen Jahren (vor allem zwischen 1965 und 1975) zu dieser Altersstruktur geführt hat, verweist zwar nicht auf die Quellen, sehr wohl aber auf Träger und Transmissionsriemen einer geänderten Schulkultur. Dabei ist von nicht zu unterschätzender Bedeutung, daß sehr viele dieser jungen Lehrer während ihres Studiums in Kontakt mit der Studentenbewegung gekommen sind und daraus sehr häufig sowohl eine

Bereitschaft zum kritischen Engagement wie zu schülerorientierten Arbeitsweisen mitbrachten (vgl. Bastian 1981).

All diese Veränderungstendenzen dürfen jedoch nicht als (mittelbare oder unmittelbare) Folge der Reformplanung gesehen werden. Vielmehr sind sowohl die Reformplanungen selbst als auch die beschriebenen Veränderungen von Verhaltensstilen gemeinsame Bestandteile eines übergreifenden Prozesses gesellschaftlichen Wandels. Es bildet sich hier die Modernisierung der bundesrepublikanischen Gesellschaft ab, die Mitte der sechziger Jahre einsetzte und die eine Modernisierung des Sozialcharakters – von der Sexualmoral über das Erzieherverhalten bis zu den Konsumgewohnheiten – einschloß. Büchner hat aufgezeigt, daß sich im erzieherischen Feld seit Mitte der sechziger Jahre die Verhaltensstandards vom «Befehlen und Gehorchen» hin zum «Verhandeln» entwickelt haben (vgl. Büchner 1983, S. 196), die Schule blieb davon nicht ausgeklammert. Diese Trends wurden vom Bildungsrat nicht initiiert, sie decken sich jedoch weitgehend mit seinen pädagogischen Intentionen: Abbau des hierarchischen Abstandes zwischen Schülern und Lehrern, Bemühung um kritisches Denken und Diskurs statt unhinterfragten Gehorsams, Einübung von Kooperationsfähigkeit statt isolierten Lernens.

Nun hat vor allem Ziehe herausgearbeitet, daß dieser Veränderungsprozeß, der bisher in einer eher linear-positiven Weise als zunehmende Pädagogisierung oder gar Humanisierung der Schule beschrieben wurde, voller Widersprüche und Doppelbödigkeiten steckt. Diese finden ihren Ausgangspunkt in den unterschiedlichen Generationen-Erfahrungen der heute etwa vierzigjährigen Lehrer (die die Ent-Traditionalisierung der Schule erlebt oder gar betrieben haben) und der gegenwärtigen Schülergeneration, die nur diese «ent-traditionalisierte» Schule kennt: «... die alte Schulkultur (ist) schneller abgeräumt worden ..., als eine neue an deren Stelle hätte gesetzt werden können. Ich habe das einmal als eine Ent-Auratisierung von Schule charakterisiert, einen Zerfall der Möglichkeit ‹dichter› Erlebnisatmosphäre. Natürlich ist dann auch ein Zerfall ‹dichter› Angst vor Autorität, Strafe, Versagen, welchen wir, das darf ich unterstellen, alle gewollt und begrüßt haben. Aber solange nicht eine neue Schulkultur an diese Stelle tritt, wird dieser Prozeß höchstens von denen als positiv erlebt, die ihn sich erkämpft haben und die für die Gegenwart eine negative Kontrasterinnerung an das Frühere zur Verfügung haben. Alle anderen, insbesondere die jüngeren, erleben eher eine ‹Entleerung› von Schule: Die Modernisierung wird gewissermaßen ‹ungefiltert› erlebt, Schule ist zur Organisation, zum Apparat, zum formalen, unpersönlichen Regelsystem geworden. Auch hier ist die Entzauberung nicht nur das Erlebnis von Befreiung, sondern solange nicht neue Sinnmöglichkeiten aufgebaut werden, auch ein Raubbau an denkbaren Identifikationen und Motiven» (Ziehe 1983b, S. 235f.).

Mit einer solchen Interpretation wird versucht, ein Phänomen zu erklären, das viele Lehrer tagtäglich immer wieder erfahren: Mit dem Abbau von Hierarchie, Druck und Verängstigung ist nicht zugleich die vom Bildungsrat erhoffte Steigerung der Lernmotivation und des Schülerengagements eingetreten. Die Berichte von Lehrern, die auf eine eher gleichgültig-distanzierte Haltung der Jugendlichen gegenüber schulischen Lerninhalten treffen, decken sich hier mit den Ergebnissen der empirischen Schulforschung. So steigt zum Beispiel in der Sekundarstufe I die Schulunlust jahrgangsweise kontinuierlich an, auch Gesamtschulen bleiben davon nicht verschont (vgl. Schwarzer 1981, Tillmann u. a. 1984). Dies alles ist sicher nicht unabhängig von der Ausbildungs- und Arbeitsmarktkrise, durch die sich die Zukunftsperspektive der Heranwachsenden zunehmend verdüstert hat und die auch die externe Legitimation der schulischen Anforderungen zunehmend brüchig gemacht hat: In der Schule fleißig lernen, um später eine gute berufliche Position zu erlangen – dies ist eine Aussage, die von Schülern heute nur noch als Hohn oder Ironie verstanden werden kann. Es kommt hinzu, daß die «ent-traditionalisierte» Schule aus sich heraus häufig keinen neuen Sinnzusammenhang zu stiften vermochte: «Das entleerte Feld, das zurückbleibt, wenn tradierter Sinn und tradierte Motive durch keinen neuen symbolischen Zusammenhang ersetzt werden können, wird ersatzweise durch ein enges Netz schul- und dienstrechtlicher Bestimmungen überzogen» (Ziehe 1983a, S. 321).

Schüler reagieren auf diese Formalisierung des Schulbetriebs, der sich für sie zugleich verbindet mit einer generellen Legitimationskrise der schulischen Anforderungen, häufig in einer Weise, die als «Vergleichgültigung» bezeichnet wird; sie verhalten sich wie Beamte, die Dienst nach Vorschrift machen. Damit wird der Lehrer vor die Aufgabe gestellt, Lernmotivationen immer wieder selber neu hervorzurufen: «Er steht vor der Anforderung, mit der Kraft der eigenen Persönlichkeit einen Aura-Ersatz in der konkreten Situation immer wieder herzustellen! Er wird, um ein etwas befremdliches Wort zu verwenden, zum Beziehungsarbeiter. Er muß situativ um Zustimmung, Sympathie, Mitarbeit bemüht sein, ohne sich noch darauf verlassen zu können, daß es eine tradierte, kulturelle Selbstverständlichkeit ist, ihn als personale Autorität wahrzunehmen – und, bezogen auf die ‹alte Schule›, auch zu realisieren. Er muß kraft eigenem Eindruck, den seine Person hervorrufen soll, ein Minimum an Motivation zur Mitarbeit sichern, sonst geht er gnadenlos ‹baden›. (...) In dieser Weise ‹Beziehungsarbeiter› sein zu müssen, gibt dem Lehrerberuf eine spezifische Angestrengtheit, die heute weit mehr spürbar wird als in früherer Zeit» (Ziehe 1983b, S. 238).

Nun ist es allerdings sehr fraglich, ob sich die Mehrheit der Lehrer dieser «Beziehungsarbeit» tatsächlich stellen kann (oder auch stellen will) oder ob nicht eher typische Formen des Rückzugs vor diesem Anspruch zu erkennen sind. Jüngere unterrichtssoziologische Analysen (vgl. Rolff 1982; Pfeiffer u. a. 1984) zeigen deutliche Tendenzen bei Lehrern auf, «professionalisiertes» Lehrerhandeln als ein Zurücktreten hinter Arbeitsmaterialien, Medien und vorformulierten Arbeitsaufträgen zu handhaben. Auf diese Weise wird der Lehrer als Partner intellektueller, moralischer und politischer Auseinandersetzungen eher unwichtig, auch auf seiner Seite findet sich so etwas wie eine «Vergleichgültigung»: Mit professioneller Freundlichkeit liefert er Unterrichtsthemen und Arbeitsblätter, versucht dabei aber, die Einbringung eigener Persönlichkeitsanteile so gut es geht zu vermeiden.

Neue Schulkultur – geänderter Unterricht?

Zur Notwendigkeit, Motivationen immer wieder neu herstellen zu müssen, stehen die Ergebnisse der jüngeren Unterrichtsforschung nun in einem merkwürdigen Kontrast. In einem umfangreichen Forschungsprojekt wurden 1982 in zehn Sekundarschulen 181 Unterrichtsstunden beobachtet, um das «Methodenrepertoire von Lehrern» zu erfassen: Mit welchen unterschiedlichen methodischen Ansätzen arbeiten heute Lehrer im Unterricht? Läßt die methodische Strukturierung ein Bemühen um Motivierung und Schülerorientierung erkennen? Und – in der historischen Dimension betrachtet – konnte die in den sechziger Jahren immer wieder festgestellte Lehrerdominanz im Unterricht zugunsten der Selbsttätigkeit von Schülern verschoben werden? Die Ergebnisse sind ernüchternd: «Die generelle Analyse ergab eine überwiegende Gleichförmigkeit der beobachteten Unterrichtsstunden. Der Schwerpunkt der methodischen Kategorien lag auf einer Kombination von Phasen der Aneignung neuen Wissens im kognitiven Bereich (Kenntniserwerb und intellektuelle Fähigkeiten) in Form des gelenkten Unterrichtsgesprächs durch Klassenunterricht bei als produktiv eingeschätzter Schülertätigkeit. Diese von uns als ‹methodische Monostruktur› bezeichnete Kennzeichnung alltäglichen Unterrichts ließ sich in allen drei Schulformen und in allen Fächern feststellen ... Von Bedeutung ist ..., daß die methodische Struktur eine starke Lehrerdominanz im Unterricht beweist» (Dichanz/Bischof u. a. 1984, S. 264).

Einige Zahlen können dies plastisch verdeutlichen: 77% des Unterrichts finden im Klassenverband statt, nur 7% als Gruppenarbeit, nur 2% als Partnerarbeit. Zu knapp 50% der Zeit findet ein «gelenktes Unterrichtsgespräch» statt, dessen typischer Beginn wie folgt beschrieben wird: «Probleme werden vom Lehrer definiert, Schüler kommen zu Wort, nicht um eigene Gedanken zum anstehenden Problem zu äußern, sondern indem sie fertige – in der Regel fremde – Texte vorlesen o. ä.» (Dichanz/Bischof 1984, S. 255). Zwar sind Lehrvorträge selten geworden (8%), noch viel seltener sind allerdings Diskussionen zwischen den Schülern (2%). Vor diesem Hintergrund wundert es nicht, daß die verbale Dominanz des Lehrers (1982: 61% Lehreräußerungen zu 39% Schüleräußerungen) um nichts von der Situation des Jahres 1962 (59% Lehreräußerungen zu 41% Schüleräußerungen, vgl. Tausch 1962) abweicht. Auch der Unterricht an Gesamtschulen unterscheidet sich hiervon nur graduell, nicht jedoch prinzipiell.

Eine Reformbilanz, die die eher handwerklich-methodische Seite der schulischen Kommunikation betrachtet, kommt somit zu wenig erfreulichen Ergebnissen. Zwar wird der Unterricht nicht mehr vom Lehrervortrag und dem anschließenden Memorieren beherrscht, doch bleibt die festgestellte «methodische Monostruktur» weit hinter den Möglichkeiten zurück, die in der Reformpädagogik entworfen, die vom Bildungsrat empfohlen und die in der Lehrerausbildung auch zunehmend vermittelt wurden.

Insgesamt muß damit die Frage nach der Humanisierung des pädagogischen Umgangs ambivalent beantwortet werden: Ohne Zweifel gibt es heute viel weniger autoritär-herrschaftliche Kommunikation zwischen Lehrern und Schülern als vor zwanzig Jahren, viel weniger offene Unterdrückung, viel mehr Diskursversuche. Diese Entwicklung ist nicht unbedingt durch die Schulreformaktivitäten selbst bewirkt worden, aber sie liegt auf der Linie ihrer Zielsetzungen. Zugleich ist der erhoffte Motivationsschub, der auch durch einen interessanteren Unterricht hergestellt werden sollte, weitgehend ausgeblieben. Hier haben die kulturellen und gesellschaftlichen Entwicklungen der letzten zwanzig Jahre – von der «Enttraditionalisierung» bis zur Jugendarbeitslosigkeit – erheblich dazu beigetragen, daß der Sinn des schulischen Lernens für Jugendliche immer weniger evident wurde. Es ist zu befürchten, daß angesichts weiter steigender Arbeitslosigkeit und zunehmender Medienvielfalt sich dieser Eindruck schulischer «Sinnlosigkeit» bei den Schülern weiter verstärkt. Zugleich ist jedoch auch zu beobachten, daß Jugendliche außerschulische Lern- und Handlungsfelder (zum Beispiel in der Friedens- und Ökologiebewegung) als sinnstiftend erleben und dort mit Engagement tätig sind. Die Frage, aus welchen Quellen heraus die Schule wieder als sinnvoll und identitätsbedeutsam erlebt werden kann, welche künftigen gesellschaftchen Entwicklungen dies befördern oder behindern, wird uns deshalb in den folgenden Abschnitten weiter beschäftigen.

1.5. Veränderung der Schulstrukturen

«Pädagogisierung» der Schule, Veränderung der Lehrerrolle, wissenschaftsorientierte Grundbildung für alle – dies sind Forderungen des Bildungsrats, die in der deutschen Pädagogik mit dem Begriff der «inneren Reformen» belegt werden. Es handelt sich um Veränderungen, die sich in der Schule selbst, im Unterricht, im pädagogischen Umgang zwischen den Schülern und Lehrern vollziehen sollen. In der pädagogischen Wissenschaft und in der bildungspolitischen Öffentlichkeit wurde lange Zeit und mit besonderem Anspruch behauptet, die «innere» Schulreform sei die eigentliche und wesentliche, die «äußere» dagegen ein nachgeordnetes Verwaltungsproblem. So findet zum Beispiel Erich Weniger 1952, daß in der pädagogischen Theorie «Einmütigkeit» darüber bestehe, «daß die äußere Schulreform, die Umgestaltung der Schulorganisation von zweitrangiger Bedeutung ist, daß es vielmehr auf die innere Wandlung des Erzieherischen und auf die Neufassung der Bildungsziele ankommt» (S. 533f.).

In einem vielbeachteten Aufsatz über «Innere oder äußere Schulreform?» hielt Furck 1967 einer solchen Position entgegen, daß es «entgegen dem bestehenden Vorurteil ganz und gar nicht gleichgültig (ist), wie die Schule strukturiert ist. Behält man die Organisation unverändert bei und postuliert nur ein angeblich neues Verständnis von Bildung oder appelliert an demokratisches Bewußtsein, so ändert sich in der Praxis kaum etwas. Wirkliche Veränderungen in den ‹Schulstuben› von Dauer sind dann auch stets mit Veränderungen in der Schulorganisation verbunden gewesen» (hier zit.: 1969, S. 127).

In einem solchen Reformverständnis ist die Organisationsveränderung nicht Selbst- oder Hauptzweck, sie ist vielmehr unabdingbare Voraussetzung dafür, daß Lernen und Erziehung sich in der gewünschten Weise verändern können. Die deutliche Hinwendung zu Struktur- und Organisationsfragen, die in den Reformplänen der frühen siebziger Jahre festzustellen ist, arbeitet damit zunächst einmal ein erhebliches Defizit der damaligen Pädagogik auf und durchbricht eine ideologische Tabuisierung; denn jahrzehntelang hatte der Hinweis, nicht auf die Organisation, sondern auf den Menschen käme es an, dazu gedient, die Mängel und Ungerechtigkeiten des bestehenden Schulsystems aus der Diskussion auszuklammern. Seit dem Ende der sechziger Jahre wurde zunehmend die Frage gestellt, welche Strukturen denn erforderlich seien, damit die angestrebten «inneren Reformen» optimal verwirklicht werden könnten. Solche Überlegungen führten zu massiver Kritik am bestehenden Schulsystem, mit ihr verbanden sich Empfehlungen und Entwürfe für eine veränderte «äußere» Schulstruktur. Als umfänglichstes Reformwerk dieser Art ist der «Strukturplan» aus dem Jahre 1970 anzusprechen. Die Organisationsformen, die an die Stelle des damals Bestehenden gesetzt werden sollten, gehen konsequent vom Stufenprinzip des Bildungssystems aus, heben die gemeinsame Grundbildung für alle Schüler in gemeinsamen Institutionen hervor, zielen auf einen Abbau der Unterschiede im Berechtigungswesen (Abitur I) und beabsichtigen, studien- und berufsorientierte Bildungsgänge einander anzunähern. In diesem reformierten Bildungssystem sei kein Platz «mehr für das unverbundene Nebeneinander von Schulen, die sich ... von verschiedenen Bildungsideen her legitimierten» (S. 20). Statt dessen empfiehlt der Bildungsrat die Gesamtschule oder verschiedene Formen des kooperativen Schulverbundes, die alle auf eine Zusammenführung des Sekundarschulwesens hinzielen. Für die Sekundarstufe II strebt er eine engere organisatorische Verbindung von gymnasialer und beruflicher Bildung an. Solche Strukturvorstellungen lassen sich ohne Schwierigkeiten in die lange historische Linie des «Einheitsschul-Gedankens» einordnen, obwohl dies vom Bildungsrat selbst an keiner einzigen Stelle angesprochen wird. Dennoch ist unverkennbar, daß der Bildungsrat hier die alte Forderung nach einer «gemeinsamen Schule für alle Kinder des Volkes» erneut vorträgt, dabei versieht er sie allerdings mit einer neuen Begründung, die auf die technisch-wissenschaftliche Zivilisation des ausgehenden 20. Jahrhunderts abhebt.

Das Konzept einer gemeinsamen Schule für alle Kinder hat in Deutschland eine lange, zum Teil schmerzliche Geschichte, deren Beginn man mit Wilhelm v. Humboldts Plan einer «allgemeinen Nationalbildung» ansetzen kann. Nach dem militärischen Zusammenbruch Preußens legen die preußischen Reformer das Konzept eines gemeinsamen Schulsystems für alle Schichten des Volkes vor, um «allgemeine Menschenbildung» zu realisieren. Der dabei vorgeschlagene Schulaufbau ähnelt dem Strukturplan des Deutschen Bildungsrates in verblüffender Weise (vgl. Herrlitz 1984, S. 14f.). Als sich der preußische Staat in den Folgejahren konsolidierte, wurde eine solche Bildung nur den Knaben der höheren Schichten im humanistischen Gymnasium zugänglich gemacht. Erneut vorgetragen wurde die Forderung nach einer «einheitlich(en) vom Kindergarten bis zur Hochschule aufwärts gegliederte(n) ... deutsche(n) Volksschule» von Adolph Diesterweg und dem Allgemeinen Deutschen Lehrerverein in der bürgerlichen Revolution von 1848 (vgl. Herrlitz u. a. 1981, S. 57). Dieser Plan scheiterte genauso wie die Revolution selbst. Die aufkommende Arbeiterbewegung übernahm die Forderungen nach einer «allgemeinen und gleichen Volkserziehung durch den Staat» (Gothaer Programm der SPD von 1875), sie verlangt die «obligatorische einheitliche Elementarschule ... die alle Kinder ohne Unterschied der Klassen und des Geldbeutels der Eltern besuchen müssen» (Clara Zetkin auf dem Mannheimer SPD-Parteitag 1904). Erst der Zusammenbruch des Kaiserreichs nach dem verlorenen Ersten Weltkrieg schuf eine politische Situation, in der diese Forderung zumindest teilweise durchgesetzt werden konnte. Im berühmten «Weimarer Schulkompromiß» wurde die vierjährige gemeinsame Grundschule für alle eingeführt.

Dieser Kompromiß wird auch als «Wendepunkt in der Geschichte des deutschen Schulsystems» (Herrlitz 1984, S. 18) bezeichnet, weil hier zum ersten (und bis heute auch zum einzigen) Mal an die Stelle hierarchisch-getrennter Schulformen die gemeinsame Schule für alle Kinder einer Altersstufe gesetzt wurde. Seit dieser konsequenten «äußeren» Reform konnte sich die Arbeit in der Grundschule auf die pädagogische Weiterentwicklung konzentrieren. Dies führte bereits in der Weimarer Zeit dazu, daß die Konzepte der damaligen «Reformpädagogik» (zum Beispiel Gruppen- und Gesamtunterricht) ihre größte praktische Verbreitung in den Grundschulen fanden. In ähnlicher Weise hat sich in den letzten zwanzig Jahren fernab von allen bildungspolitischen Grabenkämpfen in der Grundschule ein Wandel vollzogen, der sich u. a. durch den verstärkten Einbezug entdeckenden und spielerischen Lernens, durch eine curriculare Anreicherung im Bereich der Sachkunde und durch vielfältige Versuche mit «offenem Unterricht» oder neuerdings auch mit Freinet-Pädagogik kennzeichnet (vgl. Hänsel/Klemm 1977; Hopf u. a. 1980). Diese «inneren» Reformen waren und sind in den Kollegien der Grundschulen nur selten umstritten, auch von den Eltern werden sie meist akzeptiert und honoriert. Die Grundschule ist somit eine allseits angesehene Schulform, deren pädagogische Arbeit von den Eltern Jahr um Jahr besser bewertet wird (vgl. Rolff u. a. 1984, S. 29ff.). Während also in der Grundschule auf der Grundlage einer konsequent durchgeführten Strukturreform die pädagogische Entwicklung kontinuierlich vorangetrieben werden konnte, stellt sich die Situation für die höheren Jahrgänge völlig anders dar.

Denn zum «Weimarer Schulkompromiß» des Jahres 1920 gehörte ebenfalls, daß die Struktur des dreigliedrigen Schulsystems von der 5. Klasse an unangetastet blieb. Eine umfängliche Reformdiskussion hierüber fand erst 25 Jahre später statt, und zwar wiederum nach einem verlorenen Weltkrieg und nach dem Zusammenbruch des Nazi-Staates. Dabei schlugen die einzelnen Teile Deutschlands sehr unterschiedliche Wege ein. In den Westzonen gab es zwischen 1945 und 1947 in fast allen Ländern Initiativen und Gesetzesentwürfe, die – jetzt in Anlehnung an das angloamerikanische Vorbild – auf ein einheitliches Schulsystem zielten. Diese Ansätze blieben in der dann unmittelbar einsetzenden konservativ-christlichen Restauration stecken, in Hamburg und in Berlin wurden bereits realisierte Strukturreformen sogar wieder zurückgenommen.

Auffällig an diesem historischen Rückblick ist, daß die Abschaffung eines gegliederten Schulsystems stets dann diskutiert wurde, wenn sich nach einer gesellschaftlichen Krise und einem staatlichen Zusammenbruch die Frage nach dem «Neuanfang» stellte. In dem Maße, in dem die gesellschaftlichen Strukturen dann wieder restauriert werden konnten, stabilisierten sich jeweils auch die alten Schulstrukturen.

Schließlich darf bei dieser schulgeschichtlichen Betrachtung nicht übersehen werden, daß Strukturreform-Forderungen nie isoliert erhoben wurden, sondern immer im Kontext einer pädagogischen Programmatik standen: Geänderte Schulsysteme wurden stets vertreten, um darin bessere Bildungs- und Erziehungsarbeit leisten zu können. Dies gilt für die preußischen Reformer und ihr Konzept der «allgemeinen Menschenbildung» ebenso wie für die Einheitsschul-Forderungen nach dem Ersten und dem Zweiten Weltkrieg, die mit inhaltlichen Vorstellungen von demokratischer Erziehung verknüpft waren. In genau dieser Weise ist auch der «Strukturplan» von 1970 angelegt: Die pädagogischen Konzepte einer wissenschaftlichen Grundbildung und einer Erziehung zu mündigem Verhalten, die sozialen Vorstellungen von Chancengleichheit und gemeinsamem Lernen bilden die Begründung für die Forderung nach einer Veränderung der Organisationsmuster. Historisch neu an der Reformdiskussion der ausgehenden sechziger Jahre ist allerdings, daß ihr kein gesellschaftlicher Zusammenbruch vorausging, sondern daß dieser Zusammenbruch – die «Bildungskatastrophe» – lediglich antizipiert wurde und in dieser Antizipation erhebliche bildungspolitische Kraft entfaltete.

In welchem Ausmaß konnten die Bildungsrats-Vorstellungen von einer veränderten Schulstruktur in die Realität umgesetzt werden? Im folgenden soll zu dieser Frage eine knapp gefaßte Bilanz vorgelegt werden. Dabei können wir nicht die Geschichte der verschiedenen Reformmodelle in den unterschiedlichen Bundesländern darstellten, sondern lediglich in groben Konturen die derzeitige Situation nachzeichnen.

Aus Gründen der Übersicht beschreiben wir zunächst die Strukturveränderungen im Bereich der Sekundarstufe I (Klassen 5–10) und dann die in der Sekundarstufe II (Klassen 11–13).

Strukturreformen in der Sekundarstufe I

Zur Zusammenführung bzw. zur Integration der im gegliederten Schulwesen voneinander getrennten Schulformen Hauptschule, Realschule und Gymnasium formulierte der Bildungsrat zwei einander ergänzende Strukturvorschläge: Um die Übergangsauslese nach der 4. Klasse abzuschaffen, sollen alle Schüler in der 5. und 6. Klasse eine integrierte Orientierungsstufe besuchen, die auf äußere Leistungsdifferenzierung weitgehend verzichtet. Um die Dreigliedrigkeit in der Sekundarstufe I insgesamt aufzuheben, sollen integrierte oder kooperative Gesamtschulen an die Stelle der tradierten Schulformen treten.

Bilanzierend ist hier zunächst einmal zu fragen: In welchem Maße ist es neuen, integrierten Schulformen gelungen, das gegliederte Schulsystem zu verdrängen oder gar zu ersetzen? Wo ist das Strukturbild des Sekundarschulwesens gleich geblieben, wo hat es sich verändert?

Noch am weitesten fortgeschritten ist die Strukturreform in den Jahrgängen 5 und 6. Niedersachsen hat – sieht man einmal von der besonderen Entwicklung in Berlin ab – als erstes Bundesland die Orientierungsstufe als alleinige, flächendeckende Schulform eingeführt und diesen Prozeß etwa 1980 abgeschlossen. Seit dieser Zeit besuchen mehr als 90% der niedersächsischen Fünftkläßler eine Orientierungsstufe (vgl. Ziegenspeck 1980, S. 19). In Bremen wurde in gleicher Weise verfahren, dort besteht die Orientierungsstufe flächendeckend seit dem Schuljahr 1977/78. Nimmt man noch Westberlin mit seiner sechsjährigen Grundschule hinzu, so gibt es in der Bundesrepublik drei Länder, in denen alle Schüler nicht vier, sondern sechs Jahre eine gemeinsame Schule besuchen. Deutlich auf dem Wege in diese Richtung befindet sich das Land Hessen, das bereits seit 1955 mit «Förderstufen»-Versuchen arbeitet. In vielen hessischen Landkreisen und Städten ist die Förderstufe flächendeckend eingeführt, in anderen besteht sie (noch) in Konkurrenz zu den Eingangsklassen der traditionellen Schulformen. 1982 besuchten 59 % aller hessischen Fünftkläßler eine Förderstufe (vgl. Hansen/Rolff 1984, S. 156). Im Sommer 1985 hat der Hessische Landtag ein «Förderstufen-Abschlußgesetz» beschlossen, das zur generellen Einführung der Förderstufe führen soll. In allen anderen Bundesländern existieren schulform-unabhängige (integrierte) Orientierungsstufen nur als punktuelle Versuche, die quantitativ kaum ins Gewicht fallen. So besuchen in Bayern und Baden-Württemberg weniger als 1 % des entsprechenden Altersjahrgangs eine solche integrierte Schulform (vgl. ebenda). In der Mehrheit der Bundesländer ist damit eine strukturelle Reform der Jahrgänge 5 und 6 nicht gelungen.

Betrachtet man unter dem gleichen Aspekt die weiteren Jahrgänge der Sekundarstufe I, so ist nach der Verbreitung der Gesamtschulen zu fragen. Bundesweit gab es 1984 etwa 300 (integrierte oder kooperative) Gesamtschulen; bis zu 43 % aller Siebtkläßler (Hessen) besuchen eine solche reformierte Schulform. Diese Zahlen können zunächst als ein Erfolg der Bildungsreform angesehen werden, sie machen jedoch zugleich deutlich: Es ist in keinem einzigen Bundesland gelungen, diese neue Schulform an die Stelle des gegliederten Schulsystems zu setzen. Das bildungspolitische Bemühen um eine generelle Strukturreform, das heißt die Ablösung des dreigliedrigen Schulsystems durch ein System (integrierter oder kooperativer) Gesamtschulen, ist zunächst gescheitert. Es ist allerdings in einigen Bundesländern (Berlin, Hamburg, Hessen, Nordrhein-Westfalen) gelungen, die Gesamtschule als vierte Regelschule neben Hauptschule, Realschule und Gymnasium zu etablieren. Damit ist in diesen Ländern die Struktur eines viergliedrigen Schulsystems entstanden, das in dieser Form weder von den Reformbefürwortern noch von den Reformgegnern angestrebt wurde. Die Gesamtschule wurde dadurch in eine Konkurrenzsituation zu den tradierten Schulformen gesetzt, die sich gerade unter den Bedingungen sinkender Schülerzahlen häufig als ruinös erweist. Insbesondere Erfahrungen in Hamburg, Berlin und Hessen zeigen, daß die Gymnasien immer größere Anteile eher leistungsstarker Grundschüler «abschöpfen», so daß der Gesamtschule nur eine bereits ausgelesene Schülerschaft bleibt. Damit entsteht die Gefahr, daß zur Gesamtschule vor allem Arbeiterkinder mit weniger guten Noten, Ausländerkinder und Mittelschichtkinder mit Lern- und Verhaltensschwierigkeiten gehen (vgl. Horstkemper/Klemm/Tillmann 1982). Gesamtschule unter diesen Bedingungen wird widersinnig – denn sie ist eben nicht die gesamte Schule für alle Kinder, sie ist vielmehr unter der Hand zu einer neuen Schulform im gegliederten System geworden. Oder anders formuliert: Die Gesamtschule, die angetreten war, die Übergangsauslese abzuschaffen und die Schulformtrennung aufzuheben, ist nun selbst zur Schulform geworden, die unter der Übergangsauslese leidet. Insbesondere die KMK-Anerkennung der Gesamtschulabschlüsse (1982) hat deutlich gemacht, daß das gegliederte Schulsystem das Maß aller Dinge geblieben ist: bei den Abschlüssen, den Leistungsmaßstäben, den Lehrämtern und den Stundendeputaten.

In der Mehrheit der Bundesländer ist es nicht einmal gelungen, die Gesamtschule als ergänzende Schulform zu etablieren. In den Bundesländern Bayern, Baden-Württemberg, Rheinland-Pfalz, Saarland und Schleswig-Holstein ist die Struktur des dreigliedrigen Schulsystems weitgehend unangetastet geblieben, Gesamtschulen gibt es dort lediglich als vereinzelte Modellschulen, die nur von einem verschwindenden Teil der Schülerschaft (ca. 2 %) besucht werden. Für diese Länder kann man nicht sagen, die Strukturreform der Mittelstufe sei steckengebliegen; dort hat sie überhaupt noch nicht begonnen.

Es zeigt sich damit, daß insgesamt für die Sekundarstufe I die «äußere» Reform noch weniger erfolgreich war als für die Jahrgänge 5 und 6. Es gibt kein einziges Bundesland, in dem die gegliederte Struktur aufgehoben und die Trennung zwischen den Schulformen beseitigt werden konnte. Lediglich für Bremen gibt es bescheidene Hoffnungen, daß dies künftig gelingen könnte. In allen anderen Bundesländern dominieren nach wie vor die getrennten Schulformen des tradierten Systems, zwischen 57 % (Hessen) und 98 % (Schleswig-Holstein) aller Siebtkläßler besuchten 1982 Hauptschule, Realschule oder Gymnasium. Aus der Beibehaltung dieser Schulformen ergibt sich auch, daß sowohl die frühe Übergangsauslese als auch die unterschiedlichen Abschlußberechtigungen weitgehend beibehalten wurden.

Nun hat der Bildungsrat bei seinen Vorschlägen zur «äußeren» Reform nicht nur auf die Verbreitung von Reformmodellen gesetzt, vielmehr hat er im «Strukturplan» zugleich Vorschläge formuliert, die auf eine inhaltliche und organisatorische Annäherung der drei Schulformen hinauslaufen. Dem Abbau der Trennungslinien diente der Vorschlag, «eine allgemeine Bildungspflicht einzuführen, die bis zum vollendeten 16. Lebensjahr reicht» (1970, S. 99), und am Ende dieser Bildungspflicht, also am Ende der Sekundarstufe I, in allen Schulen den gleichen qualifizierenden Abschluß zu erteilen – das Abitur I, das «von der großen Mehrheit der Schüler nach zehn Schuljahren erreicht werden» (ebenda, S. 99) soll. Dieser Vorschlag des Bildungsrats ist in keinem Bundesland realisiert worden. Nach wie vor werden überall Abschlüsse mit unterschiedlichen Berechtigungen erteilt. Selbst die integrierte Gesamtschule ist aufgrund der KMK-Vereinbarung von 1982 gezwungen, die traditionellen Abschlüsse nach den Leistungskriterien des gegliederten Schulwesens zu vergeben. Zugleich gibt es allerdings in mehreren Bundesländern Tendenzen, die Abschlußberechtigung am Ende der Sekundarstufe I aufeinander zuzuführen, um auf diese Weise ein höheres Maß an Durchlässigkeit zu realisieren. So ermöglicht in der Regel ein guter Realschulabschluß, in einigen Bundesländern auch ein besonders qualifizierter Hauptschulabschluß nach der 10. Klasse, den Übergang in die gymnasiale Oberstufe. In Hessen wurde – gleichsam als Angleichung zur anderen Seite hin – das Abgangszeugnis von Realschulen und Gymnasien am Ende der Sekundarstufe I mit dem Hauptschulabschluß gleichgesetzt. Das bedeutet, daß nunmehr auch Gymnasien einen Hauptschulabschluß vergeben können. In Niedersachsen ist seit 1976 eine Regelung in Kraft, derzufolge alle drei Abschlüsse der Sekundarstufe I (Hauptschulabschluß, Realschulabschluß, Übergangsberechtigung in die gymnasiale Oberstufe) in allen Schulformen erworben werden können. Kurz: In den meisten Bundesländern gibt es hier Angleichungstendenzen, die zwar nicht zu einem einheitlichen Abschluß führen, die aber den rigiden Bezug zwischen Schulformen und Abschlußniveaus lockern.

Neben der Angleichung der Abschlüsse durch das «Abitur I» hat der Bildungsrat verschiedene Einzelmaßnahmen vorgeschlagen, die auf eine Angleichung von Lehrplänen, Curricula und Unterrichtsprinzipien abzielen. Auch diese Vorschläge sind darauf ausgerichtet, die Durchlässigkeit zwischen den Schulformen des gegliederten Systems sukzessiv zu erhöhen.

Eine Angleichung der Stundentafeln ist dabei die Grundvoraussetzung, damit Unterrichtsinhalte zwischen verschiedenen Schulformen abgestimmt werden können. Konsequente Bemühungen um Vereinheitlichung und Angleichung lassen sich lediglich in Bremen und Hessen feststellen, das hessische Beispiel soll hier beschrieben werden (vgl. Rösner/Tillmann 1980): Seit 1976 gilt dort für alle Schulformen in den Jahrgängen 5 bis 10 eine einheitliche «Stundentafel für die Mittelstufe». Dies steht in engem Bezug zu den hessischen Rahmenrichtlinien, die inzwischen für alle Fächer in Kraft gesetzt sind. Diese Lehrpläne gelten für alle Schulformen in Hessen, also für Hauptschule, Realschule, Gymnasium und Gesamtschule, in ihnen werden gemeinsame Unterrichtsinhalte definiert und nach Anspruchsniveaus differenziert. Ein solches Maß curricularer

Angleichung findet sich in keinem anderen Bundesland, die hessische Situation ist daher eher untypisch. Typisch ist vielmehr bei gewissen länderspezifischen Variationen, daß sich Unterrichtsinhalte und Stundenverteilungen zwischen den Schulformen der Sekundarstufe I deutlich unterscheiden, so daß überwiegend keine curriculare Basis für Durchlässigkeit gegeben ist.

Diese kurze Skizzierung soll verdeutlichen, daß von einer weitgehenden Annäherung der tradierten Schulformen wohl nicht gesprochen werden kann. Auffällig ist dabei, daß in den Ländern, in denen die Reformschulen am weitesten verbreitet sind (Hessen, Bremen), auch die inhaltliche Einebnung im gegliederten Schulsystem am konsequentesten betrieben wurde. Dies bedeutet im Umkehrschluß: In den Bundesländern, in denen die tradierten Schulformen am unangefochtesten bestehen, sind auch die Unterschiede zwischen ihnen am deutlichsten ausgeprägt.

Strukturreformen in der Sekundarstufe II

Indem der Bildungsrat den Begriff der «Sekundarstufe II» prägte, faßte er zusammen, was im deutschen Bildungswesen bisher getrennt war: Studienvorbereitung und nicht-akademische Berufsausbildung. «Studienvorbereitung war elitär und auf sozialprivilegierte Berufe angelegt» (Blankertz 1982b, S. 321), berufliche Bildung war hingegen für die große Masse der Jugendlichen vorgesehen, die auf diese Weise für wenig privilegierte Positionen qualifiziert wurden. In bewußter Überwindung dieser unterschiedlichen Traditionen definierte der Bildungsrat: «Die Sekundarstufe II umfaßt alle Bildungsgänge unterschiedlicher Dauer, in welche die Jugendlichen in der Regel mit fünfzehn Jahren eintreten, um eine höhere Qualifikation zum Eintritt in einen Beruf oder in weiterführende Bildungseinrichtungen zu erwerben.» (Deutscher Bildungsrat 1970, S. 101). Für diesen Bereich hat der Bildungsrat eine «Abschwächung der vertikalen Differenzierung nach Schultypen und Schularten» (ebenda, S. 166) empfohlen, ohne allerdings eine vollständige Integration allgemeiner (gymnasialer) und beruflicher Bildung vorzuschlagen. Hier sollte «auf dem Wege von Schulversuchen erprobt werden», welche «Integrationsformen sinnvoll sind» (ebenda, S. 168). Obwohl der Bildungsrat einige Jahre später hierzu differenzierte Empfehlungen entwickelte (vgl. Deutscher Bildungsrat 1974), wurde ein größeres Schulversuchs-Programm zur Integration allgemeiner und beruflicher Bildung nur in Nordrhein-Westfalen in Angriff genommen. 1977 wurden die ersten «Kollegschulen» eingerichtet, im Schuljahr 1980/81 bestanden zwanzig dieser integrierten Oberstufen. Dieser Kollegschulversuch war und ist ein wichtiges «Entwicklungslabor» für die Integration allgemeiner und beruflicher Bildung, er ist der umfänglichste und am weitesten fortgeschrittene Modellversuch seiner Art, eine landesweite Strukturreform hat er jedoch nicht in Gang zu setzen vermocht. Bundesweit gilt, daß die institutionellen Grenzen zwischen allgemeinem und beruflichem Bildungswesen kaum oder gar nicht angetastet wurden. Dennoch wurden in der Sekundarstufe II erhebliche Strukturreformen durchgeführt, allerdings jeweils beschränkt auf den allgemeinbildenden und auf den beruflichen Bereich. Auch diese Reformen haben sich in wesentlichen Punkten auf die Empfehlungen des Bildungsrates gestützt.

Unter Aufnahme von Grundgedanken des Strukturplans (vgl. S. 166ff.) beschloß die Konferenz der Kultusminister 1972 eine grundlegende Reform der gymnasialen Oberstufe. Mit dieser Reform wurde endgültig die Konsequenz daraus gezogen, daß der humanistische Bildungskanon an Überzeugungskraft und Funktionalität verloren hatte. Seit 1972 wird somit die gymnasiale «Reife» nicht mehr an einen festen Bestand von Bildungswissen, sondern an wissenschaftspropädeutisches Lernen gebunden. Die curricular-organisatorischen Konsequenzen daraus sind weithin bekannt: «Vermehrung der von den Schulen angebotenen Fächer, im Prinzip Zulassung aller Wissenschaften und gerade auch solcher, in denen das Interesse an gesellschaftlicher Verwertung besonders deutlich zum Ausdruck kommt wie etwa Informatik, Datenverarbeitung, Technikunterricht, Ökonomie, Hauswirtschaftswissenschaft, Psychologie, Pädagogik, Medizin. Schließlich hieß die Lösung für den Schüler: Konzentration auf nur wenige Fächer. Die reformierte gymnasiale Oberstufe nötigt ihre Schüler also nicht mehr wie früher, alle dasselbe im gleichen Tempo in einer großen Zahl von Fächern zu lernen, sondern sie läßt sie Verschiedenes lernen in weniger Fächern als früher, aber in schwerpunktmäßiger Vertiefung.» (Blankertz 1982b, S. 334f.) Eine solche Vertiefung soll dadurch erfolgen, daß die Schüler sich in einigen Fächern für «Leistungskurse» entscheiden. Mit dieser KMK-Reform wurde die gymnasiale Oberstufe somit zu einem differenzierten Kurssystem «umgebaut».

Es ist dies die einzige organisatorische Reform im allgemeinbildenden Schulsystem, die bundesweit «flächendeckend» realisiert wurde. Ihre praktische Umsetzung Mitte der siebziger Jahre fiel jedoch unglücklicherweise zeitlich mit der sich ständig verschärfenden Numerus-clausus-Problematik zusammen: Während das neue Kursmodell an den Schulen eingeführt wurde und seine ersten Bewährungen bestehen mußte, geriet es zugleich unter einen immensen Außendruck; denn weil ein «durchschnittliches» Abitur immer weniger wert wurde, setzte ein verschärfter Kampf um bessere Noten ein. Die Wahl der Kurse und die dort erreichten Punkte erhielten damit eine Tauschwert-Bedeutung, wie sie deutsche Abiturzensuren vorher noch nie besessen hatten. Damit war das reformerisch gedachte Kurssystem in Rahmenbedingungen eingebunden, die sich entfremdend auf das Lernen auswirken mußten. So wählten Schüler oftmals nicht die Fächer, für die sie sich am meisten interessierten, sondern diejenigen, in denen sie hofften, die besten Noten zu erreichen. In jüngerer Zeit werden die Wahlmöglichkeiten zum einen durch den Rückgang der Schülerzahlen und – in Folge davon – der Reduzierung der Kursangebote und zum anderen auch durch administrative Eingriffe eingeschränkt.

Die Hoffnung, daß mit den curricularen Erweiterungen in der gymnasialen Oberstufe auch ein deutlicher Bezug zu den Inhalten der beruflichen Bildung hergestellt werden könne (vgl. Blankertz 1982, S. 336), erweist sich auch vor dem Hintergrund dieser Entwicklung zunehmend als illusionär; denn sowohl das taktische Wahlverhalten der Schüler als auch die Angebotsreduzierungen unterstützen die ohnehin bestehende Tendenz, berufsorientierte Inhalte eher auszuschließen. Jedenfalls sind gymnasiale Oberstufen, in denen der von Blankertz angesprochene Technikunterricht, in denen Ökonomie oder gar Hauswirtschaft unterrichtet werden, seltene Ausnahmen geblieben.

Bedeutsame organisatorische Veränderungen hat es jedoch nicht nur in der gymnasialen Oberstufe, sondern auch im berufsbildenden Schulwesen gegeben. Die Ausgangssituation der sechziger Jahre beschreibt der Deutsche Bildungsrat im «Strukturplan» so: «Das derzeitige berufliche Schulwesen leidet an einem Mangel an Systematik und Einheitlichkeit, wodurch die Durchlässigkeit erschwert und die Mobilität behindert wird. Dieser Mangel ist weitgehend historisch bedingt» (1970, S. 177). Um diesen Mangel zu beheben, fordert der Bildungsrat ein eindeutig gestuftes berufliches Bildungswesen, das «neben einer Berufsqualifikation auch die Möglichkeiten zum Erwerb eines allgemeinen Abschlusses auf dem nächst höheren Niveau bietet» (ebenda, S. 164). Berufliche Bildungsgänge sollen nicht mehr in «Sackgassen» enden, sondern ihren Absolventen Möglichkeit bis hin zum Hochschulstudium eröffnen. Es ist dies eine Basisforderung, bei der es um die Gleichwertigkeit allgemeiner und beruflicher Bildung geht. Erste Ansätze in diese Richtung gab es bereits zu Beginn der sechziger Jahre; damals wurden die Berufsaufbauschulen

(BAS) eingeführt und in den Folgejahren ausgebaut. Der Eintritt in diese Schule setzt in der Regel den Hauptschulabschluß voraus und führt in Vollzeit- oder in Abendform zu einem mittleren Bildungsabschluß (früher «Fachschulreife»). Daneben wurden in den sechziger und siebziger Jahren die schon lange bestehenden Berufsfachschulen (BFS) – zum Beispiel die Handelsschulen – erheblich erweitert und mit zusätzlichen Abschlußberechtigungen versehen. Auch sie vermitteln inzwischen überall den mittleren Bildungsabschluß. Der Bedeutungszuwachs dieser beruflichen Schulen läßt sich am eindrucksvollsten an den Schulabgängerzahlen aufzeigen. Während 1960 die «Mittlere Reife» ausschließlich in Realschulen bzw. Gymnasien erworben werden konnte, erreichten zu Beginn der achtziger Jahre 90000 Schüler jährlich einen mittleren Bildungsabschluß im beruflichen Schulsystem; das sind 9 % des Altersjahrgangs oder 20 % aller Absolventen mit mittlerem Abschluß (vgl. Bauer/Budde 1984, S. 78).

Als weitere Strukturveränderung wurde 1969 ein ganz neuer Schultyp, die Fachoberschule (FOS), eingeführt. Diese Schulform war als «Gelenkstück» notwendig geworden, da gleichzeitig die Höheren Fachschulen zu Fachhochschulen (FHS) umgewandelt wurden und keine Schulform existierte, die eine entsprechende Zugangsberechtigung (die Fachhochschulreife) vergab. Der Eintritt in die Fachoberschule setzt den mittleren Bildungsabschluß (nun auch FOS-Reife genannt) voraus und führt über die FHS-Reife in die Fachhochschulen. Darüber hinaus war und ist in etlichen Bundesländern auch der «Seiteneinstieg» in die gymnasiale Oberstufe (etwa aus der BFS) oder in die Universität (mit einem FHS-Abschluß) möglich. Schließlich darf nicht unerwähnt bleiben, daß in einigen Bundesländern auch der Bereich der beruflichen Gymnasien deutlich ausgebaut wurde; dazu gehören die beruflichen Gymnasien in Baden-Württemberg, die Wirtschaftsgymnasien in Hamburg, die gymnasialen Zweige der Höheren Handelsschule in Bremen und Nordrhein-Westfalen oder die technischen Gymnasien in Rheinland-Pfalz. Diese Schulen zählen zwar zum beruflichen Bildungswesen, sie vermitteln jedoch die fachgebundene oder auch die allgemeine Hochschulreife. Insgesamt hat sich durch diese Entwicklung die Monopolstellung, die das Gymnasium bei der Vergabe der Hochschulzulassung traditionell hatte, abgeschwächt: 1983 wurden 8 % aller Zugangsberechtigungen für wissenschaftliche Hochschulen in berufsbildenden Schulen erworben; da darüber hinaus 92 % aller Zugangsberechtigungen zu Fachhochschulen dort erlangt wurden, ergibt sich, daß insgesamt 30 % aller Hochschulzugangsberechtigungen im berufsbildenden Schulsystem erworben wurden (vgl. BMBW 1984, S. 59).

Strukturveränderungen durch geänderte Nutzung des Schulangebots?

Während wir bisher danach gefragt haben, in welcher Weise durch Schulgesetze, Verordnungen und Erlasse – kurz: durch Formen staatlichen Handelns – Strukturveränderungen im Sekundarschulwesen herbeigeführt wurden, soll nun die Perspektive gleichsam «umgedreht» werden: Wurden Schulstrukturen nicht auch dadurch verändert, daß die «Nutzer» – also die Schüler und ihre Eltern – die angebotenen Schulformen heute anders in Anspruch nehmen, als dies Ende der sechziger Jahre der Fall war?

Was mit dieser Sichtweise gemeint ist, läßt sich am augenfälligsten an der Hauptschulentwicklung verdeutlichen: 1960 besuchten in Hamburg noch 62% aller Schüler eine Hauptschule, 1982 waren es nur noch 20%. Nimmt man hinzu, daß es 1960 Kinder ausländischer Arbeiter praktisch nicht gab, daß 1983 jedoch etwa 40% der Hauptschüler aus der Hamburger Innenstadt aus solchen Familien kommen, so zeigt sich hier prototypisch, wie sich die Funktion und Bedeutung einer Schulform dadurch verschieben kann, daß sie von bestimmten gesellschaftlichen Gruppen gemieden, von anderen hingegen frequentiert wird (vgl. Tillmann 1985b). Daß in den letzten zwanzig Jahren hier massive Verschiebungen stattgefunden haben, ist vielfach berichtet worden. Die Hauptschule hat ihre Stellung als Schule für die Mehrheit der Bevölkerung verloren, sie wird bundesweit noch von 38% eines Altersjahrgangs besucht, Realschüler und Gymnasiasten stellen inzwischen mit ca. 54% der Schüler eine deutliche Mehrheit. Noch 1970 war die Relation fast genau umgekehrt. Welche Entwicklungsperspektiven sich hieraus ergeben, werden wir noch behandeln. Uns interessiert an dieser Stelle, ob sich durch diese Verschiebungen gleichsam «schleichend» eine Annäherung an die Strukturforderungen des Bildungsrats ergeben hat. Eine solche Annäherung läßt sich hier bei den mittleren Abschlüssen feststellen. Zwar wurde die Forderung eines «Abitur I» für die große Mehrheit der Schüler nicht realisiert, doch zeigen die Statistiken, daß inzwischen eine Mehrheit der Schüler nach mindestens zehnjährigem Schulbesuch einen «mittleren Bildungsabschluß» (oder mehr) erwirbt. Während 1960 etwa 18% der 15jährigen die Schulen mit einem mittleren Bildungsabschluß verließen (neben den knapp 10%, die danach im Gymnasium verblieben und das Abitur anstrebten), erreichten 1983 etwa 45% diesen Abschluß – bei inzwischen fast 30%, die auf das Abitur zusteuerten (vgl. BMBW 1984, S. 60).

Eine andere bedeutsame Entwicklung läßt sich in der Sekundarstufe II beobachten. Die vom Bildungsrat geforderte Verbindung allgemeiner und beruflicher Bildung und die damit verbundene «Doppelqualifikation» wurde zwar institutionell nicht realisiert, sie wird jedoch zunehmend von Jugendlichen durch ihre eigene Bildungslaufbahn vollzogen. Die steigende Arbeitslosigkeit auch bei Akademikern läßt das Studium zu einem risikoreichen Vorhaben werden, vor dem immer mehr Abiturienten zurückschrecken: Während 1970 etwa 90% aller Abiturienten erklärten, ein Studium aufnehmen zu wollen, ist dieser Anteil 1985 auf 58,6% gesunken – bei den Männern auf 66,7% und bei den Frauen auf 49,1% (Mitteilung des Statistischen Bundesamtes vom 13.5.1985). Viele dieser Abiturienten streben eine berufliche Ausbildung im dualen System an; dabei sind Berufe wie Buchhändler, Werbekaufmann, Datenverarbeitungskaufmann, Augenoptiker, Zahntechniker und Bankkaufmann besonders begehrt. Hier lag 1980 der Anteil der Abiturienten unter den Auszubildenden zwischen 35% und 57% (vgl. Bauer/Budde 1984, S. 109). Parallel dazu drängen viele Jugendliche mit Hochschulberechtigung in die beruflichen Vollzeitschulen. Seit 1972 hat sich ihre Zahl in den Fachschulen vervierfacht, in den Berufsfachschulen sogar verzwanzigfacht (vgl. ebenda, S. 108). Aufgrund individueller Bildungsentscheidungen werden somit von Abiturienten zunehmend «Doppelqualifikationen» erworben, die «höhere» Gymnasialbildung wird zur Eintrittskarte in immer begehrtere berufliche Ausbildungsgänge, zugleich verliert das Studium erheblich an Attraktivität. Es kommt hinzu, daß viele der ursprünglichen «Studienverzichter» nach Abschluß einer beruflichen Ausbildung dann doch noch ein Hochschulstudium beginnen (vgl. Kapitel 2.1.). Mit diesen Prozessen ist ohne Zweifel eine prestigemäßige Annäherung von wissenschaftlichem Studium und beruflicher Ausbildung verbunden.

Zugleich ist im beruflichen Bildungswesen aber eine andere, erheblich problematischere Entwicklung zu beobachten, die sich besonders scharf im Berufsvorbereitungsjahr zeigt, aber auch für die anderen beruflichen Vollzeitschulen gilt: Es drängen hier nicht nur die Schüler hinein, die einen solchen Bildungsgang bewußt wählen, sondern immer häufiger solche, denen aufgrund ihrer persönlichen Lage nichts anderes übrig bleibt. All die ausbildungswilligen Jugendlichen, die im dualen System keinen geeigneten Ausbildungsplatz finden, wählen als zweit- oder drittbeste Lösung eine berufliche Vollzeitschule. Das gilt nicht nur für die Schüler ohne Hauptschulabschluß im Berufsvorbereitungsjahr (BVJ), sondern ist mittlerweile eine eher generelle Erscheinung: Hauptschulabsolventen treten aus solchen Gründen in eine Berufsfachschule ein, Realschulabsolventen besuchen deshalb die Fachoberschule. Beinahe in jeder Klasse einer Vollzeit-Berufsschule sitzt inzwischen ein erheblicher Anteil von «Parkern», die häufig ohne jede Lernmotivation nur darauf warten, vielleicht doch noch eine Ausbildungs- oder Arbeitsstelle zu bekommen. Daran läßt sich eine schleichende Funktionsveränderung erkennen, auf die wir noch zu sprechen kommen: Schule wird an dieser Stelle immer mehr zum Aufbewahrungsort, zum Abstellplatz; als qualifizierender Lernort wird sie von den Abnehmern hingegen immer weniger nachgefragt und von den Schülern immer weniger erlebt. Es ist zu befürchten, daß sich diese Tendenzen in dem Maße verstärken, in dem es den Jugendlichen immer schwieriger wird, auf einem schrumpfenden Arbeits- und Ausbildungsmarkt ihren Platz zu finden.

1.6. Was wurde erreicht – und was nicht?

Wir haben die Bilanz einer etwa zwanzigjährigen Entwicklung gezogen, indem wir nach der Einlösung der zentralen Schulreform-Ziele gefragt haben. An dieser Stelle geht es nun darum, zusammenzufassen, die Bilanz der Bilanz zu ziehen. Dabei erscheint insgesamt das Ergebnis ernüchternd, für viele auch enttäuschend. Denn es ist unverkennbar, daß der Abstand zwischen den Zielvorstellungen der späten sechziger Jahre und der gegenwärtigen Realität nach wie vor groß ist. Die inhaltlichen und organisatorischen Vorstellungen des Deutschen Bildungsrats von 1970 sind in vielen Bereichen uneingelöst. Es gibt kein einheitliches Sekundarschulsystem, keine Integration allgemeiner und beruflicher Bildung, keine höhere Selbständigkeit der Einzelschulen, keinen Bedeutungsverlust von Leistungsbewertung und Auslese, keine curriculare Auflösung der Fächergrenzen, selbst das «Sitzenbleiben» und die Hierarchie der Lehrämter existieren immer noch. Betrachtet man allein dies, so muß sich Enttäuschung einstellen, und zwar vor allem bei denjenigen, die (wie wir) sich seit den sechziger Jahren intensiv engagiert haben, um diese Schulreform voranzutreiben. Diese Enttäuschung begegnet uns bei Lehrern immer wieder, vor allem bei Gesamtschullehrern; von ihnen wird ihr mehr als zehnjähriger Einsatz für die Reform häufig als eine Biografie von Niederlagen interpretiert. Erfolge und Fortschritte in der eigenen Arbeit sind demgegenüber kaum noch bewußtseinsrelevant. Eine solche Bewertung ist nachvollziehbar und auch emotional verständlich, sie verkürzt aber Sachverhalte und bedarf insofern der Korrektur. Dabei liegt der Ausgangspunkt der Verkürzung zunächst einmal in einem unhistorischen Soll-Ist-Vergleich, der den «Erfolg» allein an der (möglichst vollständigen) Einlösung einer ursprünglichen Reformplanung mißt. Eine solche Betrachtung vergißt, daß Reformprozesse in gesellschaftlich-historische Entwicklungen eingebunden sind und daß dabei der Plan der Reform nur ein Faktor ist. Das heißt aber auch, daß pädagogische Reformen immer anders realisiert werden, als sie geplant wurden. Darüber hinaus wird von den in ihrer Erwartung Enttäuschten eine spezifische Eigengesetzlichkeit pädagogischer Reformpläne übersehen, die sich am besten mit dem chinesischen Sprichwort «Du mußt auf den Mond zielen, wenn du über den nächsten Zaun willst» kennzeichnen läßt: Pädagogische Reformprogramme sind immer auch konkrete Utopien, die einen idealen Entwurf zeichnen. Je überzeugender diese konkrete Utopie ist, desto mehr Bewegung wird damit in der bildungspolitischen Landschaft und in der pädagogischen Praxis erzeugt. «Bewegung» bedeutet dann Annäherung an diese konkrete Utopie, ohne daß Programm und Praxis je zur Deckung gebracht werden können.

Insofern ist es überhaupt nicht verwunderlich, daß es viele uneingelöste Ziele der Schulreform gibt. Eine angemessene Bewertung kann jedoch nicht dabei stehenbleiben, auf diese Differenzen zu verweisen, sondern muß nach den Bewegungen im historischen Prozeß fragen: In welche Richtung hat sich in den letzten zwanzig Jahren das Schulsystem entwikkelt, in welcher Weise ist diese Entwicklung durch die Schulreform-Aktivitäten beeinflußt worden, wo haben sich auf diese Weise «Verbesserungen» eingestellt, wo sind sie hingegen ausgeblieben?

Eine solche Betrachtungsweise kann persönliche Enttäuschungen zwar nicht ungeschehen machen, sie kann allerdings einen umfassenderen (und daher angemesseneren) Interpretationsrahmen zur Verfügung stellen. Nicht nur der Soll-Ist-Vergleich ist wichtig, vielmehr muß auch der Unterschied zwischen «früher» und «heute» gesehen werden. Und darauf bezogen ist zunächst einmal festzustellen, daß sich die bundesdeutsche Schule der frühen sechziger Jahre stark von der gegenwärtigen Schule unterscheidet und daß zu diesem Unterschied die Reformaktivitäten ganz erheblich beigetragen haben. Als Beispiele seien genannt:

- didaktische Änderungen in der Grundschule bis hin zur Abschaffung der Noten in den ersten Schuljahren,
- (begrenzte) soziale Öffnung der weiterführenden Bildung in der Sekundarschule,

- Modernisierung der Curricula in allen Fächern,
- Abbau der traditionell-autoritären Lehrerrolle,
- Ausbau des «Zweiten» Bildungswegs im Rahmen der beruflichen Vollzeitschulen,
- Einführung von Orientierungsstufen und Gesamtschulen als Alternativen zum gegliederten System,
- Abbau der geschlechtsspezifischen Benachteiligung im allgemeinbildenden Schulsystem,
- Aufgabe des «Bildungskanons» zugunsten einer Fächerwahl in der gymnasialen Oberstufe,
- wissenschaftliche Ausbildung für alle Lehrämter,
- Überwindung des Konzepts der «volkstümlichen Bildung» zugunsten eines wissenschaftsorientierten Lernens für alle Schüler,
- erhebliche Steigerung des Anteils von Schülern, die länger zur Schule gehen und einen qualifizierteren Abschluß erwerben.

Gewiß sind all diese «Erfolgspunkte» im einzelnen auch wieder kritisch zu sehen, in ihrer Summe machen sie jedoch zunächst eines deutlich: *Die Schulreform hat tatsächlich stattgefunden.* Sie nachträglich zu einer allein akademischen Debatte oder gar zu einer sozial-liberalen Propaganda-Aktion zu erklären, geht völlig an der historischen Realität vorbei. Vielmehr gilt für alle Bundesländer und alle Schulformen, daß die Jahre seit 1965 einen schulischen Modernisierungs- und Veränderungsschub gebracht haben, wie er seit der Reformpädagogik der Weimarer Zeit nicht mehr zu beobachten war. Zugleich hat die Bilanz deutlich gemacht, daß diese schulischen Veränderungen sich nicht allein, nicht einmal überwiegend, auf die Reform organisatorischer Regelungen bezog. Es mag sein, daß hierüber am meisten diskutiert und gestritten wurde, die durchgängigsten Veränderungen für alle Schulformen (die alten wie die neuen) lassen sich jedoch im Bereich der Curricula, der Lernarrangements, des pädagogischen Umgangs feststellen. Kurz: die Behauptung, die Schulreform sei lediglich eine Reform von Organisationsstrukturen gewesen, ist eine Legende. Ein kurzer Blick auf das Sekundarschulwesen verdeutlicht dies plastisch. In allen Bundesländern haben die alten Strukturen (Hauptschule, Realschule, Gymnasium) ihre Vormachtstellung behauptet, zugleich haben sich pädagogische Arbeitsformen und Curricula in diesen Schulformen erheblich gewandelt. Betrachtet man nun, in welche Richtung sich dieser Wandel vollzogen hat, so finden sich deutliche Parallelen zwischen den Intentionen und Zielen der Schulreform und den tatsächlichen Veränderungsprozessen: Der gesellschaftliche Bezug und die Lebensnähe der Curricula sind insgesamt ausgebaut und nicht reduziert worden; der Umgang zwischen Schülern und Lehrern ist weniger angstbesetzt und hierarchisch geworden, die Abstände wurden verringert und nicht vergrößert; die Benachteiligung bildungsferner Gruppen wurde reduziert, keinesfalls jedoch verschärft. Dies bedeutet immerhin: Die Schulreform hat einen Beitrag zur Humanisierung und Demokratisierung von Bildungsprozessen geleistet.

Mit diesen Feststellungen wird deutlich, daß die beliebte Rede von der angeblich «gescheiterten» Schulreform viel zu undifferenziert ist, um den Sachverhalt angemessen zu beschreiben; denn tatsächlich lassen sich auf vielen Ebenen Annäherungen der Praxis an die reformerischen Zielsetzungen feststellen. Eher zutreffend erscheint uns der Topos von der «steckengebliebenen» Reform, die im Verlauf der siebziger Jahre ihre gesellschaftliche Schubkraft in dem Maße verlor, in dem Arbeitsmarkt- und Ausbildungskrise das gesellschaftliche Interessenfeld zugunsten konservativer Positionen verschoben haben. Damit ist aber auch deutlich: Die Zielsetzungen der Schulreform sind bisher unabgegolten und uneingelöst, ohne daß sie an Berechtigung verloren haben.

2. Entwicklungslinien bis zum Ende des Jahrhunderts

Geht man vom Erscheinungsjahr des «Strukturplans», also von 1970 aus, so blicken wir auf eine fünfzehnjährige Geschichte der Schulreform zurück. Es sind wiederum ziemlich genau 15 Jahre bis zum Ende dieses Jahrhunderts. Wir wollen im folgenden Kapitel den Blick auf die künftige Entwicklung richten und damit auf die bildungspolitischen und pädagogischen Aufgaben, die vor uns liegen. Dabei reden wir nicht von einer fernen Zukunft, sondern von einer Phase, in der wir uns 1985 bereits befinden: Es ist dies eine Phase enormer gesellschaftlicher Umwälzungen, die auch das Bildungssystem vor zum Teil völlig neue Probleme stellt und in der deshalb neue Orientierungen gesucht werden müssen.

Dabei bedeutet Neuorientierung für uns nicht, Zielsetzungen und Erfahrungen der Schulreform umstandslos aufzugeben und mit unseren Überlegungen bei einem hypothetischen «Punkt Null» zu beginnen. Unsere Bilanz hat aufgezeigt, daß die Leitziele der Schulreform noch unerledigt sind und insofern nichts an ihrer Geltung verloren haben. Wir müssen allerdings klären, ob sie diese Geltung auch in Zukunft behalten werden oder ob sie ihre Gestalt verändern; möglicherweise veralten sie, weil neue Probleme entstehen, die zu ganz anderen Zielsetzungen führen; vielleicht wird auch die Bedeutung von Schule und anderen öffentlichen Bildungseinrichtungen aufgrund völlig neuer Problemlagen ganz in Frage zu stellen sein.

Will man unter diesen Gesichtspunkten Orientierungen für die Zukunft von Schule und Bildung gewinnen, so ist es zunächst unerläßlich, eine wirklichkeitsnahe Untersuchung gesellschaftlicher Entwicklungen durchzuführen. Wenn wir uns im folgenden daran versuchen, die künftige gesellschaftliche Entwicklung daraufhin zu untersuchen, welche Herausforderungen für die Schule sie enthält, kommt es uns darauf an, erwartbare Chancen und Gefahren kenntlich zu machen. Dabei soll deutlich werden, welche Veränderungen in den für Schule zentralen Lebensbereichen absehbar sind und wie Schule darauf reagieren könnte. Ein solcher Ansatz unterstellt, daß ein gewisser Handlungsspielraum vorhanden ist, insofern die Schule nicht bloß nachvollzieht, was ihr von außen angesonnen wird. Vielmehr können sich die in Schule Handelnden aktiv mit außerschulischen Entwicklungen auseinandersetzen und darüber die Entwicklungsrichtung der Schule mit beeinflussen. Um diesen Handlungsspielraum der Schule abzubilden, werden wir zunächst die jeweiligen gesellschaftlichen Entwicklungslinien ausführen und im Anschluß daran mehrere alternative Szenarien entwerfen, die ausmalen, was von uns erwartete Entwicklungen für die Schulen bedeuten könnten. Welches Szenario das wirklichkeitsnähere ist, hängt nicht nur von gesellschaftlichen Rahmenbedingungen ab, sondern eben auch davon, wie sich die Akteure von Schule und Schulpolitik verhalten.

Um solche Entwicklungslinien zu identifizieren, nehmen wir die spektakulären demographischen, technologischen und gesellschaftlichen Veränderungen der vergangenen und der kommenden Jahre auf und interpretieren sie als mögliche Ausgangspunkte von Umwälzungen auch im Bildungsbereich:

1. Dabei läßt sich zunächst noch recht eindeutig bestimmen, daß auch in den folgenden Jahren die Veränderung der Schülerzahlen und der Wandel der Schülerströme sowohl das Schulsystem als auch die individuellen Bildungskarrieren erheblich modifizieren werden.
2. Ebenso offensichtlich ist, daß vor allem durch den Einsatz der neuen Technologien die Berufsarbeit reduziert und massiv verändert wird. Da sich die Schule bisher vor allem als Qualifizierung für zukünftige Berufsarbeit versteht, wird sie von diesem Wandel der Arbeit stark betroffen.
3. Neue Technologien dringen jedoch nicht nur in den Berufsbereich ein, sie erobern als «Neue Medien» auch den gesamten Alltag der Menschen. Ob und wie die Schule in einer solchen Informations- und Medienwelt ihre Position behaupten oder einen sinnvollen neuen Platz finden kann, ist eine ganz zentrale Frage für das zukünftige Bildungssystem.
4. Und schließlich ist unverkennbar, daß die technisch-gesellschaftliche Entwicklung der Neuzeit an einem Scheideweg angelangt ist; die globale Selbstvernichtung durch den «Fortschritt» ist täglich möglich. Diese Problemlage ist gerade Lehrern und Schülern in den letzten Jahren mehr und mehr bewußt geworden und hat ein bedeutungsvolles Lern- und Handlungsfeld geschaffen, die «neuen sozialen Bewegungen». Ob und welches Verhältnis öffentliche Bildung dazu findet, scheint uns ebenfalls eine zentrale Frage künftiger Schulentwicklung zu sein.

Im folgenden werden wir für diese vier Bereiche nacheinander betrachten, welcher gesellschaftliche Wandel in den nächsten fünfzehn Jahren zu erwarten ist, mit welchen Auswirkungen auf die Schule gerechnet werden kann und – nicht zu vergessen – welche pädagogischen und bildungspolitischen Optionen für diejenigen zu empfehlen sind, die sich einer demokratischen Schulreform weiterhin verbunden fühlen.

2.1. Schülerströme und Strukturwandel

Weiter vorn haben wir die Strukturveränderungen des Schulwesens zwischen 1970 und 1984 nachgezeichnet. Dabei hat sich gezeigt, daß die Reformpläne der siebziger Jahre ein gewisses Maß praktischer Wirkung hatten. So wurde die gymnasiale Oberstufe reformiert, in einigen Bundesländern wurde die Orientierungsstufe flächendeckend eingeführt, das allgemeinbildende 10. Schuljahr wurde sukzessiv realisiert, die Gesamtschule als Alternative zum gegliederten Schulsystem etabliert. In weit stärkerem Maße als durch diese Formen des geplanten Wandels ist das Schulsystem in dieser Zeit jedoch durch gesellschaftliche Prozesse verändert worden, die weder beabsichtigt noch geplant waren. So haben sinkende Schülerzahlen das Schulsystem in Turbulenzen und interne Konkurrenzverhältnisse geführt, der steigende Zugriff von Eltern auf «höhere» Bildung hat die Gewichte zwischen den Schulformen erheblich verschoben, das Nachrücken von Ausländerkindern vor allem im Hauptschulbereich hat die Identität dieser Schulform zusätzlich verändert. Der Ausbildungsplatzmangel hat dazu geführt, daß die beruflichen Vollzeitschulen erheblich ausgebaut wurden und daß immer mehr Schüler immer länger in der Sekundarstufe II verbleiben. Diese Formen des ungeplanten Wandels wurden vor allem durch demografische und ökonomische Veränderungen angestoßen, dadurch ist gleichsam «unter der Hand» ein Strukturwandel im Schulsystem erfolgt, der für die pädagogische Arbeit bedeutsame Konsequenzen hat. So wurden Hauptschulen immer häufiger zu Rest- und Ausländerschulen, die alleinige Studienorientierung im Gymnasium erweist sich inzwischen ebenso als eine Fiktion wie die Repräsentanz aller Leistungs- und Sozialgruppen in den Gesamtschulen.

Diese Skizze soll verdeutlichen, in welcher Verschränkung sich im

Schulsystem geplanter und ungeplanter Strukturwandel zugleich vollzieht und wie stark dieser von außerschulischen Rahmenbedingungen und deren Veränderungen abhängig ist. Vor diesem Hintergrund ist der Versuch, diese Entwicklung bis in das nächste Jahrhundert hinein zu beschreiben, ein gewagtes und unsicheres Unterfangen. Wir versuchen es dennoch, indem wir zunächst aufzeichnen, wie sich in den nächsten Jahren die Schülerzahlen entwickeln und mit welchen Veränderungen der Bildungsbeteiligung gerechnet werden kann.

Schülerzahlen und Bildungsbeteiligung

«Schülerberg» und «Schülertal» der siebziger und achtziger Jahre haben zu erheblichen Turbulenzen und Verschiebungen im bundesrepublikanischen Schulsystem geführt. Welche Veränderungen von Schülerzahlen zu «verkraften» waren und auf welche Entwicklungen sich das Schulsystem in der nahen Zukunft einzustellen hat, wird an der folgenden Tabelle, die die Jahre 1950 bis 1984 umfaßt, deutlich:

Lebendgeborene in der Bundesrepublik

Jahr	Lebendgeborene	davon Ausländer
1950	812835	–
1960	968629	11141
1964	1065437	–
1965	1044328	37858
1970	810808	63007
1974	626373	108270
1975	600512	95873
1979	581984	75560
1980	620700	80700
1981	627000	82000
1982	621800	73600
1983	594170	61470
1984	581000	–

Quelle: Statistisches Bundesamt (Hg.): Statistische Jahrbücher für die Bundesrepublik Deutschland. Wiesbaden 1966ff. Für 1984: dass. (Hg.): Wirtschaft und Statistik 3 / 1985, S. 82

Die Prognosen gehen davon aus, daß auch in den nächsten 15 Jahren die Geburtenzahlen weiter leicht sinken werden, im Jahr 2000 werden noch 499000 Geburten erwartet (vgl. BMBW 1984/85, S. 236). Insgesamt ist daher damit zu rechnen, daß die Zahl der Erstkläßler (1984 ca. 580000) bis Ende dieses Jahrzehnts in etwa konstant bleibt, um dann erneut zu sinken.

Für den Bereich der Grundschulen ergibt sich aus diesen Zahlen bis zum Ende des Jahrhunderts kaum ein Veränderungsdruck; denn der bisher «schmalste» Jahrgang ist dort 1984 eingeschult worden, der weiter zu erwartende Rückgang hält sich in engen Grenzen. Zugleich gilt, daß der Anteil der Ausländerkinder (1984: 13 %) wahrscheinlich nicht mehr weiter steigen wird, so daß an dieser Stelle keine Problemverschärfungen zu erwarten sind. Im Gegenteil: Weil die Ausländer-Eltern der zweiten und dritten Generation ihren Kindern eine bessere Vorbereitung auf die deutsche Schule geben können, dürften sich die Integrationsprobleme zumindest zum Teil vermindern.

Eine deutlich andere Entwicklung zeichnet sich für den Bereich der Sekundarstufe I ab. Hier befindet sich das Schulsystem zur Zeit mitten in der Phase der Schrumpfung. Es hat Jahr für Jahr mit sinkenden Schülerzahlen zu rechnen, dabei steht häufig die Existenz von Schulen auf dem Spiel. Dies alles vollzieht sich vor dem Hintergrund der in den siebziger Jahren immens gesteigerten Kapazitäten vor allem im Gymnasial- und Realschulbereich. Dort wurde durch Neubau und Erweiterungen die Zahl der Schülerplätze bundesweit verdoppelt, nun ist innerhalb von 15 Jahren eine Beinahe-Halbierung der gesamten Schülerzahlen zu verkraften. Während die Grundschulen diese Verschiebungen weitgehend überstanden haben, wird die Sekundarstufe I damit noch einige Zeit beschäftigt sein. Noch bis 1988 wird die Zahl der Fünftkläßler jährlich geringer werden, der Kampf der Schulen und Schulformen um die Schüler und ums Überleben wird also bis in die neunziger Jahre hinein anhalten. Bei den Fünftkläßlern ist die (vorläufige) «Talsohle» Ende dieses Jahrzehnts erreicht, in der Sekundarstufe I insgesamt werden die Schülerzahlen bis Mitte der neunziger Jahre sinken. Im Sekundarbereich I wird somit bis in die neunziger Jahre hinein die Schrumpfungsproblematik die Strukturentwicklung beeinflussen oder gar bestimmen.

Wiederum anders stellt sich die Situation für den Bereich der Sekundarstufe II dar. Der Altersjahrgang der 16jährigen, also der Entlaßjahrgang der Sekundarstufe I, umfaßt seit 1979 jeweils etwa 1 Million Jugendliche. Damit befindet sich das Schul- und Ausbildungssystem der Sekundarstufe II seit einigen Jahren auf dem Gipfelpunkt seiner quantitativen

Belastung, es wird gegenwärtig von ca. 3 Millionen Jugendlichen besucht. Die Vorausberechnungen der KMK weisen aus, daß diese Zahl bis 1992 auf unter 2 Millionen gesunken sein wird (BMBW 1982/83, S. 24). Sofern die Übergangsquoten in etwa gleich bleiben, tritt damit zwar eine «Entspannung» im Bereich der gymnasialen Oberstufe ein. Ob dies aber auch in gleicher Weise für das berufliche Bildungswesen gilt, erscheint höchst zweifelhaft. Denn auch «bei einer Abnahme der Absolventenzahlen aus allgemeinbildenden Schulen ist die aufgestaute Nachfrage so groß, daß noch mindestens bis zum Ende der 80er Jahre mit einer Nachfrage nach beruflicher Ausbildung auf dem derzeitigen Niveau zu rechnen ist» (GEW 1983, S. V/1). Es kommt hinzu, daß zunehmend mehr Jugendliche mit bereits erworbenem Hochschulzugang in eine berufliche Ausbildung eintreten und damit die Sekundarstufe II zum zweitenmal durchlaufen. Je stärker sich solche doppeltqualifizierenden Bildungsverläufe in den nächsten Jahren etablieren werden, desto später wird die quantitative Entlastung des beruflichen Schulwesens eintreten und desto geringer wird sie ausfallen. Insgesamt erlaubt die Hochrechnung der Schülerzahlen jedoch die vorsichtige Einschätzung, daß wir es spätestens in der zweiten Hälfte der neunziger Jahre mit einer deutlichen Verringerung der Studentenzahlen und wahrscheinlich einem Mangel an Auszubildenden zu tun haben werden.

Nun ist der ungeplante Wandel von Schulstrukturen, der allein von sinkenden oder steigenden Schülerzahlen ausgeht, relativ begrenzt. Damit läßt sich zwar erklären, warum Schulen im Durchschnitt größer oder kleiner werden, warum ein Schließungs- oder Erweiterungszwang besteht. Erklärbar wird auch, warum aufgrund von Überfüllungssituationen zusätzliche Schulangebote (zum Beispiel das Berufsvorbereitungsjahr und das 10. Hauptschuljahr) geschaffen werden. In viel stärkerem Maße ist der ungeplante Wandel aber abhängig von den individuellen Bildungsentscheidungen der Eltern und Schüler, die sich zur «Bildungsbeteiligung» aggregieren; denn in einem Schulsystem, das ab Klasse 5 (bzw. 7) mehrere konkurrierende Bildungsgänge und Schulformen anbietet, führt die Veränderung von Schülerströmen zu einer Gewichtsverlagerung zwischen den einzelnen Schulformen, aus der sich letztlich eine «schleichende» Strukturveränderung ergibt. Im folgenden betrachten wir zunächst für den Bereich der Sekundarstufe I, welche Verschiebungen sich hier seit 1952 ergeben haben, um anschließend zu überlegen, mit welch weiterem «ungeplanten Wandel» gerechnet werden muß.

Die statistische Zeitreihe zeigt, in welcher Kontinuität in der Bundesrepublik die Nachfrage nach schulischer Bildung gestiegen ist. In gut dreißig

Jahren (1952–1983) ist der Schüleranteil in der Volks- bzw. Hauptschule um mehr als 40 Prozentpunkte gefallen, in den «weiterführenden» Schulen ist er spiegelbildlich um den gleichen Anteil gestiegen. Dieser Prozeß begann nicht erst in den sechziger Jahren, vielmehr hat sich bereits zwischen 1952 und 1962 der Volksschüler-Anteil um 10 Prozentpunkte auf 68 % reduziert. In den nächsten zehn Jahren – in der Phase von Bildungswerbung und Bildungsreform – hat sich dieser Prozeß beschleunigt, der Volks- bzw. Hauptschüleranteil sank nun um mehr als 20 Prozentpunkte auf 46 %. Das Ende der Reformphase und das Einsetzen der ökonomischen Krise hat diese Entwicklung keinesfalls gestoppt, sondern allenfalls verlangsamt; denn in den nächsten zehn Jahren (1972–1982) sank der Hauptschüler-Anteil erneut um 8 Prozentpunkte auf 38 %. Dieser Rückgang hält weiter an.

Aus dieser Statistik läßt sich folgern, daß der Satz aus den Reformjahren «Schick Dein Kind länger auf bessere Schulen» bereits befolgt wurde, ehe man ihn propagierte; und es zeigt sich, daß er immer noch befolgt wird, obwohl vor allem in konservativ regierten Bundesländern eher eine Gegenpropaganda betrieben wird. Die Stärke des Besuchs der Hauptschulen – und spiegelbildlich die von Realschulen und Gymnasien – ist dabei offensichtlich weitgehend unabhängig von der jeweils aktuell verfolgten Schulpolitik: Länder wie Bayern mit seiner absoluten CSU-Mehrheit, Nordrhein-Westfalen mit seiner absoluten SPD-Mehrheit und das Saarland mit seiner bis 1985 bestehenden liberal-konservativen Mehrheit liegen dicht beisammen – im Schlußfeld der Bundesländer. Umgekehrt ist in Baden-Württemberg, trotz der starken Propagierung des Hauptschulbesuchs dort, die Hauptschulquote besonders niedrig (vgl. Hansen/Rolff 1984). Der zunehmende Zugriff von Eltern und Kindern auf «höhere» Bildung ist somit weder durch den Wandel der ökonomischen Bedingungen noch durch politische Einflußversuche tangiert worden. Eltern sind dieser Tendenz in der Mangelsituation der Nachkriegsjahre ebenso gefolgt wie in der Zeit der scheinbar nicht enden wollenden Prosperität der sechziger Jahre, die Wirtschafts- und Arbeitsmarktkrise seit Mitte der siebziger Jahre hat diese Tendenz nicht durchbrochen, sondern lediglich mit anderen Motiven (Angst vor Arbeitslosigkeit und sozialem Abstieg) unterfüttert. Kurz: Seit den frühen Nachkriegsjahren streben die Bundesbürger für sich und ihre Kinder zunehmend höhere Abschlüsse an, und alles spricht dafür, daß sich dieser Trend in den nächsten Jahren fortsetzen wird. Weiter sinkende Schülerzahlen werden die Konkurrenz und damit die «Bildungswerbung» in der Sekundarstufe I zusätzlich verstärken; die noch länger anhaltende Ausbildungskrise wird die Notwendigkeit eines

Schüler im 7. Schuljahrgang in der Bundesrepublik

Schuljahr	Schüler insgesamt	Schulformanteilswerte				
		HS (VS)	RS	GY	IGS	Sach
52/53	913748	79,3	6,1	13,2	–	1,5
53/54	904543	79,5	6,4	14,1	–	–
54/55	846418	74,2	8,3	15,1	–	2,3
55/56	745476	69,5	9,6	18,4	–	2.6
56/57	753611	70,2	10,7	16,5	–	2,5
57/58	627466	69,3	12,0	15,9	–	2,8
58/59	561636	66,1	11,4	19,4	–	3,0
59/60	679674	68,6	11,3	17,2	–	2,9
60/61	720696	67,9	12,1	17,1	–	2,9
61/62	751556	67,9	12,4	16,6	–	3,0
62/63	785924	68,4	12,6	15,9	–	3,1
63/64	765265	66,9	13,1	16,4	–	3,6
64/65	747120	64,6	13,8	17,8	–	3,8
65/66	758259	64,6	14,8	16,7	–	3,9
66/67	767756	60,6	16,6	18,9	–	4,0
Kurzschuljahr	612798	58,1	16,9	20,7	–	4,3
67/68	798477	56,0	18,6	21,3	–	4,2
68/69	810162	56,3	18,2	20,7	–	4,9
69/70	867640	54,2	19,6	21,7	–	4,5
70/71	920479	52,7	20,2	22,3	–	4,8
71/72	979419	50,7	20,7	21,8	1,6	5,2
72/73	771256	45,6	23,0	23,7	2,1	5,5
73/74	899622	44,9	22,1	25,0	2,5	5,3
74/75	1040513	44,1	22,4	25,5	3,1	5,0
75/76	1084178	43,3	22,6	25,5	3,5	5,1
76/77	1103997	42,9	23,8	25,2	3,3	4,9
77/78	1093115	41,5	24,5	25,5	3,6	4,9
78/79	1066403	40,3	25,5	25,6	3,7	4,9
79/80	1060102	38,8	26,1	26,6	3,8	4,7
80/81	1043535	38,0	26,4	27,2	3,7	4,6
81/82	993182	37,4	26,8	27,4	4,0	4,4
82/83	903059	38,2	26,6	27,4	4,0	3,8
83/84	847600	37,0	26,9	27,2	4,3	4,6

Quelle: HANSEN / ROLFF 1984, S. 147; BMBW 1984, S. 40

möglichst hohen Schulabschlusses nach wie vor plastisch deutlich machen; immer mehr Schüler kommen aus Ein- oder Zwei-Kind-Familien, die sich längere Bildungswege ihrer Kinder eher leisten können; und schließlich steigt von Jahr zu Jahr der Anteil der Eltern, die selbst über eine höhere Schulbildung verfügen und ihren Kindern einen Abschluß mindestens auf dem gleichen Niveau ermöglichen wollen. Aus all dem schließen wir, daß die Nachfrage nach weiterführender Bildung auch künftig steigen wird. Nur die massive Aufrichtung neuer (bzw. alter) Auslesehürden wird diese Tendenz stoppen können. Daß immer noch ein erheblicher Nachholbedarf nach «höherer» Bildung besteht, kann auch durch einen Ländervergleich beispielhaft deutlich werden. Während 1982 in Bremen nur 23 % der Siebtkläßler eine Hauptschule besuchten, waren es im Flächenstaat Nordrhein-Westfalen noch 42 % (vgl. Hansen/Rolff 1984, S. 150f.). Noch deutlicher tritt dieser Nachholbedarf in unserer Repräsentativumfrage zu Tage: 1983 strebten nur noch 13 % aller bundesdeutschen Schülereltern für ihr Kind den Hauptschulabschluß an, alle anderen wünschten sich einen besseren Abschluß (vgl. Rolff u. a. 1984, S. 16).

Wir erwarten somit, daß sich bis Ende dieses Jahrhunderts die Anteile im gegliederten Schulsystem der Sekundarstufe I weiter mit der bisherigen Tendenz verschieben. Das Gymnasium wird zumindest in städtischen Regionen einen Jahrgangsanteil bis an die 50 %-Grenze erwerben und damit zur Schule mit dem höchsten Schüleranteil werden, die Hauptschule hingegen dürfte sich auch bundesweit dem 20 %-Pegel nähern. Daß es den Gesamtschulen gelingen kann, in der Konkurrenz der Viergliedrigkeit wesentlich mehr als 20 % der Schüler zu erreichen, erscheint eher unwahrscheinlich. Einerseits kann demnach mit einem weiteren Zulauf zum Gymnasium gerechnet werden, andererseits sinkt der Anteil der Abiturienten, die auf Hochschulen überwechseln, bereits seit Jahren kontinuierlich. Während zu Beginn der siebziger Jahre noch fast 90 % der angehenden Abiturienten bei den jährlich stattfindenden Befragungen angaben, auf jeden Fall studieren zu wollen, taten dies 1985 nur noch knapp 60 % – bei den Frauen sogar nur noch weniger als 50 % (vgl. dazu unsere Darstellung in Kapitel 1.5.). Tatsächlich liegt der Anteil derer, die ihre Studienberechtigung auch nutzen, höher: Ein Teil der Studienberechtigten entscheidet sich doch im Anschluß an die Schul- bzw. Wehr- oder Ersatzdienstzeit für ein Studium, ein weiterer Teil beginnt zwar im Anschluß an die Schulzeit eine nicht-akademische Berufsausbildung, um dann aber nach einer abgeschlossenen beruflichen Erstausbildung doch noch zu studieren: Nach einer Untersuchung von Stegmann/Kraft (1982, S. 34) nahmen jeder zweite Abiturient und jede dritte Abiturientin nach der beendeten Berufsausbildung ein Studium auf. Insgesamt ist für die kommenden Jahre aber eher mit einem weiteren Sinken des Anteils derer zu rechnen, die ihre Studienberechtigung auch «einlösen». Einer Untersuchung der Bund-Länder-Kommission für Bildungsplanung vom Februar 1985 zufolge (BLK 1985) scheiden bis zum Jahr 2000 etwa 880000 Erwerbstätige mit Hochschulausbildung aus dem Erwerbsleben aus; dem steht ein Zustrom – ebenfalls bis zum Jahre 2000 – von etwa 2730000 Hochschulabsolventen gegenüber. Die sich damit rapide verschlechternden Aussichten, eine Berufstätigkeit zu finden, die der tradierten Vorstellung von Akademikerberufen entspricht, wird Rückwirkungen auf die Entscheidungen für oder gegen die Aufnahme eines Studiums haben.

Derartige Umorientierungen von Studienberechtigten, darauf haben Bauer/Budde (1984) hingewiesen, treten in gewisser historischer Regelmäßigkeit als Begleiterscheinungen von «Überfüllungskrisen» auf. Weil wachsende Akademikerarbeitslosigkeit das Studium immer mehr zu einem unkalkulierbaren ökonomischen Risiko werden läßt – zumal dann, wenn das Studium über Darlehen finanziert werden muß –, schrecken insbesondere «Bildungsaufsteiger» vor einer Hochschulausbildung zurück. Diese Studienberechtigten treten dann in berufliche Ausbildungsgänge ein und durchlaufen auf diese Weise ihre individuelle «Doppelqualifikation».

Dieses gewandelte Verhalten eines bedeutenden Teils der Studienberechtigten verändert die Schulen der Sekundarstufe II zunehmend: Einerseits wird das Gymnasium immer mehr auch zum Zulieferer für nicht-akademische Ausbildungswege. Seine ausschließlich curriculare Orientierung auf die Studierfähigkeit seiner Absolventen verfehlt die tatsächlichen Perspektiven vieler von ihnen. Andererseits finden sich in den berufsbildenden Schulen, vor allem in deren «attraktiven» Ausbildungsgängen, zunehmend Schüler, die im Vergleich zu vergangenen Jahren deutlich älter sind (sie durchlaufen die Sekundarstufe II zum zweitenmal) und die über deutlich gestiegene schulische Vorqualifikationen verfügen.

Strukturprobleme des gegliederten Schulsystems

Geht man davon aus, daß das gegliederte Schulsystem in seinen gegenwärtigen organisatorisch-juristischen Strukturen erhalten bleibt, und unterstellt man zugleich, daß sich die quantitativen Tendenzen in der beschriebenen Weise durchsetzen werden, so stellt sich die Frage: In welcher Weise werden durch ungeplanten Wandel die einzelnen Schulformen «schleichend» verändert, welche Strukturprobleme ergeben sich daraus für diese Schulformen, aber auch für das gegliederte Schulwesen als Gesamtsystem? Wir wollen dies anhand der Hauptschul- und der Gymnasialentwicklung näher betrachten.

Alle Anzeichen sprechen dafür, daß das Interesse an der Hauptschule weiter rapide sinken und die «Auspowerung» der Hauptschule – wie der Prozeß schon in den sechziger Jahren genannt wurde – weiter voranschreiten wird. Wo liegt ein Ausweg aus der Hauptschulkrise? Zwei Lösungen werden diskutiert und ausprobiert:

Der erste Weg führt zum weiteren Ausbau der Hauptschule als weiterführende Schule. Diesen Weg hat am frühesten und entschiedensten Westberlin beschritten. Dort wurde seit Beginn der fünfziger Jahre versucht, die Hauptschule als gleichwertige Sekundarschule auszubauen. Sie erhielt ein 10. Schuljahr, Englisch als Pflichtfremdsprache, soliden Naturlehreunterricht und eine Abschlußvariante, die dem Realschulabschluß äquivalent ist. Die Folge war jedoch nicht wachsende Attraktivität der Hauptschule. Vielmehr stellten sich nun immer mehr Eltern die Frage: Warum soll ich mein Kind auf die Hauptschule schicken, wenn die Hauptschule sich nicht mehr wesentlich von der Realschule unterscheidet? Wie Eltern diese rhetorische Frage beantworten, zeigen die rückläufigen Übergangsquoten zur Berliner Hauptschule, die heute die niedrigsten im Städtevergleich sind. Gesamtschulen haben diesen Prozeß zwar beschleunigt, nicht jedoch ausgelöst.

Ein zweiter Lösungsweg wird darin gesehen, die Hauptschule als Gegenschule zu konzipieren, als Schule mit besonderem pädagogischen Profil, bei der das Sitzenbleiben abgeschafft wird, die Fremdsprache nicht mehr Pflicht ist, die Klassenfrequenzen niedrig sind, Wissenschaftsorientierung keine oder kaum eine Rolle spielt und insgesamt das Wohlbefinden der Schüler wichtiger ist als der Lernerfolg. Dieser Weg führt die Hauptschule in bedenkliche Nähe zur Sonderschule – mit dem gleichen Effekt wie der erstgenannte Weg: Schüler, die noch halbwegs lernmotiviert sind, meiden die Hauptschule. Ein sich selbst beschleunigender Prozeß ist vor allem in den städtischen Regionen zu erwarten; je mehr die Hauptschule Restschule oder Ausländerschule wird, desto mehr bewahrt sie den Rest an Schülern auf, der den Sprung zur Realschule nicht geschafft hat. Sofern ein ortsnahes Gesamtschulangebot vorhanden ist, verstärkt es die Flucht aus der Hauptschule, verspricht es doch Wohlbefinden der Schüler und anspruchsvolle Leistung zugleich.

Ein Entwicklungsdilemma verdüstert somit die Zukunft der Hauptschule: Jede Maßnahme zu ihrer Rettung ist paradoxerweise geeignet, ihre Situation zu verschlechtern. Es gibt kein Mittel, den Schülerschwund aufzuhalten. Je mehr man die Hauptschule dem freien Spiel der Kräfte überläßt, desto mehr muß sie künstlich am Leben gehalten werden. Sowohl die bisherige als auch die vorhersehbare künftige Entwicklung machen deutlich, daß es nur eine Alternative geben kann: rechtzeitige Auflösung oder Schrecken ohne Ende.

Im gleichen Maße, wie die Hauptschule Schüler verliert, gewinnt das Gymnasium Schüler hinzu. Die Tatsache, daß das Gymnasium eine erhebliche Expansion aufweist, läßt keinen Zweifel daran, daß diese Schulform bei den Eltern begehrt ist. Es ist allerdings anzunehmen, daß zahlreiche Eltern das Gymnasium nicht wegen der inneren, sondern wegen der äußeren Qualitäten wählen. Mit den äußeren Qualitäten sind die Berechtigungen und Privilegien gemeint, die der Gymnasialbesuch verschafft. Die inneren Qualitäten bestehen aus dem Selbstverständnis und dem Lernklima – oder, um es etwas altmodisch auszudrücken, dem Bildungsideal und dem Geist des Gymnasiums. Die inneren Qualitäten des Gymnasiums haben in den letzten zwanzig Jahren sicherlich nicht dazugewonnen; eher ist das Gegenteil der Fall. Die neuen Nutzer fragen noch weniger als die alten eine «gebildete Einstellung zur Welt» (Humboldt) nach, vielmehr wollen sie Qualifikationen. Der Wert dieser Qualifikationen bemißt sich an deren Funktionalität. Funktionalität wiederum ist kein Wert für sich, sondern ein Wert für anderes: für die Studienplatzzulassung, für einen guten Hochschulabschluß, für eine erfolgreiche Karriere. Außerdem ist absehbar, daß mit dem steigenden Anteil der Abiturienten, die direkt in das Berufsleben eintreten, diese Funktionalitätsansprüche einen zusätzlichen «Schub» erhalten werden, das Abitur hat dann auch die Qualifikationen zu vermitteln, die einen Konkurrenzvorsprung bei der Bewerbung um eine Banklehre garantieren sollen. So ist auch das Gymnasium in ein Entwicklungsdilemma geraten: Je stärker der quantitative Gewinn des Gymnasiums zu Buche schlägt, desto mehr untergräbt er die Funktionalität. Funktional ist der neue Typ von Gymnasialbildung nur in knapper Form, als Königsweg zum Abitur und zur beruflichen Karriere. Je weniger dieser Königsweg aber zum Ziel führt, weil es zu viele «Königskinder» gibt, desto weniger ist er funktional. Auf die Spitze getrieben, lauert hinter einem Funktionsideal blanke Sinnlosigkeit, nämlich dann, wenn es nicht mehr funktioniert, wenn zum Beispiel nicht mehr das im Gymnasium Gelernte für den Erwerb eines Studienplatzes entscheidet, sondern das Los oder ein Bonus. Das Entwicklungsdilemma des Gymnasiums wird sich in den nächsten Jahren noch zuspitzen, wenn die Schülerzahlen weiter sinken und etliche Gymnasien in ihrer Existenz bedroht sind. Dann müssen bei Strafe des Verlustes ihrer Arbeitsplätze ausgerechnet die Philologen dafür werben, daß die Anteilswerte des Gymnasiums weiter steigen und daß von einem Altersjahrgang noch mehr Kinder als die heutigen 30 Prozent auf das Gymnasium gehen. Auch wenn neokonservative Kultusminister verkünden, den Zugang zum Gymnasium drosseln zu wollen, so haben sie doch kaum eine Chance, dies auch zu realisieren: Der Philologenverband und die konservativen, aber auch die liberalen Wähler dieser Kultusminister werden das genauso verhindern, wie sie in den beiden Reformjahrzehnten die Ersetzung des Gymnasiums durch die Gesamtschule verhindert haben. So steht zu befürchten, daß die kraftvolle Drosselrhetorik überwiegend diejenigen vom Gymnasialbesuch abschreckt, die schon immer auf dem Gymnasium unterrepräsentiert waren: die Arbeiterkinder.

Diese Strukturanalyse, hier beispielhaft für Hauptschule und Gymnasium vorgenommen, zeigt, daß die Veränderungsnotwendigkeiten der Schulstruktur weiterhin auf der Tagesordnung stehen, denn die Expansion des Besuchs höherer Schulen und der anhaltende Rückgang der Schülerzahlen in den Sekundarschulen haben die Strukturprobleme der herkömmlichen Schulformen nicht gelöst, sondern eher verschärft. Und die absehbaren Entwicklungen werden die Strukturwidersprüche dieses Systems weiter verschärft hervortreten lassen: Hauptschulen, die niemand mehr besuchen will, und Gymnasien, die ihre Funktion durch eine Inflationierung des eigenen Abschlusses zunehmend in Frage stellen, gehören zu diesem widersprüchlichen Bild ebenso wie die Gesamtschulen, die in dieser Konkurrenzlage die eigenen Fähigkeiten kaum entfalten können. Allerdings darf man nicht übersehen: In der Vergangenheit hat das gegliederte Schulsystem trotz seiner Widersprüche ein hohes Maß an Flexibilität und Stabilität gezeigt, auch zwei turbulente Reformjahrzehnte und eine immense Bildungsexpansion haben seine Grundstrukturen nicht erschüttern können. Die Vermutung, angesichts der sich abzeichnenden Entwicklungstrends werde das gegliederte Schulsystem an den eigenen Widersprüchen zerbrechen, dürfte eher verfehlt sein.

Vor diesem Hintergrund ist nun zu fragen: Welche politischen und administrativen Eingriffe in diese Schulstruktur sind wünschenswert, notwendig, wahrscheinlich? Welches tatsächliche Strukturbild entsteht aus einer solchen Verkoppelung von Einflüssen ungeplanten Wandels und bildungspolitischen Maßnahmen?

An dieser Stelle ist es unmöglich, eine einzige Prognose zu entwickeln und diese als wahrscheinlich oder gar sicher auszugeben. Wir beschreiben statt dessen alternative Entwicklungsmöglichkeiten, verschiedene Zukünfte, die wir «Szenarios» nennen. Sie sollen vorstellbar machen, was passieren kann, und damit eine Diskussion über wünschbare und unerwünschte Entwicklungen ermöglichen.

Szenario A: Elitebildung im dreigliedrigen Schulsystem

Trotz aller Reformbemühungen der letzten zwanzig Jahre gibt es weite Landstriche in der Bundesrepublik, in denen in der Mittelstufe ausschließlich das dreigliedrige Schulsystem besteht. Dies gilt für Bayern, Baden-Württemberg und Rheinland-Pfalz ebenso wie für weite Teile Nordrhein-Westfalens. Der zuvor beschriebene Marginalisierungsprozeß der Hauptschule ist insbesondere in den ländlichen Bereichen dieser Bundesländer nicht festzustellen – hier besucht nach wie vor mehr als die Hälfte der Schüler diese Schulform. Trotz der Anteilsverluste, die die Hauptschule auch in diesen Regionen hinnehmen mußte, gilt sie hier keineswegs als «Restschule», sondern als Einrichtung, die für die Mehrheit der Bevölkerung eine anerkannte Basisbildung vermittelt (vgl. Klemm/Tillmann 1984, S. 294f.). Eine ähnliche Situation findet sich gelegentlich auch in Großstädten, in denen keine Gesamtschulen angeboten werden; so besuchten zum Beispiel in Karlsruhe auch 1983 noch mehr als 40% der Siebtkläßler eine Hauptschule. Von einem schleichenden Verschwinden dieser Schulform kann in vielen Regionen also keine Rede sein.

Weil es in den angesprochenen Bundesländern meist keine organisatorische Verbindung von Hauptschule und Realschule gibt und weil die Gesamtschule hier als Konkurrenz nicht auftreten darf (Ausnahme: NRW), zeichnen sich keinerlei Anknüpfungspunkte zur Überwindung des dreigliedrigen Systems ab. Auch der Rückgang der Schülerzahlen, der einen Kooperationsdruck ausüben könnte, kann hier nicht wirken, weil die politischen Vorgaben gezielt auf den Erhalt eigenständiger Schulformen ausgerichtet sind. Unter solchen landespolitischen Vorgaben sind Strukturentwicklungen bis in das nächste Jahrhundert hinein nur vorstellbar als Verschiebungen innerhalb des dreigliedrigen Systems.

Solche massiven Verschiebungen haben ja in den letzten zwanzig Jahren auch in den Bundesländern stattgefunden, die gezielt die Stabilisierung des gegliederten Schulsystems und die Stützung der Hauptschule betrieben haben. So ist in Bayern der Hauptschüler-Anteil zwischen 1960 und 1980 von 75 % auf 46 % gefallen, in Rheinland-Pfalz von 78 % auf 48 %. Zugleich hat sich der Gymnasialanteil in beiden Ländern beinahe verdoppelt, er liegt jetzt nahe bei der 30 %-Marke (vgl. Hansen/Rolff 1984, S. 150f.). Nun spricht vieles dafür, daß sich auch in diesen Regionen der Trend zur weiterführenden Bildung fortsetzen wird, daß also die Hauptschulanteile weiter sinken und die Gymnasial- und Realschulanteile weiter steigen werden. Doch dürften sich die Verschiebungen hier in einem Bereich halten, der durch Organisationsmaßnahmen im gegliederten System flexibel aufgefangen werden kann. Es ist somit davon auszugehen, daß in vielen Gegenden der Bundesrepublik das dreigliedrige Schulsystem, das sich Ende des 19. Jahrhunderts herausgebildet hat, in seinen Grundstrukturen auch im 21. Jahrhundert noch existieren wird.

Allerdings darf dabei nicht übersehen werden, daß auch in Bundesländern ohne jeden nennenswerten Anteil von Reformschulen die Zugangsschranken zur «höheren» Bildung in den letzten Jahren erheblich reduziert wurden, so daß von einem Elite- und Monopolcharakter des Gymnasiums auch dort nicht mehr gesprochen werden kann. So unzureichend und ambivalent die damit verbundenen Prozesse im einzelnen auch sein mögen (Arbeiterkinder werden zum Beispiel nach wie vor weitgehend ausgeschlossen), insgesamt ist diese Öffnung der «höheren» Bildung als ein Schritt zur Demokratisierung des Bildungswesens zu interpretieren.

Nun mehren sich in jüngerer Zeit die Stimmen aus dem konservativen Lager, die diesen Prozeß ausschließlich negativ beurteilen, ihn als «Vermassung» von Gymnasien und Universitäten bezeichnen und zugleich (unbelegt) behaupten, es sei insgesamt eine Senkung des Leistungsniveaus eingetreten. So hat der Wissenschaftsrat bereits 1981 in einer «Empfehlung zur Förderung besonders Befähigter» die Notwendigkeit der Elitebildung herausgestrichen (vgl. Wissenschaftsrat 1981, S. 2f.). Obwohl sich die Diskussion vor allem auf den Hochschulbereich bezieht, wird jedoch längst auch das allgemeinbildende Schulsystem ins Visier genommen. Eine «Deutsche Gesellschaft für das hochbegabte Kind» gibt es schon seit längerem, die von der Bundesregierung unterstützte Stiftung «Bildung und Begabung» wird zur Zeit ausgebaut, und auch die Forschungsförderung des BMBW zur Identifizierung und Förderung «hochbegabter» Schüler gewinnt zunehmend an Umfang. Inzwischen gibt es auch die erste Schule in der Bundesrepublik (Christophorus-Gymnasium in Braunschweig), die spezielle Klassen für «hochbegabte» Kinder führt (vgl. Wilhelmi 1985, S. 54). Last but not least betreibt Haefner (1982, S. 274) mit informationstechnologischen Argumenten eine vielbeachtete Propaganda für schulische Elitebildung, indem er sich für eine frühe Auslese und eine gesonderte Ausbildung einer Computer-Elite ausspricht. Mit all diesen Aktivitäten wird zunehmend ein politisches Klima erzeugt, in dem nicht die optimale Förderung aller Schüler, sondern die frühe und intensive Förderung der «Besten» zum bildungspolitischen Zentralthema wird. Ist diese Problemdefinition – vor allem unter Hinweis auf gefährdetes Wirtschaftswachstum und internationale Konkurrenzfähigkeit (vgl. Wilms 1985a, S. 62f.) – erst einmal durchgesetzt, so erscheinen auch die Strukturprobleme des gegliederten Schulsystems in einem spezifischen Licht. Nicht die Konzentration von Ausländerkindern in der Hauptschule oder die fehlenden Ausbildungsplätze für Hauptschüler und Realschüler sind dann als bedeutsame Probleme anzusehen, sondern die mangelhafte Förderung der «Hochbegabten» in den (leider) «vermaßten» Gymnasien steht an der Spitze der Schwierigkeiten. Weil aber der Zulauf zum Gymnasium nicht gebrochen werden kann, weil es keinen Weg zurück zur elitären Schulform der fünfziger Jahre gibt, bleibt nur eine «Lösung»: Der Gymnasialbereich selbst muß so differenziert werden, daß in Zukunft zwischen elitären Gymnasien für «Hochbegabte» und den «normalen» Gymnasien für die anderen unterschieden werden kann. Sofern sich eine Landesregierung diese politische Position zu eigen macht, lassen sich unterschiedliche Instrumente zu ihrer Realisierung vorstellen: Einführung von Leistungsdifferenzierung in den Gymnasien (wie neuerdings in Rheinland-Pfalz angekündigt), elitäre Profilierung einzelner Gymnasien bei gleichzeitiger Errichtung von Zugangsschranken, verstärkte Einrichtung solcher Gymnasien in privater Trägerschaft, weitere Umwälzung der Ausbildungskosten auf die Eltern bei gleichzeitiger Gewährung von Stipendien für «hochbegabte» Schüler.

Gestützt werden solche Bestrebungen durch das Bemühen des Bildungs- und Besitzbürgertums, auch im Bildungswesen die «feinen Unterschiede» zur Mehrheit der Bevölkerung wieder deutlicher hervortreten zu lassen und darüber zugleich den eigenen Kindern wieder sichere Karrierewege zu eröffnen. Was für andere Länder (zum Beispiel Frankreich oder England) seit langem gilt, daß der Besuch der «richtigen» Schule den Weg in die «richtige» Universität (möglicherweise dann in privater Trägerschaft) eröffnet, die wiederum als «Elite»-Hochschule ihren Absolventen die künftige Karriere sichert, dies könnte sich dann mehr und mehr auch in der Bundesrepublik etablieren. Das politische Klima dafür wird jedenfalls gegenwärtig intensiv vorbereitet.

Von einer solchen Schulstruktur kann man nicht erwarten, daß nach wie vor bestehende Ungleichheiten weiter abgebaut werden; ganz im Getenteil lassen sich deutliche Tendenzen erkennen, Auslesehürden wieder aufzubauen und Privilegien zu re-etablieren. Damit verbunden ist eine schleichende Aushöhlung des Prinzips der Wissenschaftsorientierung, das zunehmend für die Hauptschulen nicht mehr gelten soll; vielmehr lassen curriculare Entwürfe der jüngeren Zeit (zum Beispiel in Baden-Württemberg, aber auch in Hamburg) erkennen, daß eine neue Variante der «volkstümlichen Bildung» in den Hauptschulen eingeführt werden soll. Kurz: Die hier skizzierte Schulstruktur läßt erwarten, daß bereits erreichte Teilerfolge der Schulreform wieder «zurückgedreht» werden sollen.

Szenario B: Konkurrenz der Systeme

Die Entwicklungsmöglichkeiten des Sekundarschulsystems, die jetzt beschrieben werden, gehen von einer anderen Ausgangsvoraussetzung als in Szenario A aus: Wir betrachten hier ein Schulsystem, in dem Hauptschule, Realschule, Gymnasium und Gesamtschule nebeneinander als Angebotsschulen bestehen. Diese Situation des viergliedrigen Schulsystems findet sich gegenwärtig zum Beispiel in Berlin, Hamburg, Kassel, Köln, Dortmund und Wuppertal, in weiteren nordrhein-westfälischen Städten etabliert es sich gerade. Wir beschreiben also eine städtische Ausgangssituation in solchen Bundesländern, die die Gesamtschule als vierte Regelschule gesetzlich eingeführt haben. Dort konkurrieren vier Schulformen um eine jährlich kleiner werdende Zahl von Grundschul-Absolventen, so daß die Werbung um die Schüler jährlich wieder neu zur Überlebensfrage für die einzelnen Schulen wird. Bisher hat das Auftreten der Gesamtschule dazu geführt, daß vor allem die Schüleranteile der Hauptschulen stark geschmälert wurden. Dies hat den Auspowerungsprozeß der Hauptschulen zusätzlich beschleunigt und diese vielfach in eine hoffnungslose Situation geführt. Zugleich läßt sich feststellen, daß durch das Auftreten der Gesamtschule der Zustrom zum Gymnasium nicht aufgehalten wurde, vielmehr haben die Gymnasien auch in dieser Konkurrenz ihren Schüleranteil halten oder gar ausbauen können: 1983 lag er in allen genannten Städten um 35% der Siebtkläßler (vgl. Hansen/Rolff 1984, S. 158). Es mehren sich die empirischen Hinweise darauf, daß Gesamtschulen und Gymnasien inzwischen nicht mehr um die gleiche Schülerschaft konkurrieren, sondern daß das obere Leistungsdrittel der Grundschüler beinahe wie selbstverständlich zum Gymnasium geht (vgl. Horstkemper/Klemm/Tillmann 1982, S. 88ff.). Erst wenn die Entscheidung gegen das Gymnasium gefallen ist, stellt sich für die Eltern die Frage nach einer der anderen Schulformen. In dieser Weise werden Hauptschule, Realschule und Gesamtschule zunehmend als wechselseitig austauschbar betrachtet, in der Realität versorgen sie auch mehr und mehr das gleiche Spektrum an sozialer Herkunft und Leistungsfähigkeit der Schüler. Sollte sich in städtischen Regionen die «Flucht» von der Hauptschule weiter fortsetzen und sogar noch die 20%-Marke deutlich unterschreiten, so würde sich diese Problemverschärfung auf unterschiedlichen Ebenen bemerkbar machen: Die Zahl der Hauptschulen wird zwangsläufig so klein, daß die Schulwege unzumutbar lang werden; der Ausländeranteil wird so hoch, daß dies zunehmend als politisch und pädagogisch unhaltbar angesehen wird; in Ländern mit schulformspezifischen Lehrämtern wird der Lehrerüberhang an Hauptschulen zum finanz- und personalpolitischen Problem.

Nun ist durchaus denkbar, daß trotz dieser Schwierigkeiten alle vier Schulformen eigenständig erhalten bleiben. Die gegenwärtige Bildungspolitik in Westberlin zielt zum Beispiel darauf ab und nimmt die fatalen Folgen insbesondere für die Hauptschüler in Kauf: Die Hauptschule als Rest- und Ausländerschule wird noch von 17% des Altersjahrgangs besucht; diese Schüler haben den Sprung zur Realschule nicht geschafft bzw. den Weg zur Gesamtschule nicht gefunden. Sie werden von der Hauptschule so lange aufbewahrt, bis sie chancenlos auf den Arbeits- und Ausbildungsmarkt entlassen werden. Allerdings sprechen unter den skizzierten Bedingungen der Viergliedrigkeit nicht nur pädagogische, sondern vor allem auch schulplanerische Argumente dafür, Schulformen des nicht-gymnasialen Bereichs zusammenzufassen. Die notwendigen Standortbereinigungen bei weiter sinkenden Schülerzahlen lassen sich dann eher vornehmen, die notwendige Betriebsgröße (Zweizügigkeit) läßt sich eher erreichen, der Personaleinsatz läßt sich flexibler gestalten, und die pädagogisch-soziale Problemkonzentration in den Hauptschulen wird zumindest zum Teil entschärft.

Eine mögliche Form der organisatorischen Zusammenführung ist die Verkoppelung des Haupt- und Realschulbereichs, die in einigen Bundesländern (zum Beispiel Hamburg, Hessen) an längst bestehende Traditionen anknüpfen kann. So ist in Hamburg durch eine Schulgesetz-Novelle jüngst gesetzlich abgesichert worden, daß keine isolierten Hauptschulen geführt werden dürfen; Hauptschulklassen können dort nur in Kooperation mit Realschulklassen in einer gemeinsamen Schule bestehen (vgl.

Tillmann 1985b). In Hamburg bestehen also Gymnasium, Gesamtschule sowie Haupt- und Realschule nebeneinander; die beiden letztgenannten Schulformen sind hinsichtlich ihrer Schülerklientel allerdings weitgehend austauschbar. Insofern ließe sich als weitere Strukturmaßnahme zur Vereinheitlichung die Überführung des Haupt- und Realschulbereichs in Gesamtschulen vorstellen, so daß dann im Sekundarbereich I ein zweigliedriges Schulsystem aus Gymnasium und Gesamtschule bestände. Allerdings lassen sich gegenwärtig nirgendwo Tendenzen ausmachen, die auf eine solche organisatorische Zusammenführung hin zur Zweigliedrigkeit drängen. Anzumerken ist noch, daß sich dieses Szenario B durchaus mit den zuvor beschriebenen Vorstellungen zur elitären Differenzierung des Gymnasialbereichs verträgt; denn auch unter den Bedingungen der Viergliedrigkeit ist der Gymnasialanteil so hoch, daß der Wunsch nach der Re-Etablierung der «feinen Unterschiede» eine hinreichende soziale Basis haben dürfte.

Eine solche Schulstruktur wird vor allem bestimmt durch die jährliche Konkurrenz der Systeme um Schülerzahlen und ums institutionelle Überleben. Damit wird in allen Schulformen das Engagement der Lehrer von den pädagogischen Aufgaben abgezogen und auf «public relations»-Aktivitäten umgelenkt. Eine ruhige und kontinuierliche Arbeit wird unter solchen Bedingungen erheblich erschwert. Darüber hinaus verhindert die Orientierung am Leistungsvergleich mit den Gymnasien vor allem in Gesamtschulen und Realschulen das erwünschte Maß pädagogischer Zuwendung.

Im viergliedrigen Schulsystem hat sich die alte soziale Hierarchie der Bildungsprivilegien neu organisiert, die Gesamtschule hat dies nur partiell korrigieren können. Zugleich ist die Isolation von Hauptschülern in einem bisher nicht bekannten Maß fortgeschritten. Eine Annäherung an die Ziele der Schulreform läßt sich unter den Bedingungen der viergliedrigen Schulkonkurrenz somit nur punktuell erreichen.

Szenario C: Gesamtschule für alle

Den bisherigen Szenarien ist mit reformerischer Hartnäckigkeit entgegenzuhalten, daß es eine Schulstruktur gibt, die die Reduzierung von Chancenungleichheit besser leisten kann, die eher eine wissenschaftliche Grundbildung für alle sichert, in der bessere Rahmenbedingungen zur Humanisierung pädagogischer Umgangsformen bestehen und in der die Ausgliederung von Problemgruppen vom Ansatz her verhindert wird: die

Etablierung der Gesamtschule als alleinige Schulform der Sekundarstufe I. Eine solche Überwindung des gegliederten Schulsystems zugunsten eines flächendeckenden Angebots von Gesamtschulen ist bisher nur in Gießen und Wetzlar gelungen, die Bremer Zusammenfassung aller S-I-Schulen in kooperative Verbünde bietet gewisse Entwicklungschancen in diese Richtung (vgl. Keim 1984). Während für die bisherigen Szenarien angegeben werden konnte, unter welchen regionalen und politischen Bedingungen sie als wahrscheinlich anzusehen sind und welche gesellschaftlichen Bewegkräfte sie unterstützen, muß für das Zielmodell einer Gesamtschule für alle nüchtern konstatiert werden: Gesellschaftliche Tendenzen, die die Durchsetzung eines solchen Schulsystems wahrscheinlich machen, sind gegenwärtig nicht erkennbar; weder zeichnet sich ein quantitativ-struktureller Druck in diese Richtung ab, noch läßt sich das Auftreten machtvoller politischer Kräfte für eine solche Strukturreform als wahrscheinlich unterstellen. Insofern zeichnen wir an dieser Stelle – in Verlängerung der Bildungsrats-Empfehlungen von 1969 und 1970 – eine «konkrete Utopie». Dazu gehört es auch, die Erfahrungen einer fünfzehnjährigen Gesamtschulpraxis zu berücksichtigen und deutlich zu machen, wo sich diese Utopie auch von der gegenwärtigen Gesamtschulpraxis unterscheidet.

Der erste und fundamentale Unterschied zur gegenwärtigen Gesamtschule besteht darin, daß sie hier nicht als ergänzende, sondern als alleinige Schulform vorgeschlagen wird. Denn in der gegenwärtigen Situation der viergliedrigen Schulkonkurrenz sind der Gesamtschule so viele Fesseln angelegt, daß man gelegentlich ihre pädagogischen Möglichkeiten kaum noch erkennen kann. Die wirkungsvollste Fessel ist vermutlich der aufgeherrschte ständige Vergleich mit dem bestehenden Schulsystem. Er zwingt die Gesamtschule nachzuweisen, daß sie «mehr vom selben» ist, daß sie das gleiche kann wie das bestehende Schulsystem, daß sie eigentlich gar nichts anderes im Sinne hat. Mit solchen Fesseln ist die Gesamtschule nicht in der Lage zu beweisen, daß sie eine andere Schule ist, in der man auf andere Weise anderes lernen kann, was der Bildungsrat sich einmal von der Gesamtschule versprach. Eine weitere Fessel legt der Kampf um Schüler an, der seit dem Rückgang der Schülerzahlen zwischen den Schulen entbrannt ist. Die Gesamtschule steht im viergliedrigen Schulsystem im Wettbewerb mit den bestehenden Schulen. Sie muß genau wie sie verwertbares Wissen und verwertbare Abschlüsse produzieren und kann deshalb kaum zeigen, was pädagogisch möglich ist. Überdies leidet sie unter sogenannten Creaming-Effekten: Gymnasien «sahnen» die leistungsfähigsten Schüler ab, vor allem, wenn sie aus den höheren Schichten kommen. Zur Gesamtschule schickt diese Schicht ihre Kinder allenfalls dann, wenn sie als Problemkinder gelten, die möglicherweise im Gymnasium Schwierigkeiten haben. Daß dieses Creaming zunehmend die Schülerschaft in den Gesamtschulen prägt, erschwert die pädagogische Arbeit und knüpft eine weitere Fessel.

Eine Gesamtschule für alle, die wir hier zeichnen, wäre hingegen von all diesen Fesseln der Schulkonkurrenz befreit, sie könnte sich in Ruhe und Kontinuität der pädagogischen Reformarbeit widmen, ohne ständig unter Existenz- und Vergleichsdruck zu stehen. Wie erfolgreich eine so angelegte «innere» Schulreform sein kann, hat über Jahrzehnte die Grundschule gezeigt. Die pädagogische Weiterentwicklung kann bei den vielen gelungenen Beispielen ansetzen, die es auch heute schon in der weiten Gesamtschul-Landschaft gibt: Statt die Schüler schon sehr früh in verschiedene Leistungskurse aufzuteilen, lernen sie länger gemeinsam in der «heterogenen Gruppe», Schüler unterschiedlicher Lerngeschwindigkeit erhalten dabei unterschiedliche Aufgaben (Binnendifferenzierung). Statt Schüler und Lehrer in einen Großbetrieb einzupassen, werden größere Gesamtschulen in kleine, weitgehend selbständige Einheiten aufgegliedert; sie haben ihr eigenes Lehrerteam, ihren eigenen Stunden- und Vertretungsplan und sie beschließen selbst, wann und welche Projekte sie durchführen. Statt den Schülern alle 45 Minuten ein neues Fach mit neuem Lehrer und neuen Problemen zuzumuten, werden häufig fächerübergreifende Unterrichtseinheiten und -projekte durchgeführt, dabei kooperieren Lehrer unterschiedlicher Fachausbildungen miteinander. Statt die Schüler mittags mit Aufgaben nach Hause zu schicken, wird die Übungsphase in den Unterricht integriert. Nachmittags finden vielfältige Formen spielerischen und handwerklichen Lernens statt, an denen Schüler, Lehrer, Sozialpädagogen und Eltern beteiligt sind. Statt in allen Gesamtschulen die gleichen Fächer mit den gleichen Inhalten zu unterrichten, erhält jede Schule die Möglichkeit, sich neben einem verbindlichen «Basiscurriculum» eine eigene Profilierung zu suchen. So kann es in einem Stadtteil sinnvoll sein, Türkisch als 1. oder 2. Fremdsprache anzubieten, in einer anderen Gegend werden hingegen Latein und Griechisch auf Interessenten stoßen. Während die eine Schule im Wahlpflichtbereich besonderen Wert auf musische Fächer legt, wählt die andere einen naturwissenschaftlich-ökologischen und die dritte einen polytechnischen Schwerpunkt. Und schließlich hört die Gesamtschule unseres Szenarios nicht mit der Klasse 10 auf, sondern besitzt eine eigene Oberstufe, die in Kooperation mit dem beruflichen Schulsystem Möglichkeiten der «Doppelqualifizierung» anbietet.

Mit diesen inhaltlichen Vorstellungen von einer «Gesamtschule für alle» bauen wir durchaus kein Luftschloß; vielmehr beziehen wir uns in jedem einzelnen Punkt auf praxiserprobte Arbeitsformen, die es an verschiedenen Gesamtschulen der Bundesrepublik zum Teil bereits seit Jahren gibt (vgl. dazu die Arbeitsberichte, die die Gemeinnützige Gesellschaft Gesamtschule herausgibt). Eine solche erfolgreiche Praxis zu verallgemeinern und weiterzuentwickeln, ist möglich. Das setzt allerdings voraus, daß auch in der Sekundarstufe ein einheitliches Schulwesen geschaffen wird – eben die Gesamtschule für alle.

Daß dies gegenwärtig und absehbar kaum Durchsetzungschancen hat, haben wir bereits zugestanden – insofern sind die anderen Szenarien viel «realistischer». Aber gerade deshalb ist es wichtig, in der bildungspolitischen Diskussion die eigene Zielperspektive immer wieder zu benennen und einzelne Maßnahmen (zum Beispiel Lehrplan-Revisionen) daraufhin zu befragen, ob sie als Schritt in diese Richtung verstanden werden können.

2.2. Arbeitsteilung und Qualifikationen

Ganz fraglos haben die Bildungssysteme der heutigen entwickelten Industrienationen den Prozeß der Industrialisierung weder angestoßen noch maßgeblich vorangetrieben. Gleichwohl steht die Schulentwicklung in einem engen Wechselverhältnis mit Industrialisierung und technischem Wandel. In dem Maße, in dem die sich ändernden Produktionsverfahren den Produktionsprozeß einzelner Güter immer weiter zerstückelten und die dabei entstehenden Bruchstücke ehemals ganzheitlicher Tätigkeiten von jeweils gesonderten Personengruppen ausführen ließen, verlor sich die Möglichkeit, im alltäglichen Arbeitsprozeß zu lernen. Unter dieser Rahmenbedingung konnte das System öffentlich organisierter Erziehung immer weiter expandieren: Schulen vermittelten – unter anderem – das, was in den Familien und in der Produktion immer weniger gelernt werden konnte, gleichwohl in weiten Bereichen aber noch benötigt wurde. Der säkulare Trend der Schulzeitverlängerung in allen Industrienationen kann als äußeres Zeichen dieser Entwicklung gewertet werden.

Gegenwärtig sind wir nicht mehr sehr sicher, daß dies in Zukunft so bleiben wird. Wir müssen in unsere Überlegungen die Möglichkeit einbeziehen, daß all das, was unter der Überschrift «Neue Technologien» zusammengefaßt wird, zu einer einschneidenden Veränderung des Verhältnisses zwischen Schule und Arbeit bzw. zwischen Bildungs- und Beschäftigungssystem führt. Die Bedeutung, die die technologischen Entwicklungen in den Bereichen Informationsübertragung und -verarbeitung gewonnen haben, erweitern den «Zugriffshorizont technischer Systeme» (Kern/Schumann 1984, S. 16) in einem Umfang, der Anfang des 21. Jahrhunderts die Forderung nach anspruchsvoller Bildung für alle ökonomisch unsinnig erscheinen lassen könnte. Es wäre denkbar, daß in absehbarer Zeit behauptet wird, umfassende schulische Bildung würde für wachsende Teile in der Bevölkerung überflüssig, weil der Einzug neuer Technologien in Produktion und Verwaltung bei der Masse der Arbeitnehmer immer weniger Qualifikation erfordere.

Diese Perspektive, die wir keineswegs für zwangsläufig halten, nehmen wir zum Anlaß, um uns differenziert mit dem Zusammenhang zwischen neuen Technologien und Formen der Arbeitsteilung einerseits und der Entwicklung der Schule andererseits zu beschäftigen.

In internationalen und nationalen Entwicklungen ist Arbeitsteilung zu einem zentralen Feld gesellschaftlicher Auseinandersetzungen geworden: International geht es dabei um die Teilung von Aufgaben und damit auch von Arbeit zwischen den Nationen, insbesondere zwischen den Industrienationen einerseits und den weniger entwickelten Ländern andererseits. Innerhalb der nationalen Entwicklung hat Arbeitsteilung eine volks- und eine betriebswirtschaftliche Komponente. Volkswirtschaftlich geht es in doppelter Weise um die Teilung der Arbeit: Zum einen um die Teilung in solche Arbeit, die als bezahlte eingestuft wird, und in Arbeit, die unbezahlt zu verrichten ist; zum anderen geht es um die Verteilung der Arbeit – der unbezahlten wie der bezahlten – unter denen, die arbeiten wollen und können. Betriebswirtschaftlich schließlich geht es um das Prinzip, nach dem vorhandene Arbeit auf die Beschäftigten aufgeteilt wird, also um die spätestens seit Taylor thematisierte Frage der Arbeitsorganisation von Produktionsprozessen.

Die Strategien, nach denen gegenwärtig auf allen drei Ebenen die Entwicklung der Arbeitsteilung geregelt wird, orientieren sich an einem gemeinsamen Prinzip, nämlich an dem der Ausgrenzung und – damit verbunden – der Sicherung von Hegemonie: Ausgegrenzt werden die weniger entwickelten Länder, deren Verschuldung durch die internationale Darlehenspolitik und die Verteuerung des Geldes bei gleichzeitiger Abschließung der Märkte der Geldgeber gegenüber den Produkten der

Schuldner immer mehr wächst. Ausgegrenzt werden in den westlichen Industrieländern wachsende Teile der Arbeitnehmerschaft, die – wie Negt es formuliert – im Prozeß der «Zweiteilung der Gesellschaft» (Negt 1984, S. 66) auf Dauer von Arbeit ausgeschlossen bleiben. Ausgegrenzt werden die – zumeist weiblichen – Arbeitnehmer, die in dem Bereich unbezahlter Arbeit tätig sind (Bennholdt-Thomsen 1983), wobei die Tendenz der Abdrängung hier gegenwärtig zunimmt, wie etwa die Propagierung ehrenamtlicher Tätigkeit in sozialen Berufen zeigt. Ausgegrenzt werden schließlich auch die Arbeitnehmer, die zwar Arbeit haben, deren Arbeit aber im Verlauf fortschreitender Taylorisierung immer sinnentleerter wird und die unter der dauernden Drohung arbeiten, ihre Arbeit könne, gerade weil sie sinnentleert und «einfach» ist, der nächsten Rationalisierungswelle zum Opfer fallen. Dieses der internationalen und nationalen Entwicklung der Arbeitsteilung zugrundeliegende Prinzip der Ausgrenzung zeitigt auf allen drei Ebenen vergleichbare Wirkungen, indem es in der Nord-Süd-Auseinandersetzung zwischen Nationen, in den Arbeitskämpfen in Gesellschaften sowie im Streben nach sinnvoller Berufstätigkeit jeweils die begünstigt, die Wohlstand und Arbeit und sinnvolle Tätigkeiten besitzen und indem es die anderen in Angst vor dem nationalen Zusammenbruch, vor Arbeits- und Sinnlosigkeit hält und mit Hilfe gerade dieser Angst auch beherrscht.

Die Auseinandersetzung um Arbeitsteilung in dem zuvor beschriebenen umfassenden Sinn kennt viele Schauplätze: In Umschuldungsverhandlungen, in Zollrunden, in Rohstoffabkommen und in Assoziierungsverträgen geht es um die Stellung wenig entwickelter Länder in der internationalen Arbeitsteilung; in Tarifauseinandersetzungen, in der Steuer- (Investitionssteuer, Maschinensteuer) und in der Rentenpolitik (Vorruhestandsregelung) geht es um die Verteilung der Arbeit; in der Technologiepolitik sowie in der Ausübung vor allem betrieblicher Mitbestimmung (Politik der Humanisierung des Arbeitslebens) und bei Bemühungen um deren Ausweitung geht es schließlich um die epochale Frage der Weiterentwicklung oder Umkehr des Prozesses der Taylorisierung. Die Auseinandersetzungen in allen diesen Feldern sind gekennzeichnet vom Versuch der Ausgrenzung einerseits und andererseits vom Anspruch der Ausgegrenzten und von Ausgrenzung Bedrohten auf Teilhabe an Arbeit, Wohlstand und Sinn.

Für unsere eingeschränkte Fragestellung nach dem Zusammenhang zwischen zukünftiger Arbeitsteilung und schulischer Qualifikation ist die genaue Betrachtung von zwei der hier angesprochenen Bereiche von Bedeutung. Uns interessiert hier vor allem die erwartbare Arbeitsteilung zwischen Erwerbstätigen und Nichterwerbstätigen oder – kürzer formuliert – das zukünftige Ausmaß von Arbeitslosigkeit und die vorhersehbare Entwicklung der Arbeitsteilung im Rahmen der Arbeitsorganisation, also das zukünftige Ausmaß sinnentleerter Tätigkeiten.

Die Entwicklung der Arbeitslosigkeit

Nachdem Ende der fünfziger Jahre Arbeitslosigkeit, die es im Nachkriegsdeutschland zunächst in erheblichem Umfang gegeben hatte, fast vollständig abgebaut war, herrschte dann die sechziger Jahre hindurch bis 1973 beinahe Vollbeschäftigung – sieht man einmal von dem konjunkturellen «Einbruch» 1967 ab. Seit 1974 hat sich dann aber die Arbeitslosigkeit nahezu kontinuierlich erhöht und zu dem entwickelt, was angesichts von deutlich über 2 Millionen registrierter Arbeitslosen zu Recht Massenarbeitslosigkeit genannt wird. Dieser ansteigende Trend wurde Ende der siebziger Jahre für drei Jahre, in denen die sozialliberale Regierung mit Konjunkturprogrammen den Arbeitsmarkt zu beeinflussen suchte, umgekehrt. Seither, ab 1980, haben sich die Arbeitslosenzahlen mit bis dahin in der Geschichte der Bundesrepublik nicht gekannter Dynamik auf das gegenwärtige Niveau von bis zu 2,5 Millionen erhöht – das leichte Wirtschaftswachstum von 2% bis 3% verhindert wohl 1985 einen nennenswerten weiteren Anstieg der Arbeitslosigkeit.

Betrachtet man die Entwicklung der Arbeitslosenzahlen von 1945 bis 1984 (Tabelle S. 102), so wird deutlich, daß eigentlich nur in dem Zeitraum seit Ende der fünfziger bis zu Beginn der siebziger Jahre Arbeitslosigkeit «verschwunden» war oder doch zumindest eine Größenordnung von deutlich weniger als 1 Million Arbeitsloser hatte. Insgesamt sind die Nachkriegsjahre mit Massenarbeitslosigkeit eher schon wieder das «Normale», und es gibt wenig Grund zu der Annahme, daß sich daran ohne eine grundlegende Umverteilung der bezahlten Arbeit (auf dem Wege der Arbeitszeitverkürzung) etwas ändert. So kommt das Institut für Arbeitsmarkt- und Berufsforschung (IAB) der Bundesanstalt für Arbeit in einer Modellrechnung hinsichtlich der Arbeitsmarktperspektive bis zum Jahre 2000 zu einer katastrophalen Einschätzung: Selbst wenn es gelänge, im Durchschnitt der achtziger und neunziger Jahre ein Wirtschaftswachstum von jährlich 3% zu erreichen und wenn die Zahl der ausländischen «Nachfrager» nach Arbeit konstant bliebe, würde die Arbeitslosigkeit in der Bundesrepublik zunächst noch ansteigen: 1990 müßte mit etwa 3,3 Millionen Arbeitslosen gerechnet werden, und sogar noch im Jahr 2000,

Arbeitslose und Arbeitslosenquote im Bundesgebiet (Jahresdurchschnitt)

Jahr	Arbeitslose (in Tsd.)	Arbeitslosenquote (in v. H.)
1950	1868	11,0
1955	1074	5,6
1960	271	1,3
1967	459	2,1
1970	149	0,7
1971	185	0,9
1972	246	1,1
1973	273	1,2
1974	582	2,6
1975	1074	4,7
1976	1060	4,6
1977	1030	4,5
1978	993	4,3
1979	876	3,8
1980	889	3,8
1981	1272	5,5
1982	1833	7,5
1983	2258	9,3
1984*	2266	9,4

* geschätzt

Quelle: Statistisches Bundesamt [Hg.]: Wirtschaft und Statistik 2/1985, S. 2

wenn sich der Geburtenrückgang der siebziger Jahre auf dem Arbeitsmarkt voll auswirkt, wäre mit etwa 1,8 Millionen Arbeitslosen zu rechnen. Diese Perspektive basiert aber bereits auf überaus optimistischen Annahmen. Das Wirtschaftswachstum der Jahre zwischen 1970 und 1982 betrug im Jahresdurchschnitt 2,2 %, und die Zahl der ausländischen Arbeitnehmer wird eher weiter steigen, weil in den kommenden Jahren viele ausländische Jugendliche in das Erwerbstätigenalter «hineinwachsen» (IAB 1983).

Nun ist es aber nicht abwegig zu unterstellen, daß derartige Prognosen insgesamt die Auswirkungen der neuen Technologien verhängnisvoll unterschätzen. Deutsche wie internationale Studien verweisen darauf, daß das Ausmaß der Arbeitsplatzvernichtung durch Einführung der neuen Technologien in Zukunft nicht mehr durch die Schaffung neuer Arbeitsplätze im Entstehungs- und Wartungsbereich dieser Technologien kompensiert wird. Ergebnisse deutscher Einzelstudien – etwa zur Produktion und zum Einsatz von Robotern bei VW – decken sich im Trend mit einer großen Arbeitsmarktprognose aus den USA. Von den in einer Modellrechnung für die Jahre 1982 bis 1995 in den USA erwarteten zusätzlichen Arbeitsplätzen werden lediglich 8% in dem Bereich der neuen Technologien angesiedelt sein (Rumberger 1984, S. 21). Zwei Daten aus dieser Studie vermögen sehr eindringlich zu zeigen, wie illusionär hier das Hoffen auf einen arbeitsplatzwirksamen Wachstumseffekt ist: Während in den Bereichen neuer Technologien bis 1995 gerade 1 Million neuer Arbeitsplätze erwartet werden, rechnen die Autoren dieser USA-Studie im Bereich Hauswärter/Hausmeister/Pförtner allein mit 778000 neuen Arbeitsplätzen. Dies bedeutet: Selbst in nationalen Prognosen wie der für die USA, in denen ein weiteres Anwachsen der Arbeitsplätze angenommen wird, wird dieses Anwachsen gerade nicht oder nur in geringem Umfang im Bereich der neuen Technologien erwartet. Der Feststellung von Kern/Schumann: «Der enorme Umbruch der Produktionsapparate mit seiner gewaltigen Vernichtung menschlicher Arbeitsmöglichkeiten ist gepaart mit dem gesellschaftlichen Skandal der Arbeitslosigkeit» (1984, S. 17), ist nichts hinzuzufügen. Es bleibt als zusammenfassendes Ergebnis vorliegender Studien die Aussage, daß Arbeitslosigkeit weder über Wirtschaftswachstum noch über forcierte Einführung neuer Technologien zu beseitigen ist. Ohne eine andere Verteilung der bezahlten Arbeit, ohne Arbeitszeitverkürzung also, bleibt «der kurze Traum immerwährender Prosperität» (Lutz 1984) eine Episode der Nachkriegsgeschichte.

Entwicklung der Arbeitsteilung

Wie aber, so lautet unsere zweite Frage, wird sich die verbleibende bezahlte Arbeit entwickeln? Diese Frage zielt auf die Art der Arbeitsorganisation vor allem in industriellen und verwaltenden Tätigkeiten, sie ist inspiriert durch eine Reihe neuerer industriesoziologischer Studien, deren Stoßrichtung durch den Buchtitel «Das Ende der Arbeitsteilung?» (Kern/Schumann 1984) plakativ angegeben wird. Wir beziehen uns im folgenden aber nicht nur auf diese Untersuchung, sondern auf eine Reihe weiterer Autoren, die sich mit der Zukunft der Arbeitsteilung in produzierenden und verwaltenden Tätigkeiten befaßt haben: Auf Baethge/Oberbeck (kaufmännisch-verwaltender Angestelltenbereich, 1983), auf die IGM-Untersuchung zur «Rationalisierung in der Metallwirtschaft» (1983) sowie auf international vergleichende Arbeiten, wie sie zu Frankreich von Düll (1984) herausgegeben und zu Großbritannien von Sorge u. a. (1982)

durchgeführt worden sind, sowie auf die Untersuchung Sorges über «Informationstechnik und Arbeit im sozialen Prozeß» (1985).

Die Befunde dieser Untersuchungen deuten gemeinsam darauf hin, daß der von der Industriesoziologie bisher als fast gesetzmäßig gültig beschriebene Entwicklungsprozeß «wissenschaftlicher Betriebsführung» (Taylor) umkehrbar ist. Der als «Taylorismus» bezeichnete Prozeß der Arbeitsteilung besteht darin, daß das ursprünglich umfassende Produktionswissen des einzelnen Arbeitnehmers enteignet wird (vgl. Braverman 1977). Die Idee des fertigen Produktes und die Kenntnisse seiner Herstellung werden auf ein spezialisiertes Personal verlagert, zum Beispiel auf Ingenieure und Arbeitsvorbereiter. Der einzelne Arbeiter wird jetzt nur noch nach Anweisung bei einem Detailschritt tätig – ohne Verständnis des Ganzen.

Diese Enteignung geschieht in mehreren Stufen: Experten «sammeln» das Erfahrungswissen, das in den Köpfen von Arbeitern besteht, sie systematisieren dieses Wissen und zerlegen es in kleine, weitgehend eintönige Bestandteile, und sie geben es schließlich als vereinzelte Arbeitsanweisung an die Arbeiter zurück, die damit die Anwendung ihres ehedem eigenen Wissens unter den ökonomischen Gesichtspunkten perfektionieren können.

Folgt man neueren industriesoziologischen Arbeiten, so könnte die Tendenz zu immer weiterschreitender Arbeitsteilung nicht mehr als unumstößliche industrielle Entwicklung begriffen werden, ein «technischer Determinismus» (Sorge u. a. 1982, S. 17) wäre nicht länger gegeben. Die damit angedeutete Perspektive industrieller Arbeitsorganisation läßt sich am Beispiel der Entwicklung von Werkzeugmaschinen verdeutlichen. Dabei geht es um Maschinen, mit denen zum Beispiel durch spanende Verfahren Werkstücke aus Metall bearbeitet und im Verlaufe der Bearbeitung in eine vorgegebene Form gebracht werden. Diese Maschinen haben im Verlauf der letzten Jahre eine rasante technologische Entwicklung durchgemacht. Zunächst wurde der Bearbeitungsprozeß ausschließlich bei jedem Werkstück neu von dem einzelnen Maschinenbediener geplant und durchgeführt, er bestimmte und überwachte jeden einzelnen Bearbeitungsschritt; dies erforderte eine hochqualifizierte Arbeitskraft, zum Beispiel den Dreher. Eine Änderung dieses Produktionsablaufes ergab sich, als man mit dem Instrument der NC-Steuerung (*numerical control*) die einzelnen Bearbeitungsschritte etwa für eine Gruppe identischer Werkstücke einmal festlegen und programmieren und dann durch angelernte Maschinenbediener ausführen konnte. Gegenwärtig ergibt sich dank der Mikro-Elektronik eine weitere Änderung dadurch, daß mit der

Einführung und Ausbreitung der CNC-Steuerung (*computerized numerical control*) eine flexible Maschinensteuerung durch eine jeweils neue Programmierung der einzelnen Werkzeugmaschine seitens ihres Bedieners möglich wurde. Mit dem Einsatz dieser Maschinen, deren Zahl sich nach der schon angeführten Studie der Industriegewerkschaft Metall allein in der Metallwirtschaft von derzeit 40000 auf demnächst 200000 steigern wird, verbindet sich nun die Möglichkeit, einen von der Industriesoziologie bisher als unumstößlich beschriebenen Entwicklungsprozeß der Arbeitsorganisation umzukehren: Wenn bisher galt, daß die analysierenden und planenden, also die intelligenten und qualifikationsintensiven Tätigkeiten immer stärker aus der eigentlichen Fertigung herausgezogen wurden, kann dies angesichts der Entwicklungsmöglichkeiten, zum Beispiel in der CNC-Technologie, nicht mehr als unabänderliches Gesetz der Fertigung verstanden werden. Im Prinzip kann die Programmierung derartiger Maschinen sowohl vom Maschinenbediener (gleichsam vor Ort) als auch von ihm abgetrennt in einem Programmierbüro erfolgen; eine technische Determinierung für das eine oder das andere Vorgehen gibt es nicht. Die damit behauptete Gestaltbarkeit des Einsatzes dieser Technologie wird durch die IG Metall-Studie belegt. Zwar lassen über die Hälfte aller Betriebe (bei den Massenanwendern sogar 70%) die CNC-Werkzeugmaschinen in zentralen Büros programmieren, aber in mindestens einem Viertel der Betriebe werden diese Werkzeugmaschinen in der Werkstatt selbst durch den Facharbeiter programmiert. Die Bedeutung, die der eine oder andere Programmort für die Qualifikationsanforderungen hat, liegt auf der Hand: Vor-Ort-Programmierung bedeutet die Erhaltung anspruchsvoller Arbeitsplätze – Programmierung in der Arbeitsvorbereitung bedeutet Dequalifikation des einzelnen Arbeitsplatzes.

Genau diesen Sachverhalt beschreiben Kern/Schumann, indem sie sich auf ihre branchenspezifischen Untersuchungen stützen: «In den industriellen Kernsektoren vollzieht sich vor unseren Augen ein grundlegender Wandel der Produktionskonzepte, in dem das betriebliche Interesse an Ersetzung lebendiger Arbeit und das an Ökonomisierung der Rest-Arbeit auf neue Weise miteinander verschränkt sind. Bisher beruhten alle Formen kapitalistischer Rationalisierung auf einem Grundkonzept, das lebendige Arbeit als Schranke der Produktion faßte, die es durch möglichst weitgehende technische Autonomisierung des Produktionsprozesses zu überwinden gilt. (...) Dieser Ansatz wird heute nicht mehr nur aus der Perspektive der Beschäftigten, sondern auch der der Kapitalverwertung selbst in Frage gestellt. (...) Das Credo der neuen

Überlegungen lautet: a) Autonomisierung des Produktionsprozesses gegenüber lebendiger Arbeit durch Technisierung ist kein Wert an sich. Die weitestgehende Komprimierung lebendiger Arbeit bringt nicht per se das wirtschaftliche Optimum. b) Der restringierende Zugriff auf Arbeitskraft verschenkt wichtige Produktivitätspotentiale. Im ganzheitlichen Aufgabenzuschnitt liegen keine Gefahren, sondern Chancen; Qualifikation und fachliche Souveränität auch der Arbeiter sind Produktivkräfte, die es verstärkt zu nutzen gilt.» (Kern/Schumann 1984, S. 19) Tendenziell ähnliche Erkenntnisse lassen sich aus den anderen von uns bereits genannten Untersuchungen anführen, sie alle münden in der Erkenntnis, daß die Zukunft der Arbeitsteilung nicht mehr gleichsam deterministisch vom fortschreitenden Prinzip des Taylorismus geprägt sein wird.

Keine dieser Studien – und auch dies ist wichtig – stellt allerdings die bisherige taylorgläubige Einschätzung auf den Kopf, indem nun gesagt würde, die zukünftige Arbeitsorganisation werde sich gleichsam automatisch in die Richtung mehr ganzheitlicher Tätigkeiten der Arbeitnehmer entwickeln. Gemeinsam ist diesen hier herangezogenen Untersuchungen die Einschätzung, daß sich hinsichtlich der zukünftigen Entwicklung der Arbeitsorganisation ein Gestaltungsspielraum auftue – in den Worten von Baethge und Oberbeck: «Hieraus folgt, daß es für die Weiterentwicklung der Arbeitsprozesse von Sachbearbeitern keine einlinige Determination, etwa aufgrund technischer Zwangsgesetzmäßigkeiten, gibt, daß vielmehr erhebliche Gestaltungsmöglichkeiten von Arbeitsteilung und Arbeitsvollzügen gegeben sind» (1983, S. 17). Daß der Versuch der Nutzung dieser Gestaltungsmöglichkeiten zu einer Abkehr vom Prinzip des Taylorismus nicht mit dem Kopf gegen die Wand der Kostenrechnung rennen muß, geht beispielhaft aus einem Vortrag hervor, den Hans H. Moll, der ehemalige Aufsichtsratsvorsitzende der MAN, unter der Überschrift «Mehr Produktivität mit weniger Arbeitsteilung» 1983 gehalten und in dem er auf der Grundlage betriebswirtschaftlicher Kalkulation formuliert hat: «Nicht so sehr durch weitere Automatisierung, sondern vor allem durch weniger arbeitsteilige Betriebsorganisation ist das Weiterbestehen der Unternehmen am ehesten zu erreichen» (Moll 1983, S. 8). Diese Einschätzung wird inzwischen auch durch eine Studie des Karlsruher Instituts für Systemtechnik und Innovationsforschung (ISI) gestützt: Diese Untersuchung, in der die Wirtschaftlichkeit unterschiedlicher Einsatzformen von CNC-Maschinen (Werkstattprogrammierung/Programmierung in der Arbeitsvorbereitung) verglichen werden, kommt zu dem Ergebnis, daß die Werkstattprogrammierung in der Mehrheit der untersuchten Fälle die kostengünstigere war (Lay/Lemmermeier 1984).

Eine Voraussetzung zur Nutzung der angesprochenen Gestaltungsmöglichkeiten, auch darauf deuten die von uns eingesehenen Studien übereinstimmend hin, liegt in der Qualifikation der Beschäftigten; denn nur, wenn die Arbeitnehmer «vor Ort» bereit und in der Lage sind, ständig dazuzulernen und sich die jeweils neuen Fähigkeiten anzueignen, ist eine Qualifikationsanreicherung möglichst vieler Arbeitsplätze realisierbar. So führen Kern/Schumann die Erweiterung der Ausbildungskapazitäten für Chemiefacharbeiter auf das unternehmerische Interesse zurück, sich von der «Qualifikationsseite her die Option für ein solches Modell der Organisation von Produktionsarbeit zu sichern» (1984, S. 241); Sorge u. a. erklären Unterschiede der Arbeitsorganisation zwischen vergleichbaren englischen und deutschen Betrieben u. a. aus den unterschiedlichen Qualifikationsvoraussetzungen der jeweiligen Industriearbeiter. So ist es nur konsequent, wenn es in der schon benannten IGM-Studie zur «Rationalisierung in der Metallwirtschaft» heißt: «Eine gewerkschaftliche Kernforderung zur Abwehr negativer Folgen bei der Einführung neuer Technologien und Rationalisierungsmaßnahmen ist: Sicherung und Erweiterung der Qualifikationen» (IGM 1983, S. 71).

Bei dieser Forderung kommt auch ein Aspekt von betrieblicher Machtausübung ins Spiel; denn – so ist zu fragen – wenn weder ein technischer noch ein ökonomischer Sachzwang zur weiteren Sinnentleerung der Arbeit besteht, warum haben dann mehr als die Hälfte der Unternehmen der Metallwirtschaft trotzdem die zentrale Programmierung eingeführt? Nicht belegen, aber plausibel vermuten läßt sich, daß hier innerbetriebliche Herrschaftsinteressen durchschlagen. Denn bei einer Zentralisierung hochwertiger Qualifikationen ist der Betriebsablauf durch die Unternehmensleitung besser steuerbar, sie ist lediglich auf die Loyalität einer kleinen Gruppe von hochbezahlten Angestellten angewiesen. Die außerdem notwendigen Maschinenbediener sind wenig qualifiziert und lassen sich leicht auswechseln. Eine große Zahl hochqualifizierter Facharbeiter stellt hingegen auch ein Widerstandspotential dar, das in Konfliktlagen – wie etwa in Streiks – die betriebliche Steuerung durch die Unternehmensleitungen außer Kraft setzen kann. Für diesen Zusammenhang zwischen «Neuen Technologien» und betrieblicher Herrschaft war der letzte Tarifkonflikt (1984) in der Druckindustrie ein Musterbeispiel: Weil der Facharbeiterberuf «Setzer» inzwischen an Bedeutung verloren hat, konnte die Zeitungsproduktion trotz Streiks der Arbeiter weitgehend aufrechterhalten werden. Damit wird deutlich, daß die Frage von Qualifikationsanreicherung oder -abzug auch eine unmittelbar politische Dimension hat, weil damit auch die Frage einer Neuverteilung innerbetrieblicher Macht angesprochen ist.

Nun unterliegt die hier angedeutete Entwicklung (weg von immer weiter fortschreitender Zerteilung der Arbeit und hin zu verstärkter Aufgabenintegration) allerdings zwei Einschränkungen: Sie ist – wie wir bereits betont haben – weder determiniert noch gilt sie für alle Produktions- und Verwaltungsbereiche. Lassen wir noch einmal Kern/Schumann mit ihrem arbeitssoziologischen Fazit zu Wort kommen: «Doch darf man, überwältigt durch die schöne Perspektive, das Rad der Arbeitsteilung zurückzudrehen, nicht die Schattenseiten der Entwicklung übersehen. Diese liegen im Ausschluß beträchtlicher Teile der Arbeiterschaft von diesem Umbruch, ja, schlimmer noch: teilweise bestehen sie sogar in der verschärften Absonderung einzelner Gruppen. (...) Das Ende der Arbeitsteilung im Inneren der Zentren der Industrieproduktion fällt also zusammen mit einer tendenziellen Verschärfung der Abgrenzung nach außen.» (1984, S. 319).

Die hier referierten Arbeitsergebnisse namhafter Industriesoziologen, häufig euphorischer referiert als von ihnen selbst vorgetragen, lassen aber auch eine andere, noch weniger optimistische Einschätzung zu: Es könnte ebenso sein, daß der als «Ende der Arbeitsteilung» beschworene neue Entwicklungszustand nicht der Beginn einer Umkehrung lange Zeit gültiger Prinzipien der Arbeitsteilung ist, sondern daß dieser Zustand lediglich eine Phase des «Atemholens» für einen neuen Schub der Arbeitsteilung markiert. So vertritt zum Beispiel Gebbert in Auseinandersetzung mit der von Kern/Schumann vertretenen Position die These, daß der von ihnen beschriebene Paradigmenwechsel im Arbeitskräfteeinsatz nur für eine zeitlich begrenzte Übergangsphase als Marktanpassungsstrategie in der Krise Geltung habe (1984, S. 183). Ein neuer Schub der Arbeitsteilung würde sich dann, folgt man zum Beispiel der Analyse Volperts (1984), darauf konzentrieren, so wie ehedem das Wissen der Arbeiter jetzt das Wissen der planenden, disponierenden, konstruierenden und diagnostizierenden Experten zu enteignen und aus den Menschen heraus in Maschinen zu verlagern. Die Stufen, in denen dies geschähe, würden das vertraute Muster zeigen. Volpert beschreibt dies: «Erste Stufe: Der ‹Wissensingenieur› nimmt sich die einschlägigen Lehr- und Fachbücher vor. Er weiß aber, daß diese nicht genügen. Deshalb ist er (mehr als der alte Taylor) auf die Mitarbeit von Experten angewiesen. Deren Spezialkenntnisse müssen nun ‹ganz sorgfältig aus ihren Köpfen herausgeschürft werden, Juwel für Juwel›. Zweite Stufe: Nachdem die Wissensingenieure diese wertvollen Edelsteine herausgeholt haben, stellen sie ihre Wissens-

Systeme (*knowledge basis*) zusammen, welche den wichtigsten Teil des Expertensystems bilden. Nach vielfachen Erweiterungen, Rücksprachen mit den Programmierern und Korrekturen entsteht so das Expertensystem. Dritte Stufe: Das System wird nun eingerichtet, und die Experten (die noch verblieben sind) werden angehalten, sich nach ihm zu richten. Das eigene Wissen tritt ihnen – ganz wie früher Taylors Arbeitern – als eine fremde Vorschrift gegenüber» (1984, S. 31). Am Ende dieses Weges hin zu einem neuen Taylorismus stünde wiederum die Trennung von Vorstellung und Ausführung, jetzt aber nicht durch Aufteilung der beiden Seiten auf unterschiedlich qualifizierte Menschen, sondern durch die Verlagerung wachsender Bereiche von Vorstellung und Ausführung in Maschinen.

Die bisherigen Überlegungen zur Zukunft der Arbeitsteilung sowohl im Bereich der Volkswirtschaft als auch in dem der Organisation von Produktion und Verwaltung haben gezeigt: Es spricht vieles dafür, daß die bis in die Gegenwart herrschende Form der Arbeitsteilung fortdauert, mit der Folge von Massenarbeitslosigkeit und von weiterer Sinnentleerung der Arbeit für die Mehrheit der Erwerbstätigen. In beiden Bereichen gibt es aber auch Ansätze zur Umkehr dieses Prinzips: durch Arbeitszeitverkürzung in dem einen und durch Aufgabenintegration in dem anderen. Wir wollen nun im folgenden überlegen, welche Funktion Schulen in diesem Prozeß haben bzw. übernehmen können. Zu diesem Zweck entwerfen wir wiederum unterschiedliche Szenarien.

Szenario A: Mehr Arbeitsteilung – weniger Qualifikationen

Wir beginnen mit der Darstellung einer Entwicklung, die dem bisher eingeschlagenen Weg der Arbeitsteilung nachfolgt und die mit der gegenwärtig dominierenden Bildungspolitik übereinstimmt: die also orientiert ist am fortschreitenden Prozeß des vollständigen Herausdrängens vieler Menschen aus dem Arbeitsmarkt sowie am Fortschreiten des Abzugs analysierender, planender und vorbereitender Intelligenz aus den Ausführungsprozessen in Produktion und Verwaltung.

Die Ausrichtung der Schulen auf diese Entwicklungslinie bedeutet für die Heranwachsenden, daß ein erheblicher Teil von ihnen in den Bildungsinstitutionen auf etwas vorbereitet wird, was es für sie gar nicht mehr gibt, auf das Berufsleben, und daß ein weiterer Teil von ihnen in Schulen Qualifikationen erhält, die in der beruflichen Ausbildung und im Arbeitsleben nicht weiter benötigt werden. Angesichts dieser Perspektive stellt sich erneut und verstärkt die Frage nach dem Verhältnis von Bildungs- und Beschäftigungssystem. Offensichtlich gilt, daß es mit Blick auf den Arbeitsmarkt für den einzelnen und für die Gesellschaft insgesamt nur noch einen begrenzten ökonomischen Sinn macht, sich um Bildung zu bemühen und finanzielle Opfer für Bildung zu erbringen. Zerstört sind damit die zentralen Antriebskräfte der Bildungsexpansion der vergangenen Jahre, die ja getragen war von an Interessen der einzelnen ausgerichteten Aufstiegshoffnungen und von an der Zukunft des Wirtschaftswachstums orientierten Katastrophenstimmungen. Vor diesem Hintergrund läuft die hier zu skizzierende Strategie darauf hinaus, die Schule wieder verstärkt auf die Anforderungen des Arbeitslebens auszurichten, also die kulturellen und rechtlichen Verknüpfungen zwischen Bildungs- und Beschäftigungssystem wieder enger zu knüpfen.

Die kulturellen Verknüpfungen sind hierfür bedeutsam, weil diese vermittels des Lehrplans das Maß der Ausrichtung von Unterrichtsinhalten auf das Beschäftigungssystem festlegen. Gerade in den Jahren der Bildungsreform hat es eine starke Tendenz gegeben, unter Verzicht auf ein eigenständiges Bildungskonzept die Orientierung an den Anforderungen des Beschäftigungssystems auszuweiten, so daß – mit den Worten Braters – «die Funktionsfähigkeit des Ausgebildeten im Beschäftigungssystem, nicht seine bewußte Handlungsfähigkeit» (1983, S. 37) in den Vordergrund rückte. Der Austausch der Begriffe «Bildung» und «Qualifikation» verdeutlicht diese Akzentverlagerung (Kade 1983, S. 859).

Die rechtliche Verknüpfung interessiert in diesem Zusammenhang, weil durch sie, viel stärker noch als durch den Lehrplan, vermittels des Berechtigungswesens (Meyer 1977, S. 371 ff.) Schule und Beruf aneinandergebunden wurden: Diese Bindung, die im Kern darüber funktioniert, daß jeder im Bildungssystem erreichte Abschluß den Zutritt zu der nächst «höheren» Bildungslaufbahn und, nach Ausscheiden aus dem Bildungssystem, zu hierarchischen beruflichen Positionen öffnete, hat zwar immer nur partiell bestanden, auch galt sie immer stärker für den Bereich des höheren Schulwesens und den der akademischen Ausbildungsinstitution sowie der Akademikerberufe. Gleichwohl war und ist sie ein mächtiger Bestandteil des deutschen Bildungssystems, der bisher alle «Überfüllungsphasen» (vgl. Herrlitz/Titze 1976) überdauert hat.

Auf die Beeinflussung dieser beiden Klammern zwischen Bildungs- und Beschäftigungssystem, auf die Veränderung von Lehrplänen und Berechtigungswesen, zielt die Politik einer *verstärkten Ankopplung* der Schule an das Beschäftigungssystem. Ein wenn nicht prominentes, so doch repräsentatives Dokument dieser Entwicklungsrichtung sehen wir in dem BLK-«Bericht über Strukturprobleme im Verhältnis von Bildungssystem und Beschäftigungssystem» (BLK 1983), in dem es lapidar heißt: «Die Bildungsangebote müssen den Anforderungen im Beschäftigungssystem stärker Rechnung tragen ...» Eine an dieser Maxime ausgerichtete Politik koppelt das Bildungssystem direkt an die Belange des Beschäftigungssystems an; gegenwärtig bedeutet dies, daß vorhergesagte Dequalifikationstendenzen und erwartete Nachfrageminderungen im Schulsystem vorweggenommen werden. Die Instrumente, die eine solche Politik der direkten «Passung» zwischen Schule und Beschäftigungssystem braucht, stehen bereit, sie sind auch in den Expansions- und Reformjahren nicht verrostet: Die Steuerungen beim Übergang von der Grundschule ins gegliederte Schulwesen lassen sich griffiger machen, die Mechanismen der Fachleistungskurssysteme in Haupt- und Gesamtschulen taugen zu verstärkter Selektion, das Sitzenbleiben als Prinzip ist nicht außer Kraft gesetzt, die Restaurierung bürgerlicher Bildungsinhalte sorgt für die nötige Distanz zwischen Schule und manchem Elternhaus, der Entzug finanzieller Hilfen mag das Seine tun.

Daß ein daran ausgerichtetes Bildungssystem «preiswerter» zu haben sein wird, liegt auf der Hand: Für all die, die an den unterschiedlichen Selektionsschwellen gescheitert sind, könnte man weniger, schlechter ausgebildete und schlechter bezahlte Lehrer einsetzen. Ein Abbau der Lehrerarbeitslosigkeit – heute sind im Bundesgebiet bereits 60000 ausgebildete Lehrer ohne Arbeit in ihrem erlernten Beruf, demnächst werden es mehr als 100000 sein – ist, wenn diese Entwicklungslinie verfolgt wird, nicht zu erwarten. In schöner Offenheit schreibt denn auch ein Apologet dieser Art von Ankopplung: «Aber für die Zukunft, für die *heute* erkennbar ist, daß kognitiv-rationale Informationsverarbeitung mittlerer Leistung in menschlichen Gehirnen weit weniger breit nachgefragt werden wird, muß geprüft werden, ob wir die Überbetonung des Rationalen zu Lasten des Menschlich-Sinnlichen weiterfinanzieren wollen. Blickt man auf die heutige Lehrerausbildung, die in vielen Bundesländern auf den ‹verwissenschaftlichten› Fachlehrer abzielt, dessen menschlich-affektive Qualifikationen durch keinerlei Verhaltenstraining entwickelt sind, so muß man die Schulverwaltungen warnen, noch mehr Lehrer einzustellen, weil bei begrenzten Mitteln die dafür notwendigen Finanzen dann nicht mehr in die Familienförderung gehen können» (Haefner 1982, S. 203f.).

Der Weg zu einer Schule der Selektion wird längst wieder beschritten, politisch hat er wohl einstweilen die größten Zukunftschancen. So heißt es in dem schon zitierten Papier der Bund-Länder-Kommission für Bildungsplanung, das vom Bund und von allen Ländern einstimmig verabschiedet wurde: «Das bis in die neunziger Jahre hinein bestehende Ungleichgewicht zwischen Bedarf und Angebot an Arbeitskräften bedeutet, daß eine große Zahl – vor allem jüngerer – Erwerbspersonen voraussichtlich mit Zeiten der Arbeitslosigkeit wird rechnen müssen. Für die Bildungspolitik stellt sich deshalb die Frage, wie die beruflichen Bildungsangebote gestaltet werden können, damit das Risiko der Arbeitslosigkeit für den einzelnen möglichst niedrig gehalten wird.» Die Prinzipien dieser Schulpolitik sind eindeutig: Die Schule soll auf den Mangel an Arbeitsplätzen dadurch reagieren, daß sie ihre Schüler zu gut ausgestatteten Konkurrenten am Arbeitsmarkt macht – wissend, daß ein bedeutender Teil von ihnen von vornherein dabei keine Chancen haben wird. Daß dies den Betroffenen nicht einmal mehr gesagt werden soll, ist noch ein zusätzlicher Akzent dieser Schul- und Jugendpolitik. So schreibt zum Beispiel der baden-württembergische Kultusminister im März 1984 an die Bundesministerin für Bildung und Wissenschaft: «Viele Jugendliche, die sich derzeit im dualen System befinden oder im Herbst '84 in dieses eintreten, werden nach ihrer Ausbildung keinen Arbeitsplatz finden oder bei der Arbeitssuche auf große Schwierigkeiten stoßen. Ich halte es daher für politisch nicht klug, jetzt in einer Ausarbeitung (der Bund-Länder-Kommission für Bildungsplanung; die Verf.) den Jugendlichen, die ohnehin zu einem Teil verunsichert sind, diese Situation ‹schwarz auf weiß› vor Augen zu führen. Dadurch würde die bereits jetzt bei Teilen der Jugendlichen bestehende pessimistische Grundstimmung noch weiter verstärkt werden» (Mayer-Vorfelder 1984).

Szenario B: Weniger Arbeitsteilung – mehr Qualifikation

Die zuvor von uns skizzierte Politik läuft letztlich darauf hinaus, daß man sich damit abfindet, ganze Bevölkerungsschichten nicht mehr integrieren zu können (Negt 1984, S. 48ff.). Das Bildungssystem soll dazu seinen Beitrag liefern, indem es selegiert und eine individualisierende Schuldzuschreibung vornimmt. Gegen diese Funktionszuweisung für die Schule wenden wir uns. Wir meinen, daß die Schule im Rahmen der globalen Entwicklung der Arbeitsteilung eine andere Funktion übernehmen kann, daß sie einen Beitrag leisten kann und muß zur Wahrung einer gesellschaftlichen Option für eine andere Art der Arbeitsteilung als die, die auf die Marginalisierung vieler hinausläuft. Eine derart orientierte Schulentwicklung kann sich an vier Tatbeständen ausrichten.

Zum einen: Durch eine konsequent vorangetriebene Verkürzung der Arbeitszeit (sei es Wochen-, Jahres- oder Lebensarbeitszeit) kann allen Menschen, die Erwerbsarbeit suchen, auch Arbeit gegeben werden. Dies begründet die Fortsetzung einer Schulentwicklung, bei der alle Heranwachsenden gebildet und ausgebildet werden und bei der sich die Inhalte des schulischen Lernens nicht immer mehr an einem vagen Freizeitbereich orientieren.

Zum zweiten: Die arbeitssoziologischen Studien haben aufgezeigt, daß in Produktion und Verwaltung eine Tendenz zur Aufgabenintegration besteht, die mit hohen Ansprüchen an die Qualifikation der Arbeitnehmer verbunden ist. Auch deshalb ist es notwendig, an einem Konzept der Schulentwicklung festzuhalten, das auf die umfassende Bildung aller Heranwachsenden setzt. Wenn auch die beobachtete Tendenz zur wachsenden Aufgabenintegration auf den Kernbereich industrieller Produktion und Verwaltung beschränkt bleibt, so gilt doch: In dem Maße, in dem eine Politik der Arbeitszeitverkürzung erfolgreich ist, steigt die Nachfrage nach Arbeitnehmern insgesamt – und darunter auch die nach qualifizierten Arbeitnehmern.

Wie stark diese Einsicht inzwischen verbreitet ist, wird aus einem Vortrag deutlich, den die Bundesministerin Wilms Anfang 1985 auf einer CDU-Fachtagung über «Frauenbeschäftigung und neue Technologien» hielt. Unter der Überschrift «Qualifizierung notwendiger denn je» formuliert sie: «Wir müssen dafür Sorge tragen, daß nicht infolge der neuen Techniken ein zweigeteilter Arbeitsmarkt an Qualifizierten und Unqualifizierten entsteht, wobei die Unqualifizierten womöglich dann die Frauen sind.» (1985b, S. 3). Und, so argumentiert sie weiter, wobei diese Unqualifizierten am stärksten von Arbeitslosigkeit bedroht seien. Unbeschadet aller Warnungen vor «Überqualifikation» scheint es einen Konsens darüber zu geben, daß eine fundierte Bildung und Ausbildung die beste individuelle Vorsorge gegen Arbeitslosigkeit ist.

Bei der Einschätzung der künftigen Qualifikationsnachfrage muß auch berücksichtigt werden, daß in den kommenden Jahren – demographisch bedingt – immer weniger junge Menschen in das Beschäftigungssystem neu eintreten werden: 1960 waren 37,5% der Deutschen, die dem Arbeitsmarkt zur Verfügung standen («Erwerbspersonenpotential»), unter 30 Jahre alt, 1980 galt dies nur noch für 30%, und im Jahr 2000 werden dies lediglich noch 20% sein (Schnur 1983, S. 10). Für das Beschäftigungssystem bedeutet dies, daß sich in den kommenden Jahren der jährliche Zugang neu ausgebildeter Arbeitnehmer und -nehmerinnen radikal vermindern wird. Wenn dies die Innovationsfähigkeit im Beschäftigungssystem nicht erheblich beeinträchtigen soll, muß die Qualität der Schulausbildung bei den relativ wenigen, die jährlich noch in dieses Beschäftigungssystem eintreten werden, gegenüber dem vergangener Jahre weiter gesteigert werden.

Des weiteren: Die Tatsache, daß weder Arbeitszeitverkürzung noch Humanisierung des Arbeitslebens durch Aufgabenintegration gesellschaftliche «Selbstläufer» sind, sondern daß beides – als Einheit begriffen – erstritten werden muß, erfordert Menschen, die ihre Forderung in der betrieblichen und überbetrieblichen Mitbestimmung vorbringen und durchsetzen können, die sich ihrer Kraft bewußt sind und die diese einzusetzen wissen. Auch dies setzt eine umfassende, vor allem auch gesellschaftskritische Bildung aller Heranwachsenden voraus.

Und schließlich: Die Tendenz zum Anwachsen der erwerbsfreien Zeit, die sich im Maße einer erfolgreichen Politik der Arbeitszeitverkürzung fortsetzen wird, kann nur in einen Zuwachs persönlicher und gesellschaftlicher Freiheit umgemünzt werden, wenn nicht wahr wird, was Nell-Breuning befürchtet, nämlich «daß die Menschen, wie ich manchmal boshaft formuliert habe, den einen Teil ihres Daseins sich ausbeuten lassen im Produktionsprozeß und den anderen Teil ihres Lebens, weil sie mit ihrer Freizeit nichts anzufangen wissen, sich ausbeuten lassen von der Freizeitindustrie» (1984, S. 120).

Zukunft der Arbeit – Zukunft der Bildung

Unsere Überlegungen zu Arbeitsteilung und Qualifikation haben uns zu vier außerschulischen Bezugspunkten – Arbeitszeitverkürzung, Aufgabenintegration, Mitbestimmung, autonome Gestaltung der erwerbsfreien Zeit – geführt, die insgesamt begründen, daß sowohl die Heranwachsenden als auch unsere Gesellschaft zur Bewältigung künftiger Aufgaben nicht weniger, sondern mehr Bildung brauchen. Das Ensemble dieser vier Bezüge leistet aber mehr als die bloße Begründung fundierter Bildung für alle, es liefert zugleich auch erste Hinweise zu deren inhaltlicher Ausrichtung: Bildung, die auf das breite Spektrum von Arbeit, gesellschaftlichem Leben und Muße ausgerichtet sein soll, darf in den allgemeinbildenden Schulen nicht frühzeitig einsetzende Spezialbildung sein. Sie muß Grundlagen zur selbständigen Orientierung in allen Lebensbereichen bieten, sie muß in diesem Sinne Allgemeinbildung sein. Wir deuten damit ein Bildungsverständnis an, das wir in unserem abschließenden Kapitel weiter ausführen werden.

Bildung, die den Bezug zur Erwerbstätigkeit bewahren soll, darf als berufliche Erstausbildung nicht voreilig auf betrieblich direkt verwertbare Qualifikationen ausgerichtet sein. Berufliche Erstausbildung muß vielmehr in allererster Linie eine breit angelegte berufliche Grundbildung vermitteln, die den einzelnen in die Lage versetzt, Änderungen der Anforderungsprofile seines Berufes mitzuvollziehen und, was wichtiger ist, mitzugestalten.

Bildung, und zwar Allgemein- und Berufsbildung, die dynamisch in die Entwicklung der Arbeit, ihrer Organisation wie ihrer Teilung, einbezogen ist, muß eine dauernde Fortsetzung in der Weiterbildung finden. Nur dann werden Arbeitnehmer nicht nur zum bloßen Objekt technologischer Entwicklung, wenn sie Gelegenheit haben, ihr «Schulwissen» immer wieder zu erneuern, anzupassen und auszuweiten. Voraussetzung dafür sind zum einen motivierende Lernerfahrungen in der Schulzeit. Wir wissen aus zahlreichen Untersuchungen, daß die Motivation zur Teilnahme an Weiterbildung bereits in der Schulerfahrung des einzelnen begründet wird. Erfolgreiche Weiterbildung muß deshalb an eine gelungene Schulzeit anknüpfen (Strzelewicz u. a. 1966). Zum anderen setzt Weiterbildung den Ausbau entsprechender Bildungsangebote voraus. Diese müssen, sollen sie tatsächlich den Bedürfnissen des einzelnen Arbeitnehmers entsprechen, öffentlich kontrolliert bleiben. Gegenwärtig scheint es allerdings, daß die Bedeutung der Weiterbildung für die künftige Entwicklung der Wirtschaft und für die Sicherung von innerbetrieblicher Macht sehr unterschiedlich bewertet wird: Während die Privatwirtschaft in den wenigen Jahren von 1980 bis 1983 die Ausgaben für Berufs- und Weiterbildung erheblich gesteigert hat (der Anteil dieser Ausgaben am Bruttosozialprodukt stieg von 1,04% auf 1,75%), sank der Anteil, den öffentliche Ausgaben für Weiterbildung am Bruttosozialprodukt haben, von 1980 ohnehin nur 0,15% auf 1983 nur noch 0,14%. Der Vergleich der absoluten Ausgabenbeträge für Maßnahmen der Weiterbildung verdeutlicht die Gewichte: Die Privatwirtschaft gab 1983 hierfür 9,2 Milliarden DM aus, die «öffentlichen Hände» dagegen nur 2,4 Milliarden DM (vgl. zu diesen Daten BMBW 1984, S. 218).

Insgesamt leiten wir aus unseren Überlegungen zum Verhältnis von Arbeitsteilung und Qualifikation eine zentrale Forderung für das Bildungswesen ab. Es soll sich in all seinen Phasen – also in Allgemeinbildung, beruflicher Grundbildung und Weiterbildung – in gleicher Weise an der Arbeit, am Leben in der Gesellschaft und an den Muße-Bedürfnissen des einzelnen in seiner erwerbsfreien Zeit orientieren. Eine solche Perspektive, die eine fundierte Bildung und Ausbildung aller Arbeitnehmer einfordert, wäre zwar nicht mehr Bestandteil einer klassischen Wachstumspolitik, wie dies in der Humankapital-Schule der Wachstumstheorie eine Zeitlang gelehrt wurde, aber sie wäre auch nicht bloß idealistischer Ausfluß einer «Bildung-ist-Bürgerrecht»-Forderung. Vielmehr führt ein solcher Ansatz zum einen die Entwicklung fort, die über Struktur- und Curriculumreformen allen Heranwachsenden gleiche Bildungsmöglichkeiten bieten will; darüber hinaus stellt er sich auf die geänderten Gegebenheiten ein und versucht, Qualifikationssicherung mit Arbeitsmarktpolitik zu verbinden. Dies alles soll helfen, das Schlagwort von der sozialen Beherrschung des technischen Fortschritts mit Sinn zu füllen. Indem wir für ein solches Konzept plädieren, erinnern wir zugleich daran, den traditionellen Bildungsauftrag der Schule emanzipatorisch zu verstehen, die Menschen in ihrer – technologisch gesehen – «Antiquiertheit» (Anders 1983) so zu bilden, daß sie gegenüber den unabsehbaren technologischen Entwicklungen autonom bestehen können.

2.3. Neue Medien und Sozialisation

Im vorangehenden Kapitel haben wir uns mit dem Einfluß der Mikroelektronik auf Produktions- und Verwaltungsverfahren, also auf Kernbereiche der Arbeitswelt, beschäftigt. Dabei haben wir versucht, herauszuarbeiten, welche Folgerungen aus unterschiedlichen Entwicklungslinien in der Arbeitswelt für die Schulentwicklung zu ziehen sind. Wir wollen uns nun einem Bereich zuwenden, der sich, ebenfalls von der Mikroelektronik beeinflußt, wandelt: dem der «neuen Medien».

Auf dem Felde der Übermittlung und der Vermittlung von Informationen gab es im Verlauf der Geschichte immer neue Entwicklungsschübe, die den Zeitgenossen – soweit sie sich selbst im Ablauf der Geschichte begriffen – «neu» und epochal erscheinen mußten: Dies gilt für die Erfindung der Schrift und später papierähnlicher Schriftträger; dies trifft für die Erfindung des Buchdrucks mittels beweglicher Lettern zu; dies findet sich wieder bei der Erfindung des Rundfunks und zuletzt auch bei der Entwicklung des Fernsehens in den fünfziger Jahren. Wenn gegenwärtig, immerhin mehr als dreißig Jahre nach Ausbreitung des Fernsehens, von neuen Medien gesprochen wird, so muß zunächst einmal deutlich gemacht werden, worin eigentlich das «Neue» liegt: Neu sind an den neuen

Medien nicht so sehr ihre einzelnen Elemente, sondern ihre technologische Weiterentwicklung mit bisher unvorstellbaren Leistungssteigerungen und vor allem die Verknüpfungsmöglichkeiten dieser einzelnen Elemente.

Das Fernsehen, ein auch weiterhin zentraler Bestandteil der neuen Medien, hat die in seiner Erfindung begründeten Potentiale zunächst einmal technisch gesteigert: Die Geräte wurden kleiner, die Bildqualität verbesserte sich, das Farbfernsehen setzte sich durch, die gesunkenen Preise erlaubten mehr oder weniger allen Haushalten die Anschaffung eines Gerätes. Gleichzeitig vervielfachte sich das Programmangebot zunächst über die Einrichtung zusätzlicher ausgestrahlter Programme und gegenwärtig durch die Verbreitung des Kabelfernsehens. Schließlich ergab sich die Möglichkeit individuell gestalteter Programme durch die Erfindung von Aufzeichnungsgeräten für den Hausgebrauch und, im Gefolge davon, durch den Vertrieb aufgezeichneter Sendungen («Videos»). Programmfülle, individuelle Programmauswahl und Wiederholbarkeit von Programmen charakterisieren zusehends das Fernsehen.

Unabhängig vom Fernsehen entwickelte sich seit den vierziger Jahren die Technik der Datenverarbeitung. Durch grundlegende Veränderungen in der Computertechnik von Relais- über Röhren- zur Chipsteuerung und vor allem auch durch die Verbilligung der Bauteile ist es möglich geworden, daß Geräte der Datenspeicherung und -verarbeitung in immer mehr Bereiche aus Produktion, Verwaltung und Dienstleistung vordringen. Seit wenigen Jahren erobern sie sich als Heimcomputer ihren Platz in den Privathaushalten – arrondiert mit Ergänzungsgeräten wie Bildschirm (Monitor), leistungsstarken Speichern (Floppy) und Druckern. Die damit eingeleitete Entwicklung scheint erst am Anfang zu stehen, denn Geräte, deren Leistungsfähigkeit die heutigen Computer weit übertrifft, sind im «Anmarsch»: so können computergesteuerte Bildplatten heute schon über 50000 Buchseiten speichern, eine Textmenge, die die des «Großen Brockhaus» übersteigt; sie können stehende und bewegte Bilder sowie Texte, Daten und Töne gleichzeitig bereithalten. Alle diese sehr unterschiedlichen «Informationen» werden in digitaler Form gespeichert und können daher beliebig kombiniert und selektiv abgerufen werden. Das System kann so programmiert werden, daß es stärker um Bilder angereicherte Textpassagen enthält, um langsameren Lesern gerecht zu werden, oder aber so, daß es mehr auf den bloßen Text ausgerichtet ist, um schnelleren Lesern entgegenzukommen. Die Zusammenstellung von Programmen kann jeder Nutzer selber beeinflussen – durch die Eingabetastatur oder durch einen von Computerspielen bekannten Joystick. Von dem interaktiven Charakter dieser computergesteuerten Bildplatte kann man sich eine plastische Vorstellung machen, wenn man an die Autorennspiele denkt, die seit längerem in Spielhallen stehen! Bisher konnte man die Geschwindigkeit des eigenen Autos und dessen Kurs manipulieren, jetzt sind auch Interaktionen möglich: Wenn man sein Auto beschleunigt, fahren auch die anderen Rennwagen schneller, wenn man eine Kurve schneidet, reagieren die anderen darauf, ja man kann die Spur wechseln, und die anderen Fahrzeuge reagieren darauf.

Auch wenn die hier angesprochenen Möglichkeiten der «intelligenten» Bildplatte aus Kostengründen vorerst nicht bis in private Haushalte vordringen werden, so wird an ihrem Beispiel doch deutlich, welchen Stand der Technik Datenspeicherung und -verarbeitung in Verbindung mit Möglichkeiten des Sichtbarmachens durch Bildschirme haben. Gekennzeichnet ist diese Datentechnik durch fast grenzenlose Speichermöglichkeiten, durch immer einfachere Verfahren des Zugriffs auf diese Daten sowie ihrer Bearbeitung und schließlich durch eine Preisentwicklung, die immer mehr Haushalte veranlaßt, Heimcomputer zu erwerben.

Dies alles, das Fernsehen mit seinen Ausweitungen und die Datenverarbeitungsgeräte mit ihren Zusätzen, entfaltet seine volle Wirkung aber erst durch die gesteigerten Möglichkeiten der Informationsübertragung von einem zum anderen Ort. Auch dabei ging es zunächst einmal um die Verbesserung etablierter Techniken: Auch das Telefon, der Fernschreiber, der Kabelfunk sind längst vertraute Verfahren der Übermittlung von Informationen. Erst die Bündelung dieser Verfahren, die Steigerung ihrer Leistungsfähigkeit etwa durch neuartige Kabel oder durch Digitalisierung des «alten» Telefons und schließlich ihre Indienstnahme für die Vernetzung von Fernsehen, Heimcomputern, zentralen Rechnern führt zur Schaffung einer umfassenden Infrastruktur der Informationsspeicherung und -verarbeitung sowie des Informationsaustausches. Eingebettet in eine solche Infrastruktur wird der Heimcomputer zum Spielzeug, zum Rechner, zum Arbeitsplatz, zum Einkaufsstand, zum Bankschalter und nicht zuletzt zum Nachhilfelehrer. Am Ende dieser Entwicklung entsteht ein Gefüge, innerhalb dessen Menschen mit Systemen, Systeme mit Systemen, Menschen mit Menschen «kommunizieren». Diese Infrastruktur könnte die Basis für das Heraufziehen einer neuen Gesellschaftsformation, der sogenannten Informationsgesellschaft, sein.

«Man muß die Menschen so belehren …

… als ob man sie nicht belehrte, und unbekannte Dinge vortragen, als seien sie nur vergessen», meinte der englische Dichter Alexander Pope.

Sicherlich erinnern Sie sich an die beliebteste und effektivste Art zu sparen?

Auf dem Weg zur «Informationsgesellschaft»?

Der Begriff «Informationsgesellschaft» stammt aus der Informatik und nicht aus den Sozialwissenschaften. Ein Teil der Sozialwissenschaftler spricht seit einiger Zeit von «post-» bzw. «nachindustriellen» Gesellschaften: Diese sind dadurch gekennzeichnet, daß in ihnen anders als in klassischen Industriegesellschaften nicht mehr die Produktion, Verteilung und Konsumtion materieller Güter vorherrschen. An deren Stelle treten zunehmend immaterielle Güter, Wissen und Informationen. Diese haben genau wie materielle Güter Warencharakter, auch sie werden nach Verwertungsgesichtspunkten produziert, verteilt und konsumiert. Für die Zuordnung einer Gesellschaft zum Typus «Informationsgesellschaft» werden in theoretischen Analysen dieses Gesellschaftstyps Berufsgruppen nach informationsbezogenen Berufen, bei denen Informationsbearbeitung die übrigen Tätigkeiten überwiegt, und solchen, bei denen dies nicht der Fall ist, unterschieden. Von «Informationsgesellschaften» wird dann gesprochen, wenn mehr als die Hälfte der Erwerbstätigen in Informationsberufen arbeiten und wenn über die Hälfte des Volkseinkommens von solchen Berufen erwirtschaftet wird. Danach sind die USA schon seit einigen Jahren als «Informationsgesellschaft» zu bezeichnen, Japan und die westeuropäischen Industrienationen werden diesen Zustand noch in diesem Jahrzehnt erreichen (vgl. Deutsch 1984, S. 34). Daß diese Entwicklung in der Bundesrepublik in vollem Gange ist, läßt sich überall ablesen: Heimcomputer waren das große Weihnachtsgeschäft 1983/84; ein Videogerät besaß 1984 jeder siebente Haushalt; TV-Computer dominieren die Spielhallen, finden sich aber auch schon in Schnellimbißläden; Telebuchungen werden bei den Stadtsparkassen erprobt und sind bei den Kabelfernseh-Regionen für alle Banken vorgesehen; das Satellitenfernsehen hat soeben begonnen; der Bildschirmtext (Btx) ist 1983 per Staatsvertrag in der ganzen Bundesrepublik eingeführt worden; das Telefonnetz wird gerade digitalisiert.

Alvin Toffler beschreibt diese «Informationsgesellschaft»; er traut den Menschen in der «alten» Industriegesellschaft nicht mehr zu, mit der augenblicklichen Informationsflut fertig zu werden. Eine «kognitive Katastrophe» drohe: «In unserer Mitte explodiert eine Informationsbombe. (...) Die rasante Geschwindigkeit, in der sich unsere Bilder und Eindrücke formen, bringt es mit sich, daß die Zeitspannen, für die sie gelten, immer kürzer werden. Wegwerfkunst, billige Fernsehkomödien, Polaroid-Schnappschüsse, Fotokopien und Graphikserien tauchen auf und verschwinden. (...) Wir empfangen keine langen, aufeinander bezogenen

Ideen‹stränge›, die man für uns gegliedert oder zusammengefügt hat, sondern wir sind immer häufiger kurzen, signalartigen Informationen ausgesetzt, wie Werbespots, Befehlen, Theorien, bruchstückhaften Nachrichten, ungestalten Brocken von diesem und jenem, die sich nicht ohne weiteres in vorhandene geistige Schablonen einordnen lassen. Die neuen Eindrücke widersetzen sich einer Klassifizierung, da sie mit unseren alten begrifflichen Kategorien nicht faßbar sind, aber auch deshalb, weil sie uns in fremden, flüchtigen und unzusammenhängenden Verpakkungen gegenübertreten. Die Menschen ... kommen sich in dieser ‹Signalkultur› wie in einem Irrenhaus vor, ja, fühlen sich sogar von ihr angegriffen und reagieren mit unterdrücktem Zorn auf Medien» (Toffler 1980, S. 169ff.).

Was hier beschrieben wird, haben Horkheimer und Adorno (1947) schon Ende der vierziger Jahre als Massenkultur, die von der Kulturindustrie erzeugt wird, diagnostiziert. Damals stand die Kulturindustrie allerdings erst am Anfang, mit den neuen Medien wird sie zur Schlüsselindustrie.

Toffler läßt sich von dieser Entwicklung jedoch nicht erschrecken. Er sieht verheißungsvolle Gegenbewegungen und einen «neuen Menschen» entstehen. Ausdruck von Gegenbewegungen sind für ihn «entmasste Medien» («de-massified media») wie Mini-Zeitschriften, Regionalzeitschriften, Stadtteilzeitungen und andere mehr, die auch in der Bundesrepublik wie die sprichwörtlichen Pilze aus der Erde geschossen sind und die ohne neuartige, schnelle und billige Druck- und Textverarbeitungsmaschinen nicht herstellbar wären. Zu den «entmassten Medien» gehören ferner lokale Rundfunkstationen, Piratensender, gegenkulturell orientierte Musik-Aufnahme-Studios und Plattenpressen. Schließlich zählt Toffler auch Videospiele, Bildschirminformationsdienste, Videocassetten und Kabelfernsehen dazu (S. 174ff.).

Wie es gelingen soll, die Informationsgesellschaft als «informierte Gesellschaft» zu gestalten und wie Menschen zukünftig lernen können, «sich ihren eigenen Reim auf die Informationsartikel zu machen», verrät Toffler nicht, weiß er vermutlich nicht zu sagen, außer mit dem etwas hilflosen Hinweis auf Gegenwehr. Dies zu leisten, wäre nach bisherigem Verständnis eine charakteristische Aufgabe der Bildungseinrichtungen. Wir wollen deshalb prüfen, welche Antworten von der Schule auf diese Herausforderungen zu erwarten sind. Wir wollen fragen, wie sich die Informationsgesellschaft tatsächlich entwickelt und wie deren thesenhaft formulierten Eigenschaften auf die Schulen einwirken und wie die Schulen darauf reagieren. Auch hier wollen wir uns an eine Antwort herantasten, indem wir verschiedene Szenarios vorstellen. Wir beschreiben damit auch an dieser Stelle alternative «Zukünfte»; sie beanspruchen nicht, abzubilden, was wirklich geschehen wird, sondern sie sollen anstehende gesellschaftliche Weichenstellungen diskussionsfähig machen.

Szenario A: Marktmodell – Freie Bahn dem Tüchtigen

Fachleute sehen in der beschriebenen Koppelung von Bildschirmtext und Bildplatte ein ideales System für die Vermittlung von Lerninhalten. Private und öffentliche Denkfabriken könnten Lernprogramme («Teachware» genannt) für die Schule und für das häusliche Lernen bereitstellen. Eine solche Teachware fällt nicht mehr wie bei Btx hinter den Standard des bewegten Bildes zurück, die Möglichkeit zur Interaktion simuliert lebendige Wirklichkeit, und die Vernetzung holt alles auf den eigenen Bildschirm, was irgendwo gespeichert ist. Damit bekommt eine Frage zum erstenmal einen ernsthaften Hintergrund, die bei den «alten» Unterrichtstechnologien wie Lernmaschinen und Lernprogrammen allenfalls rhetorisch gestellt werden konnte: ob nämlich der Lehrer durch Maschinen ersetzt werden könne. Denn die technologische Infrastruktur läßt wirklich werden, was vor kurzem noch als bloße Vision erschien: «Über einen Kanal kommt die Fernsehuniversität ins Haus. Man muß sich einschreiben und eine Studiengebühr entrichten und kann zu Hause Studienabschlüsse nachholen. Dafür erhält man dann zusätzliches Material zum Selbstlernen auf Bildplatte oder als Kassette für den Heimrechner. Auf anderen Kanälen wird dasselbe für den Hauptschulabschluß und das Abitur angeboten. Ebenfalls gegen Bezahlung kann man sich über das Kabel und den Bildschirm fortbilden oder Sprachen lernen. Und für alle denkbaren Lerngegenstände gibt es Videokassetten, Bildplatten und Computerprogramme zu kaufen. Auch Schulen und Universitäten werden zumindest einen Teil ihrer Lehrbücher allmählich durch Bild- und Tonmedien ersetzen. Bildung wird nicht breit gestreut für jedermann, sondern, meist gegen Bezahlung, speziellen Interessenten angeboten» (Schorb 1982, S. 37).

Die Teachware zu entwickeln übersteigt selbstverständlich die Kapazitäten von Schulen und auch Schulverwaltungen; sie werden gemäß der Logik dieses Szenarios Domäne der großen Medienkonzerne. Deshalb werden sie auch meist gegen Bezahlung speziellen Interessenten angeboten. Sie können in Schulen, aber auch zu Hause abgerufen werden, von Schülern, Jugendlichen oder Erwachsenen. Es entsteht ein riesiger Bildungsmarkt, auf dem alle erdenklichen Bildungsgüter beliebigen Kunden angeboten werden – sofern sie die Gebühren zahlen können.

Wenn sich bildschirmorientierte Wissensvermittlung für jedermann durchsetzen sollte, dann gewinnen private Produzenten und Anbieter eine dominierende Rolle. Sie werden gegenüber dem Bildungswesen mit Wissensvermittlungsprogrammen aller Art an Boden gewinnen. Hand in Hand mit dieser Entwicklung wird die Gestaltung des Informationsangebotes nach den Gesetzen des Marktes verfolgt. In einer solchen Sichtweise entwickelt sich die Schule zur Terminal-Station, die man besucht, um sich an Computer-Programmen abzuarbeiten. Es ist dies eine Vision, die von der Computer-Industrie schon heute propagiert wird: «Die ideale Ausstattung eines Unterrichtsraumes wäre eine Ausstattung aller Schüler mit je einem Computer. Erschrecken Sie nicht! – Das ist gar nicht so teuer, wie Sie denken» (Birster 1984, S. 10).

Die damit angesprochene Tendenz zur Privatisierung von Bildung ist bereits heute zu erkennen, sie wird von der Bundesregierung kräftig gefördert. Der Aufbau privater Hochschulen ist hier ebenso zu nennen wie die Gründung einer privatwirtschaftlich getragenen Stiftung «Computer und Bildung», die vermutlich die Aufgabe hat, Hardware und Software möglichst rasch und ohne öffentliche Kontrolle in die Schulen zu bringen.

Den öffentlichen Bildungsangeboten könnte in Gestalt eines privatwirtschaftlichen Wissensmarktes eine mächtige Konkurrenz erwachsen, die zu einer verhängnisvollen Gefährdung des gesellschaftlichen Bildungsauftrages führt. Es entbehrt nicht einer gewissen Ironie, daß diese Trends sich mit bestimmten bildungspolitischen Vorstellungen der «Grünen» (ungewollt) treffen. Der Vorschlag, allen Heranwachsenden staatlich finanzierte «Bildungsgutscheine» zur beliebigen Einlösung zur Verfügung zu stellen (so die «Grünen» aus Baden-Württemberg in ihrem «Info Nr. 5», o. J.), dürfte sich jedenfalls mit den Interessen der Medienindustrie und der Computer-Konzerne decken: Das von Springer oder Bertelsmann angebotene Programm wird zu Hause (oder auch in der Schule) abgearbeitet, die Rechnung begleicht das Kultusministerium nach Vorlage von Gutscheinen.

Was berechtigt nun zu der Annahme, daß eine solche Marktorientierung den gesellschaftlichen Bildungsauftrag gefährdet? Zum einen steht zu befürchten, daß vor allem solche Inhalte nachgefragt werden, die sich leicht und unterhaltsam aneignen lassen, was nicht nur neue didaktische Impulse verspricht, sondern ebenso inhaltliche Verflachung und Qualitätsverlust zur Folge haben könnte. Zum anderen werden solche Inhalte im Vordergrund stehen, die sich probat verwerten lassen, also «instrumentelles Wissen», weniger kritisches, philosophisches oder «zweckfreies» Wissen. Daß «instrumentelles Wissen» bilde, darf mit Fug und Recht bezweifelt werden. Schließlich muß erwartet werden, daß eine marktförmige Organisation der Wissensvermittlung zu hierarchischen Aneignungsformen führt. Dies nicht nur, weil die Nutzung hochwertiger Expertensysteme aus finanziellen oder Geheimhaltungsgründen nur wenigen vorbehalten sein wird, sondern weil die Aneignungsvoraussetzungen ungleich verteilt sind, je nach sozialer Herkunft, Lebenslage und Zeitbudget. Auf einem «freien Bildungsmarkt» werden die Starken vermutlich noch stärker werden und die Schwachen noch schwächer. Die dazu passende Ideologie ist seit langem bekannt: «Freie Bahn den Tüchtigen» hieß es bisher, «Wir brauchen wieder eine Elite» sagt man jetzt.

Szenario B. Kompensationsmodell – Soziale Therapie statt sozialer Beherrschung

Das zweite Szenario brauchen wir uns nicht eigens auszudenken; es liegt in Form eines vielzitierten Buches von Haefner (1982) über die «neue Bildungskrise» schon vor. Haefner geht wie das Szenario A davon aus, daß den neuen Medien eine überwältigende Tendenz zur Entwertung von Schule innewohnt. Er vertritt indes keine Strategien des freien Marktes, sondern versucht eher umgekehrt, sich an die Spitze der Wiederbelebung von Schule zu setzen: Nicht Abschaffung der Schule empfiehlt er, sondern eine bewußte und entschiedene Indienstnahme der Schule für die Zukunftsgesellschaft der neuen Medien, die er nicht «Informationsgesellschaft», sondern «Homuter-Gesellschaft» nennt, als Verschmelzung von «Homo» und «Computer».

Für diese Gesellschaft brauchen wir nach Haefner «Bildung und Ausbildung in allen Schichten und Nationen dringender als je zuvor in der Geschichte der Menschheit», und zwar «zur Verwirklichung eines seelisch stabilen Menschen, der in der Welt der Informationstechnik leben kann» (S. 25). An anderer Stelle heißt es: «Das Bildungswesen muß sich insgesamt verstärkt um die Qualifizierung des Lernenden für ein individuell-menschliches Leben bemühen – auf Kosten der Vernachlässigung des Trainings rational-intellektueller Fakten und Prozeduren» (S. 265). Das erinnert bis in die Formulierung an die mancherorts von der CDU vertretene Politik, die Hauptschule in die Volksschuloberstufe der fünfziger Jahre zurückzuverwandeln, mit wenig Verstand, aber viel Gemüt. Daneben will Haefner «einen zweiten wichtigen Schritt auf dem Weg in ein neues Bildungswesen» (S. 271) gehen: Das Bildungswesen soll «sich um den Aufbau geeigneter Datenbanken und sinnvoller, interaktiver Benutzersysteme kümmern. Das Bildungswesen konnte es sich bisher leisten, alle Formen computerunterstützten Unterrichts zurückzuweisen und links liegenzulassen, solange die Hardware so teuer war, daß keinerlei Chance bestand, daß der Schüler *privat* derartige Lernmittel nutzen konnte. Diese Situation hat sich geändert» (S. 271). Was Haefner will, so scheint es bisher, ist ein Bildungssystem, das auf die Informationsgesellschaft vorbereitet, indem es weniger Wissen und ein geringeres Maß an Rationalität bzw. Intellektualität vermittelt, dafür aber ein Gefühl des Wohlbehagens, verbunden mit einer Einübung in die Bedienung und Nutzung neuer Medien. Wer sich an dieser Stelle Sorgen um die Leistungsfähigkeit der deutschen Wirtschaft macht, sei beruhigt: Haefner denkt auch daran. Die Gesellschaft benötigt, so schreibt er, auch Menschen, «die in der Lage sind, mit Kreativität und Genialität jenseits der Leistung der Informationstechnik diese selbst und die Homuter-Gesellschaft voranzubringen. (...) (Deshalb) muß eine klare Differenzierung und eine intensive Förderung der Elite eingeführt werden» (S. 274). Gesamtschulen kämen allein deshalb nicht in Frage, weil sie «die Ausbildung der notwendigen geistigen Elite ... vernachlässigen» (S. 26).

Man erkennt erst jetzt, worauf Haefners Homuter-Schule hinausläuft: Eine kleine Elite, die Haefner bezeichnenderweise die «Nicht-Programmierbaren» oder «Unberechenbaren» nennt, soll in Eliteschulen alles das lernen, was sie braucht, um alles managen zu können. Die große Masse der Schüler soll auf die Freizeit in der «Homuter»-Gesellschaft vorbereitet, soll letztlich sozialpädagogisch und sozialhygienisch betreut werden. Denn die Lebensumstände könnten dann noch weniger als heute geeignet sein, «seelische Stabilität» aus sich heraus gedeihen zu lassen. Mit Bildung hat die «Homuter-Schule» nichts mehr zu tun: Sie ist eher eine modernisierte Fassung des klassischen konservativen Beschulungsprojektes: Eine selbsternannte Elite soll qualifiziert, die «Masse» angepaßt werden, auch wenn das mit Erziehung zu Kreativität und zum «eigentlichen Menschen» verbrämt wird.

Kreativität und Musisches erfüllen hier eine rein kompensatorische Funktion, da sie in den Bereich des Nicht-Rationalen verdrängt werden. Das entpolitisiert und entmündigt. Denn kreativ und kritisch ist man dann nicht mehr im Bereich der Planung und Steuerung von Produktion und Politik, sondern im Bereich der Hobbies. Soziale Beherrschbarkeit der neuen Medien ist für die «Masse» gar nicht mehr möglich, wenn die Kompetenzen dazu fehlen; sie verschwindet darüber hinaus als Thema, weil sie im kreativ-musischen Bereich gar nicht mehr vorkommt. Haefners Schulmodell etabliert ein dualistisches, ein gespaltenes Bewußtsein, das in eine rationale und nicht-rationale Hälfte zerfällt. Diese Aufteilung des Bewußtseins auf zwei Welten verkennt die anthropologisch grundlegende Erkenntnis, daß sich in der Menschheitsgeschichte Rationales und Irrationales, Verstand und Gefühl gerade aufeinander beziehen. Verstand bleibt ohne Gefühl kalt, und Gefühl ist ohne verständige Deutung dumpf.

Neue Medien und die Ziele der Schulreform

Die beiden Szenarien sind möglicherweise etwas apokalyptisch geraten. Ohne Zweifel betonen sie stark die Gefahren und Probleme der neuen Medien und lassen die damit verbundenen Chancen in den Hintergrund treten. Darüber hinaus gibt es gute Gründe anzunehmen, daß sich die Institution Schule, daß sich Schüler und Lehrer, gegen ein schrankenloses Eindringen des Computers in den schulischen Lernprozeß wehren werden. Wir werden diese Argumente im nächsten Abschnitt aufnehmen, im Moment möchten wir sie jedoch bewußt vernachlässigen.

Ob die neuen Medien in der beschriebenen Weise den schulischen Lernprozeß umgestalten werden, muß wohl als offen gelten. Desungeachtet ist es möglich, begründete Spekulationen darüber anzustellen, welche Auswirkungen mit einer zunehmend mediatisierten Sozialisation verbunden sein werden. Diese Spekulation ist insofern begründet, als sie das verfügbare Wissen über schulische Sozialisation heranziehen kann. Sie steht unter der Voraussetzung, daß sich – wie in den beiden Szenarien skizziert – die neuen Medien «naturwüchsig» ausbreiten: Sie werden von konkurrierenden Verwertungsinteressen getrieben, nicht von pädagogischen Kriterien geleitet und nicht durch gesellschaftspolitische Vernunft aufgeklärt. Welche Aus- und Rückwirkungen ergeben sich dann für die vier Leitziele der Schulreform?

Hinsichtlich des ersten Leitziels «Abbau von Ungleichheit» ist zunächst mit neuer Ungleichheit zu rechnen. Man sieht heute kaum Mädchen in Computercamps, bei Software-Börsen («User's clubs») oder bei freiwilligen Angeboten von Informatikunterricht; das gilt auch für den Studiengang Informatik. Diese Tendenz ist deshalb besonders fatal, weil – wie wir gezeigt haben – in der Schule die geschlechtsspezifische Ungleichheit der Bildungschancen gerade erst behoben werden konnte.

Abgesehen davon ist heute auch bei den Jungen und Männern eine Wissenskluft festzustellen zwischen einer Minderheit, die über Information und Wissen verfügt, und einer Mehrheit, die, nicht zuletzt bedingt durch soziale Herkunft, sich nur einen geringen Wissensstand aneignen konnte und kaum eine Chance hat, diesen zu mehren; denn zur Wissensaneignung gehört auch die Kenntnis, wie man an Informationsquellen herankommt und wie man diese nutzt.

Die Ausweitung der Fernseh- und Videoangebote wird diese Wissenskluft noch vertiefen. Beobachtungen in den Ländern, die wie die USA, Japan oder Italien bereits über ein vermehrtes Angebot von verschiedenen TV-Programmen verfügen, zeigen, daß dort die Bildungseliten durch gezielte Programmauswahl ihren Wissensvorsprung ausbauen (vgl. National Institute 1982). Sie suchen sich kulturelle und bildende Sendungen aus der Masse der Angebote, und sie haben Kriterien entwickelt, gezielt auszuwählen, so wie es «Gebildete» in der Bundesrepublik auch mit den Dritten Programmen halten. Die Mehrheit jedoch, die bei einem geringen Programmangebot zumindest zufällig ebenfalls auf informative Sendungen stößt, auch deshalb, weil diese als Massenprogramme ständig angeboten werden und leichter aufzufinden sind, werden mit solchen Programmen noch seltener in Kontakt kommen. Wenn nun noch hinzukommt, daß für Informationen über Bildschirmtext und für Bildungssendungen ein finanzieller Beitrag entrichtet werden muß, so wird unübersehbar, daß die Ungleichheit der Bildungschancen zunehmen würde. Einer «Funktionselite» würden neue «funktionale Analphabeten» gegenüberstehen, wie die Enquête-Kommission des Bundestages zu den neuen Medien sie nennt und mit 15 % der Bevölkerung beziffert (vgl. Deutscher Bundestag 1983, S. 120). Hinter diesem kalten Wort verbergen sich Menschen, die des Lesens und Schreibens kaum mächtig sind, ohne Arbeit, aber endlos unterhalten von Kabel-, Satelliten- und Videofernsehen. Auf der anderen Seite soll aber nicht übersehen werden, daß die Medien auch neue Chancen zur Aneignung und Information entfalten. Sie machen den gesamten Kosmos an Daten und Bildern im Prinzip für jeden zu jeder Zeit zugänglich. Wenn allerdings keine besonderen Vorkehrungen getroffen werden, die es allen ermöglichen, mit solchen Möglichkeiten auch umzugehen, dann sind diese Chancen etwa so einzuschätzen wie die von Rollstuhlfahrern, die öffentlichen Verkehrsmittel nutzen zu dürfen.

Das zweite Leitziel «Demokratisierung und Mitwirkung» wird in zweierlei Weise von den neuen Medien gefährdet. Zum einen erlaubt die rasante technologische Entwicklung im Bereich der Datenverarbeitung, ein dichtes und umfassendes Netz von unsichtbarer Kontrolle und Überwachung aufzubauen. In Betrieben und Verwaltungen bieten Personalinformationssysteme neue Kombinationsmöglichkeiten von Personal-, Leistungs- und Betriebsdaten; ähnliches vermögen auch Lehrer- und Schülerdateien in Schulen zu leisten. Ohne wirksamen Datenschutz würden Lehrer und Schüler zu «gläsernen Menschen», deren demokratisches Engagement beobachtet, registriert und im Zweifel auch diszipliniert wird. Daß Datenerfassung und -verarbeitung dieses Typus auch zur Zentralisierung verleitet und dezentrale Mitwirkung außer Kraft setzt, läßt sich schon in Großbetrieben erkennen.

Zum anderen bieten die neuen Medien eine Verführung zur Inaktivität, also auch zu einem Verzicht auf zeitintensive Mitwirkung. Im Beschluß der Konferenz der Jugendminister der Länder zu den Entwicklungen im Bereich des Fernsehens vom 1. 6. 1984 werden die wissenschaftlichen Untersuchungen hinsichtlich der Auswirkungen auf Kinder und Jugendliche gleichsam amtlich ausgedeutet. Dort wird darauf verwiesen, daß in der Gruppe der Vielseher dann, wenn auch weitere Benachteiligungen bestehen, Erscheinungen wie innere Isolation, Verarmung des Familiengesprächs und Verlust einer aktiven Fähigkeit zur Problemlösung verstärkt auftreten. Alle Negativsymptome vervielfältigen sich ungemein, wenn in der Bundesrepublik bis zu 20 TV-Programme angeboten werden (in New York und in einigen anderen Staaten kann man über 70 Programme empfangen).

Das große Angebot an Programmen verführt dazu, daß immer dann, wenn eine Sendung schwieriger wird, umgeschaltet wird in ein anderes, vielleicht leichteres Programm. Informationssendungen, politische Diskussionen o. ä. werden nicht in gleichem Maße angenommen. Die Einschaltquoten sind unter Umständen bei anspruchsvolleren Sendungen zu niedrig, diese informativen Sendungen fallen weg, und übrig bleibt ein «leichtes Programm», durch Werbesendungen unterbrochen. Dieser Trend wird durch Videogeräte noch verstärkt. Sie stellen so etwas wie ein individuelles Privatfernsehen dar, was über die TV-Sehdauer hinaus genutzt wird. Diese Programm-Vielfalt führt außerdem dazu, daß in immer mehr Familien immer mehr Fernseh- bzw. Videoapparate aufgestellt werden, damit jedes Familienmitglied «sein» Programm ansehen kann. Das Gespräch über das Gesehene ist dann nicht mehr möglich, und damit verschärfen sich die negativen Auswirkungen des Fernsehens auf Kinder und Jugendliche.

Das dritte Leitziel «Wissenschaftsorientierung» ist in widersprüchlicher Weise berührt. Zunächst besteht die Gefahr, daß Wissenschaft auf Positivismus verkürzt und Informatik zum Prototyp von Wissenschaft wird. Eine Verkürzung liegt schon vor, sofern Wissen kulturindustriell produziert und das Entstehen von Bedeutung und Sinn nicht sichtbar wird. Tiefes Verstehen setzt Wissen über das Entstehen voraus. Verstehen verlangt, Einzelinformationen in Gesamt-Zusammenhänge einzuordnen. Das droht aus dem Blick zu geraten, wenn beliebig kombinierbare Einzelinformationen überwiegen. Positivistische Verkürzung läßt sich am besten anhand der «Grammatik» von Computerprogrammen zeigen. Für diese ist charakteristisch:

- Orientierung an formallogischen Strukturen;
- qualitative Aspekte werden quantifiziert oder fallen weg;
- Mehrdeutigkeit wird durch formale Eindeutigkeit ersetzt;
- der Primat des Systems über die Teile wird betont;
- die Aufmerksamkeit wird abgelenkt von Bedeutung und hingelenkt zu Strukturen und Regelsystemen;
- bevorzugt werden Operationen, bei denen aus bekannten Bedingungen eindeutige Maßnahmen abzuleiten sind.

Regelgesteuerte Programme und Modelle sind nicht etwa Glanzstücke umfassender Planungsrationalität, sondern Ergebnis von Versuch und Irrtum. Ihre Rationalität ist bestenfalls «positivistisch halbiert», wie Habermas (1969, S. 235ff.) formulierte. Mehr leisten könnten bestenfalls die «künstliche Intelligenz», die «Expertensysteme», die Computer der «fünften Generation». Diese sind jedoch erst in der Planung; ob sie halten, was man sich von ihnen verspricht, ist unklar. Außerdem sind Expertensysteme den meisten kaum zugänglich, weil sie viel Vorwissen voraussetzen und kostenintensiv sind. Nicht die durch Computer verkörperte instrumentelle Vernunft an sich ist zu kritisieren, sondern der Umstand, daß instrumentelle Vernunft mit dem Vordringen der Computer zum vorherrschenden Denkmodus werden könnte: Beim Herstellen von Werkzeugen ist sie zwar angebracht, problematisch wird es aber, wenn der gleiche Modus auch auf die Herstellung von Gedichten, Weltbildern, Stimmungen oder auch von pädagogischen Programmen angewandt wird.

Ein «Imperialismus der instrumentellen Vernunft» (Weizenbaum 1977, S. 337) etabliert ein gespaltenes Bewußtsein, das in eine rationale und eine nichtrationale Hälfte zerfällt. Wenn sich die computerhalbierte Rationalität durchsetzt, kann sie den Menschen zum Anhängsel der Denkmaschine machen.

Umgekehrt begründen die neuen Medien erneut und diesmal unabweisbar, daß eine wissenschaftliche Grundbildung für alle Schüler nötig ist. Dies hat der Präsident der Arbeitgeberverbände, Otto Esser, in einer Festansprache anläßlich des dreißigjährigen Bestehens der Arbeitsgemeinschaft Schule und Wirtschaft gefordert. Die Begründung Essers war ebenso bündig wie zutreffend: Wenn die neuen Medien tatsächlich

Universalmedien sind und alle Bereiche des Alltags durchdringen und wenn sie auf neuer, das heißt im wesentlichen wissenschaftlicher Technologie beruhen, dann müssen auch alle Heranwachsenden mit der zugrundeliegenden Wissenschaft vertraut gemacht werden. Das Problem, das nicht nur bleibt, sondern sich verschärft, ist allerdings: Wie kann Wissenschaftsorientierung gelehrt werden, ohne daß gleichzeitig «positivistisch halbierte Rationalität» gelehrt wird?

Es bleibt noch das vierte Leitziel, «Humanisierung des pädagogischen Umgangs», zu betrachten. Die neuen Medien versprechen Individualisierung des Lernens und Abbau des Autoritätsgefälles zwischen Lehrenden und Lernenden. Dagegen steht, daß persönliche Begegnung und Auseinandersetzung in der Schule heute schon zu kurz kommen und daß diese Tendenz durch den verstärkten Einsatz neuer Medien enorm beschleunigt werden könnte. Selbst wenn dadurch Individualisierung angestrebt wird und lernpsychologisch durchdachte Mensch-Maschine-Programme eingesetzt werden, sind weitere Störungen der interpersonalen Kommunikation zu befürchten: Auch der pfiffigste Telecomputer ist gegenüber dem lustlosesten Lehrer ein lebloses Objekt, ohne Gefühle, ohne Engagement und jederzeit auswechselbar. Lernen vor den und mit den Medien bringt dann, wenn es zeitaufwendig ist, Isolierung mit sich, Verarmung im zwischenmenschlichen Bereich. Direkte Gespräche und unmittelbare Begegnungen, deren Bildungswert ebenso hoch zu schätzen sind wie deren Bedeutung für eine demokratische Öffentlichkeit, würden seltener werden.

Lernen von einem Medium ist zudem etwas grundsätzlich anderes als Lernen von einer Person: Ein Medium wird benutzt, um Informationen abzurufen oder Operationen durchführen zu lassen, man ist dabei Konsument; mit einem Menschen setzt man sich auseinander, und zwar emotional und argumentativ. Das unterscheidet den Lehrer vom perfektesten Teacher-proof-curriculum: Er repräsentiert in seiner Person die Bildungsinhalte; der Lehrer ist buchstäblich selbst das Curriculum. Wenn persönliche Begegnungen seltener werden, entsteht nicht nur im Privaten eine Verarmung, sondern auch im Bereich des Verstehens und Begreifens. Die großen Mengen von Wissen, die sich Menschen bereits heute aneignen müssen, werden nicht mit persönlicher Erfahrung belebt oder an ihr überprüft.

Je mehr die neuen Technologien Kinder und Schüler faszinieren, desto mehr binden sie Zeit, während der Primärerfahrungen gemacht werden könnten, also unmittelbare Begegnungen mit Menschen, Sachen und Ideen. «Telematik» repräsentiert Erfahrungen aus zweiter und dritter Hand, vermittelt Informationen statt Wissen. Informationen überfluten uns heute schon zur Genüge. Woran Mangel herrscht, ist Orientierungswissen, und dafür ist Primärerfahrung die geeignete Quelle. Die Computer- und Videospielwelt schafft «regelgesteuerte Welten» (Turkle 1984, S. 97) *en masse*, während es der realen Lebenserfahrung entspricht, daß fast alle konventionellen Regeln im Alltag versagen und anstelle dessen Einfühlungsvermögen für je spezielle Situationen gefragt ist.

Unsere Untersuchung der Auswirkungen der neuen Medien auf schulische Sozialisation hat bewußt die Gefahren betont und die neuen Möglichkeiten lediglich benannt. Sie ist zu spekulativ, um Gültigkeit im strengen Sinne beanspruchen zu können. Aber die obigen «begründeten» Spekulationen haben doch erkennbar gemacht, welche problematischen Folgen zu befürchten und damit möglichst zu vermeiden sind. Vor diesem Hintergrund entwickeln wir nun ein Szenario C, bei dem unschwer zu erkennen ist, daß wir damit unserer Option, also die von uns gewünschte Entwicklung, darlegen.

Szenario C: Informations- und kommunikationstechnologische Grundbildung statt Computerisierung

Wir gehen hier von einem staatlichen Schulsystem aus, das nicht durch die Angebote der privatwirtschaftlichen Medienindustrie «aufgeweicht» wird, sondern das sich weiterhin um die Einlösung eines Bildungsauftrags für alle Schüler bemüht. Dies unterstellt, daß die Schule sich gegenüber den Versuchen, sie zur Computer- oder Freizeitwelt umzugestalten, als widerstandsfähig erweist. Zugleich unterstellen wir, daß die Schule den Computer als ergänzende Lernmöglichkeit und als Lerngegenstand dann akzeptiert, wenn sich dies für den Bildungsprozeß der Schüler als notwendig und sinnvoll erweist.

Eine solche Bestimmung entfaltet allerdings nur dann Überzeugungskraft, wenn aufgezeigt werden kann, daß es sich nicht allein um eine voluntaristische Setzung der Autoren handelt, sondern daß man mit gesellschaftlichen Bewegkräften rechnen kann, die die Entwicklung in diese Richtung drängen. Genau dies soll im folgenden dargelegt werden. Dabei setzt unsere Analyse bei der Einsicht an, daß sich auch die perfektesten technischen Neuerungen in der Schule nicht von selbst durchsetzen, sondern daß sie von der Institution, von den Lehrern und Schülern akzeptiert werden müssen. An dieser Stelle ist nun zu fragen, ob sich die von Toffler (1980) angesprochenen Gegenbewegungen nicht auch als ein Widerstand gegen eine Computerisierung der pädagogischen Prozesse ausmachen lassen. Erste Anhaltspunkte hierfür lassen sich gewinnen, wenn man einen kurzen Blick auf die jüngere Geschichte der Unterrichtstechnologien wirft; denn in den letzten dreißig Jahren hat sich die Schule gegenüber den jeweils «neuen» Medien als erstaunlich resistent erwiesen (Oettinger 1969): Haben etwa der Film, das Fernsehen oder auch die Videoanlage die didaktischen Vermittlungsformen in der Schule durchdringend verändert oder gar den Lehrer an den Rand gedrängt? Wie viele der in den sechziger Jahren für viel Geld angeschafften Sprachlabore werden heute wirklich noch benutzt, in welchen Schulen ist tatsächlich mit programmierter Instruktion gearbeitet worden? Die Vision einer technisierten Schule wurde in den sechziger Jahren im übrigen nicht weniger vehement vorgetragen als heute. Damals malte man sich eine Schule aus, in der TV-Systeme, Lernmaschinen, Unterrichtsprogramme, Sprachlabore und Einzelarbeitsplätze das schulische Lernen endlich auf das technische Niveau des 20. Jahrhunderts heben sollten (vgl. zum Beispiel Flechsig 1968).

Die Verwirklichung dieser Vision ist in den «goldenen» sechziger Jahren nicht so sehr am Geldmangel gescheitert (es stehen heute genug teure Geräte verstaubt in der Abstellkammer), sondern an der mangelnden Akzeptanz bei Schülern und Lehrern. Fragt man sich aber, welche technischen Neuerungen der letzten zwanzig Jahre für den Unterrichtsalltag akzeptiert wurden, so wird man vor allem auf weniger spektakuläre Erfindungen, auf Fotokopierer und Overheadprojektor, verweisen müssen. Mit diesen Medien können Texte und stehende Bilder präsentiert werden, sie sind damit nichts anderes als eine direkte Weiterentwicklung der Tafel und des Schulbuchs. Diese «alten» Medien und ihre technischen Varianten haben für den didaktischen Prozeß schlichte, aber zugleich unschätzbare Vorteile, auf die jüngst auch v. Hentig (1984, S. 22f.) aufmerksam gemacht hat. Indem wir diese Vorteile noch einmal darlegen, machen wir zugleich auch deutlich, mit welchen Widerständen gegen die Umgestaltung der Schule zur «Computerwelt» zu rechnen ist.

Zum ersten: Fotokopierer und Overhead-Projektor machen den Lehrer nicht von Programmen und Konserven abhängig, sondern erlauben ihm, genau die Inhalte zu präsentieren, die er in dieser Phase des Lernprozesses für die ihm bekannte Lerngruppe als angemessen ansieht. Sie belassen somit die Entscheidungen über Inhalte und Verlauf in personaler Verantwortung; der didaktische Spielraum des Lehrers wird nicht eingeengt, seine methodischen Möglichkeiten werden hingegen erweitert.

Zum zweiten: Ein gedruckter Text oder eine stehende Grafik im Unterricht verlangt nach Analyse, nach Interpretation, nach Verstehen. Sich in Ruhe auf eine Sache einzulassen, um sie zu erfassen und sich auf diese

Weise eine geistige Orientierung anzueignen – das macht die Qualität und das Spezifische des schulischen Lernens aus (wenn es gelingt). Im Unterhaltungswert – im Entertainment – hat die Schule noch nie konkurrieren können, weder früher gegen Zirkus und Puppentheater, noch heute gegen Film, Fernsehen und Computerspiele. Doch in ihrer Fähigkeit, ruhig, gelassen und kontinuierlich das Aneignen von «Sachen» und das Durchdringen von Problemen zu ermöglichen, ist die Schule unerreicht.

Und zum dritten kommt hinzu, daß in der Schule dieses Aneignen von Welt in Kommunikation mit anderen geschieht, daß man sich mit Lehrern und Mitschülern über die Sache austauschen kann, daß dabei persönliche Ansprachen, daß Auseinandersetzungen zwischen Subjekten möglich sind. Dazu gehört auch, daß sich Schüler an der Person des Lehrers, an seiner geistigen Orientierung, reiben und abarbeiten, um selbst einen Standort zu gewinnen. Dies alles wird von Texten und stehenden Bildern am ehesten unterstützt und getragen, Video produziert hier nur allzuleicht Reizüberflutung und Konsumenthaltung; der Computer schließlich verlangt die Abwendung von Lehrern und Mitschülern und die Hinwendung zum Bildschirm.

Es spricht einiges dafür, daß von Schule und Lehrern nur solche technischen Neuerungen akzeptiert werden, die mit einer – wenn man so will – traditionellen Vorstellung von Unterricht verträglich sind: Unterricht als ein Prozeß, in dem Subjekte konzentriert um eine Sache bemüht sind, ohne daß sie dabei von Geräten ferngesteuert werden. Indem die Institution Schule diese Grundstrukturen des Unterrichts verteidigt, verteidigt sie ein Stück ihrer eigenen Autonomie (zum Beispiel gegen den Fremdeinfluß der Medienkonzerne). Indem Lehrer sich weigern, die Planung und Lenkung des Unterrichts an irgendwelche Geräte abzutreten, verteidigen sie ihr Selbstverständnis als verantwortliche und beruflich kompetente Pädagogen.

Erste Ergebnisse der Forschung zu den neuen Medien in den USA zeigen nun, daß mit Widerstand nicht nur von den Lehrern, sondern auch von den Schülern zu rechnen ist. Die anfängliche Computerbegeisterung bei ihnen löst sich sehr bald auf, weil es den Bedürfnissen der Subjekte widerspricht, nur mit einer Maschine zu «interagieren», statt mit anderen gemeinsam zu lernen. Im Ergebnis entsteht bei den Schülern ein Motivationsverfall, der auch die «besten» Computerprogramme wirkungslos werden läßt (vgl. Clark 1983; Walker 1983). Der Computer als bevorzugtes Lehrmittel findet deshalb nennenswerte Verbreitung nur in der beruflichen Weiterbildung und Umschulung, wo es um lehrgangsmäßige Wissensvermittlung geht und wo Lernbedingungen vorherrschen, gegen die sich Umschüler kaum wehren können. Die Schranken kommunikativer Lernprozesse lassen sich wohl mit Zwang durchbrechen, aber auch dann nur, sofern es sich um lehrgangsmäßige Wissensvermittlung handelt – auf englisch klarer *drill and practise* genannt.

Wer die Schule zur «Computerwelt» umgestalten will, vernachlässigt somit auch die Bedürfnisse der Schüler und stößt auf deren hinhaltenden oder offenen Widerstand.

Aus der Analyse dieses Widerstandspotentials leitet sich eine Tendenz ab, die wir für begrüßens- und für unterstützenswert halten: Auch die neuen Medien werden für den Schulalltag nur dann akzeptiert werden, wenn sie sich als Hilfestellung für einen Unterricht erweisen, der den Subjekten (Lehrern wie Schülern) ihre Handlungs- und Diskursmöglichkeiten beläßt. Sie werden hingegen zurückgewiesen, wenn sie an die Stelle des diskursiven «Aneignens von Welt» das Abspulen eines vorgeformten Programms, das Entertainment oder die Anfrage an eine Datenbank setzen wollen. Die (konservativen) Beharrungstendenzen der Schule verteidigen an dieser Stelle auch ein emanzipatorisches Potential – nämlich die Chance, in Auseinandersetzung miteinander und an der Sache eine geistige Orientierung zu gewinnen.

Es gibt somit hinreichende Hinweise, daß eine Computerisierung des schulischen Unterrichts (als maschinelle Durchdringung des pädagogischen Prozesses) nur gegen den hartnäckigen Widerstand der beteiligten Subjekte durchgesetzt werden könnte. Eine eindeutige bildungspolitische Position gegen eine solche Computerisierung erscheint uns die notwendige Voraussetzung, um dann nüchtern über den Stellenwert der neuen Medien für Schule und Unterricht nachzudenken: Ob Grundlagen der Datenverarbeitung in den Mathematikunterricht eingeführt werden, ob und in welchem Jahrgang Informatik als Fach beginnen soll, ob und welche neuen Medien für die Schule angeschafft werden sollen, dies alles sollte in Unterrichtsversuchen erprobt und (fach-)didaktisch aufbereitet werden. Bei dem gegenwärtigen Stand unserer Überlegungen halten wir es für sinnvoll, einen Kurs zur «informations- und kommunikationstechnologischen Grundbildung» im 8. Schuljahr beginnen zu lassen. Dieser Kursus sollte überfachlich angelegt sein und Inhalte von Naturwissenschaften, Informatik, Sozialwissenschaften und Arbeitslehre aufeinander beziehen. Um insbesondere geschlechtsspezifischen Präferenzen zu begegnen, sollte er nicht als Wahlkurs angeboten werden, sondern verpflichtend für alle Schüler (in allen Schulformen) sein. Es eröffnet sich hier somit ein Feld für eine pragmatische Curriculumreform – nicht mehr, aber auch nicht weniger. Dabei gibt es gegenwärtig überhaupt keinen

Grund für hektische Betriebsamkeit oder gar für die blitzartige Anschaffung von möglichst vielen Computern für möglichst alle Schulstufen. Insbesondere ist kritische Zurückhaltung geboten gegenüber der vielfach erhobenen Forderung, den Schülern schnell eine Art «Computerführerschein» mitzugeben. Dabei werden als Gründe immer wieder die Wettbewerbsfähigkeit der deutschen Wirtschaft und die besseren Chancen des einzelnen am Arbeitsmarkt angeführt. Beide Argumente sind nicht stichhaltig. Denn über die Wettbewerbsfähigkeit der Wirtschaft entscheidet auf diesem Gebiete die Forschung und nicht die Schule. Und im Kampf um die immer weniger werdenden Arbeitsplätze wird der «Computerführerschein» wenig nützen. Weiter vorn haben wir gezeigt, daß Computerberufe prozentual zwar steigen, aber in absoluten Zahlen kaum ins Gewicht fallen. Schnellimbißläden (im Stile McDonalds) werden bis 1990 vermutlich mehr Arbeitsstellen schaffen als die am raschesten steigenden Computerberufe zusammen. Und wer glaubt, durch bessere Computerkenntnisse bessere Arbeitsmarktchancen zu haben, verkennt, daß, wenn alle sich auf Zehenspitzen stellen, keiner besser sehen kann. Wohl aber werden Konkurrenz und auch Apathie (bei den Unterlegenen) zunehmen.

Statt also in kurzatmige Hektik zu verfallen, die einzig und allein der Computerindustrie nützt, ist vielmehr eine gründliche Auseinandersetzung der Pädagogen mit den Bildungsaufgaben notwendig, die sich aus der Verbreitung der neuen Medien ergeben.

Priorität muß in der gegenwärtigen Phase zunächst eine intensive Aus- und Fortbildung der Lehrer haben, die technologisches Knowhow und fachdidaktisches Problembewußtsein vermittelt und eingebettet ist in eine gründliche Aufarbeitung des gesellschaftlichen Umfeldes, in dem die neuen Medien angewendet werden. Dieses hat zeitlichen Vorrang vor einer weiteren Komplettierung des Geräteparks. Nur wenn die Lehrer hinreichend qualifiziert werden, um die Computer in pädagogisch vertretbarer Weise zum Unterrichtsgegenstand zu machen, besteht überhaupt die Chance, Computer in Schulen sinnvoll einzusetzen. Das gilt auch für Unterricht im Fach Informatik. Denn um Informatik unterrichten zu können, müssen erst einmal Informatiklehrer aus- oder weitergebildet werden. Parallel dazu ist es erforderlich, das didaktische Konzept für eine informations- und kommunikationstechnologische Grundbildung zu entwickeln. Dabei gilt als pädagogisches Motiv, daß der Computer zu entmystifizieren ist; denn was in ihm vorgeht, wenn auf der einen Seite Tasten bedient werden und auf der anderen Seite, dem Bildschirm oder Plotter, in Sekundenschnelle Ergebnisse erscheinen, bleibt für Uneingeweihte geheimnisvoll. Die neuen Medien sind so konstruiert, daß sie ihre

Funktionsweise verbergen, daß die dahinterliegenden Techniken, Organisationsstrukturen und Machtverhältnisse uneinsehbar bleiben. Sie treten dem Nutzer lediglich als virtuelles System gegenüber, das das Verhalten des Nutzers vorbestimmt. Kompetenter und kritischer Umgang der Anwender sollte aber über das «blinde» technische Bedienen hinausgehen. Den Computer durch Unterricht für alle zu entmystifizieren, gewinnt in dem Maße an Bedeutung, in dem der Computer zur allgegenwärtigen Basistechnologie wird und somit allen Mitgliedern der Gesellschaft täglich entgegentritt. Eine darauf ausgerichtete Grundbildung darf sich nicht auf die Vermittlung von datentechnischen Einsichten oder Programmierkenntnissen beschränken, sondern muß die Probleme der sogenannten Informationsgesellschaft mit in den Unterricht einbeziehen. Kritisch-reflektierte Konzepte hierfür liegen noch nicht vor. Es ist jedoch dringend erforderlich, diese zu entwickeln, damit den (längst vorhandenen) Vorschlägen der Computerindustrie etwas entgegengesetzt werden kann.

Bei all diesen Vorschlägen für einen kritisch-reflexiven Umgang mit dem Computer in der Schule darf jedoch nicht übersehen werden, daß die neuen Medien bei den Schülern dazu führen, daß diese immer mehr Zeit vor dem Bildschirm verbringen. Langfristig benötigen die Bildungseinrichtungen, um auf diese Herausforderung antworten zu können, nicht mehr Informationsvermittlung und -verarbeitung, sondern mehr konkretes, anschauliches und wirkliches Leben. Denn mediatisierte Kommunikation, elektronische Textverarbeitung, instrumentelles Denken und Fernsehbilder laufen allesamt auf eine weitere Entfremdung des Unterrichts von der Lebenswelt hinaus. Die Bildungseinrichtungen müßten demgegenüber bewußt Erfahrungen aus erster Hand gegen Medienerfahrung aus zweiter Hand setzen. Welche Folgerungen sich hieraus für einen neu zu bestimmenden Bildungsauftrag der Schule ergeben, werden wir im Schlußkapitel behandeln.

2.4. Bedrohung der Lebenswelt und Lernen in sozialen Bewegungen

Bisher haben wir gefragt, wie sich die Veränderung der Arbeit auf schulische Qualifikationsprozesse auswirkt und in welcher Weise die Sozialisation der Kinder durch die neuen Medien beeinflußt wird. Damit wurden zwei Entwicklungslinien betrachtet, auf denen gegenwärtig in dominanter Weise gesellschaftliche Veränderungen stattfinden. Wir konnten zeigen, daß die neuen Technologien in viele Lebensbereiche eindringen und daß von diesen Auswirkungen auch die Schule nicht verschont bleibt. Wenn man auf diese Weise die Auswirkungen gesellschaftlich-technologischer Entwicklungen analysiert, stößt man jedoch auf ein sehr viel grundsätzlicheres Problem: Es geht hier um die Entwicklung des Industriesystems selbst, das auf der einen Seite eine bisher unerreichte Produktivität und gesellschaftlichen Reichtum hervorgebracht hat, das sich aber auf der anderen Seite zu einer globalen Gefährdung der Lebensmöglichkeiten zu entwikkeln droht. Der industrielle Fortschritt hat zu einer zunehmenden Vergiftung natürlicher Lebensgrundlagen (Wasser, Luft, Boden, Lebensmittel) geführt. Zugleich sind im Zuge des technologischen Fortschritts Massenvernichtungswaffen in einem Ausmaß entstanden, das nun die Selbstvernichtung der Menschheit möglich macht. In dem Maße, in dem die ökologische und die atomare Bedrohung immer deutlicher wurden, hat sich vor allem in den westeuropäischen Ländern dagegen Protest und Widerstand artikuliert. In vielfältigen Aktionen – von der Stadtteilinitiative bis zur Bonner Anti-Raketendemonstration 1983 – setzen sich etwa seit Mitte der siebziger Jahre viele Menschen gegen die zerstörerischen Tendenzen der Industriegesellschaft zur Wehr. Diese Aktivitäten schufen sich eigene, neue organisatorische Formen und Ausdrucksweisen. Entstanden ist auf diese Weise ein bunter Strauß von Gruppen in der Alternativ-, Ökologie-, Friedens- und Frauenbewegung. In ihrem Umfeld haben sich die «Grünen» als parlamentarische Partei etabliert. Bei aller Heterogenität läßt sich als gemeinsamer Bezugspunkt dieser «neuen sozialen Bewegungen» die radikale Kritik der industriellen Fortschrittsgläubigkeit ausmachen.

Angesichts der selbstzerstörerischen Kraft von Industrie und Technik wird die (seit der Aufklärung dominierende) Vorstellung aufgegeben, die Selbstbefreiung des Menschen sei durch weitere Naturbeherrschung zu erreichen. Vielmehr ist der Glaube an «technischen Fortschritt», an Zuwachsraten und an Verbesserung des Lebensstandards hinfällig geworden, das in Ost und West seit etwa einem Jahrhundert gültige «industrielle Entwicklungsparadigma» gilt als erschüttert. Dabei wird in den neuen sozialen Bewegungen durchaus nicht ignoriert, «daß wir *faktisch* in einer Welt von Technik und Wissenschaft leben – allerdings mit dem Wissen, daß die lineare Weiterentwicklung *dieser* Form von Technik und Wissenschaft mit der Gefahr der Zerstörung und Vernichtung nicht nur der ‹Umwelt› des Menschen, sondern des Menschen als Gattung verbunden ist» (Hornstein 1984, S. 160).

Vor diesem Hintergrund sind die unterschiedlichen Aktivitäten als

Suchbewegungen für eine alternativ gedachte Zukunft zu verstehen. Dabei geht es nicht nur und nicht vorrangig um Theorieentwürfe, sondern neben politischem Protest vor allem um die praktische Erprobung alternativer Lebensformen. Es werden Entwürfe eines zukünftigen Lebens und einer zukünftigen Gesellschaft zur Diskussion gestellt, deren Grundideen sich in etwa wie folgt formulieren lassen: «Nur in einem neuen Verhältnis zur Natur (ökologische Problematik), zu sich selbst (Autonomie, Subjekthaftigkeit) und zur menschlichen Gemeinschaft (Intimität und Solidarität) kann der Mensch als Subjekt und in Freiheit nicht nur das bloße Überleben (Frieden), sondern auch eine humane Form menschlicher Zukunft sichern» (Hornstein 1984, S. 156).

Der Begriff der «Lebensbewegung» (Beer 1984, S. 42) macht wohl noch am besten deutlich, wie sich diese «neuen» sozialen Bewegungen selbst verstehen und was sie von dem, was traditionell soziale Bewegungen genannt wird, unterscheidet. Während die bedeutenden sozialen Bewegungen im 19. Jahrhundert aus dem Grundkonflikt zwischen Kapital und Arbeit entstanden sind und sich als «Arbeiterbewegung» vor allem auf Verteilungskämpfe um Arbeit, Einkommen, Eigentum und soziale Sicherheit konzentriert haben, werden Verteilungskämpfe in den «neuen» sozialen Bewegungen eher nachrangig behandelt.

Vielmehr läßt sich die Sicherung der Lebensmöglichkeiten für alle und die Verteidigung gewachsener Lebenswelten gegen zerstörerische Eingriffe als gemeinsames Thema dieser «neuen» Bewegungen herausarbeiten. In diesen neuen sozialen Bewegungen sind besonders viele junge Menschen aktiv, vielfach bestimmen Schüler, Studenten und Auszubildende das Bild dieser Gruppen; wir finden hier einen politisch-kritischen Teil der gegenwärtigen Jugendkultur. Nun ist es sicher richtig, daß nur eine Minderheit von Schülern (und Lehrern) in diesen alternativen Gruppen aktiv ist. Doch zeigen sowohl die täglichen Beobachtungen als auch wissenschaftliche Erhebungen, daß gerade Jugendliche sich überdurchschnittlich häufig den Sichtweisen und Zielsetzungen der alternativen Bewegungen verbunden fühlen. So berichtet zum Beispiel die Shell-Studie (1981), daß 76 % der Jugendlichen damit rechnen, «daß Technik und Chemie die Umwelt zerstören werden» (S. 15). Weiter heißt es dort: «Viel Sympathie finden engagierte Protestbewegungen. 50 bis 80 % stehen positiv zu Umweltschützern, Gruppen mit alternativen Lebensweisen, Kernkraftgegnern und Hausbesetzern» (S. 16). 31 % bezeichnen sich selbst als aktive Umweltschützer (vgl. ebenda). Die Sinus-Studie von 1983 berichtet, daß 70 % der Jugendlichen sich als Sympathisanten und 48 % als Angehörige der Alternativbewegung betrachten. Zwei Drittel der befragten 15- bis 30jährigen fühlen sich von der Umweltzerstörung persönlich betroffen und fast die Hälfte davon, «daß immer mehr aufgerüstet wird» (Sinus 1983, S. 38ff.). Ähnliche Einstellungen finden sich häufig auch bei Angehörigen pädagogischer Berufe, bei Lehrern, Sozialarbeitern und Erziehern; sie sind in den neuen sozialen Bewegungen besonders häufig als Aktive anzutreffen (vgl. Hornstein 1984, S. 149). Insbesondere die Aktivitäten der Friedensbewegung haben gezeigt, in welcher Intensität die politischen Sehnsüchte von Schülern und Lehrern hier angesprochen wurden (vgl. v. Dick 1984). Aber auch andere Bezüge zu den neuen sozialen Bewegungen sind durchaus keine Seltenheit: Jugendliche, die bei «amnesty international», bei «Greenpeace» oder in einer «Dritte-Welt-Gruppe» arbeiten; Schülerinnen und Lehrerinnen, die gemeinsam in einer Frauengruppe diskutieren – um nur einige Beispiele zu nennen.

Die neuen sozialen Bewegungen greifen somit in doppelter Weise in den schulischen Sozialisationsprozeß ein: Für eine Minderheit engagierter Schüler und Lehrer bilden sie ein Aktivitäts- und Erfahrungsfeld, das für diese subjektiv höchst bedeutsam ist und aus dem heraus sie auch Bewertungsmaßstäbe für ihr schulisches Handeln ableiten. Die Mehrheit der Schüler hat zwar nur punktuellen Kontakt mit aktiven Gruppen, insgesamt üben die Ideen der neuen sozialen Bewegungen auf die Jugendlichen jedoch eine starke Anziehungskraft aus. Von einer aktiven Minderheit geht hier eine bewußtseinsprägende Problemansprache aus, die damit verbundenen Lebensvorstellungen besitzen eine erhebliche Ausstrahlung für Schüler und auch für Lehrer. Kurz: Die kritischen Utopien der gegenwärtigen Jugendgeneration werden hier entworfen.

Das soeben skizzierte Verhältnis zwischen der Schule und neuen sozialen Bewegungen gewinnt in dem Maße an Brisanz, in dem sich die alternativen Gruppen zunehmend als reales Lernfeld und als sinnhafter Orientierungspunkt für Jugendliche etablieren. Dies trifft für viele Schulen und für viele Jugendliche bereits heute zu. Die Einschätzung, es handele sich dabei um eine eher vorübergehende oder gar «modische» Erscheinung, erscheint uns unzutreffend. Vielmehr lassen sich gesellschaftlich-strukturelle Gründe benennen, die auf eine wachsende Bedeutung der neuen sozialen Bewegungen – auch für die Schule – hindeuten. Prognostisch formuliert: Weil wir es in den nächsten Jahren mit zunehmender Aufrüstung, mit zunehmender Naturausbeutung, weil wir es weiter mit der Unterdrückung von Minderheiten und der Zerstörung von Lebenswelten zu tun haben werden, werden alternative Lebens- und Politikkonzepte an Relevanz und Attraktivität gewinnen. In den neuen sozialen Bewegungen wird in zuvor nicht gekannter Radikalität die Frage nach den Überlebenschancen von Subjekthaftigkeit, aber auch der Menschheit insgesamt gestellt. Diese Frage ist keineswegs «modisch», sondern schält sich mehr und mehr als Grundproblem der gegenwärtigen historischen Epoche heraus.

Es ist übrigens zu vermuten, daß sich die soziale Basis der neuen sozialen Bewegungen in den nächsten Jahren wohl erheblich verstärken wird; denn in dem Maße, in dem gut qualifizierten jungen Leuten nach dem Schul- und Hochschulbesuch der Eintritt in die berufliche Tätigkeit verweigert wird, drängt sich ihnen die Frage nach alternativen Denk- und Lebensformen verstärkt auf. In dem Maße, in dem lokale Initiativen häufiger, «alltäglicher» und auch erfolgreicher werden, gelangen immer mehr Menschen in Kontakt mit diesen Denk- und Lebensformen.

Aus alldem leiten wir ab, daß für die künftige Entwicklung des Lernens in der Schule die Erfahrungen in den neuen sozialen Bewegungen zunehmend an Bedeutung gewinnen. Weil in diesen Bewegungen ein erhebliches emanzipatorisches Potential steckt, erscheint dies zunächst als eine zusätzliche Chance und als Anknüpfungspunkt bei der Realisierung kritischen Lernens in der Schule.

Ob sich ein solches Zusammenspiel zwischen schulischem Lernen und Erfahrungen in den neuen sozialen Bewegungen tatsächlich entfalten kann, stellt sich als wesentliches Problem einer künftigen Schulentwicklung. Wir wollen dem im folgenden nachgehen.

Schule und Schulreform in alternativer Sichtweise

Um herauszuarbeiten, welches Bild vom Lernen in der Schule in den alternativen Gruppen vorherrscht, ist es zunächst notwendig, das emphatische Gegenbild zu betrachten, das zum schulischen Lernen entworfen wird – das «Lernen in Bewegungen»: «Lernen in der Friedensbewegung heißt zuerst: einander zuhören, nach Sinn suchen und am wichtigsten: gemeinsam handeln. (...) Lernen findet doch zuerst dort statt, wo gemeinsam um die Lösung von Widersprüchen oder Problemen gerungen wird und nicht dort, wo ein Fach oder eine Prüfung etwas vorschreibt. (...) Ganz offensichtlich sind die menschlichen Bedingungen in den vielen Gruppen und Initiativen der Friedensbewegung ein optimales Klima für wirkliches Lernen: Dort können plötzlich Menschen verschiedenen Alters und unterschiedlicher Herkunft stundenlang miteinander reden, sich zuhören und auch Aktionen bis hin zu gemeinsamen Reisen zu Großveranstaltungen planen. Dort haben sich Millionen junger und alter Menschen in nur 2–3 Jahren ein Wissen selbst über militär-strategische Theorien und waffentechnische Details angeeignet, das die meisten zumindest selbstbewußt genug gemacht hat, um angesichts von ‹Experten› nicht zu verstummen, sondern um so gezielter nachzufragen» (v. Dick 1984 S. 11f.).

Die im schulischen Lernprozeß häufig anzutreffende Entfremdung gilt in den «Bewegungen» als aufgehoben, statt dessen findet sich eine Situation, die durch persönliche Betroffenheit und durch unmittelbare, gemeinsame Erfahrungen gekennzeichnet ist. Es ist dies eine Situation, die von den Beteiligten als unmittelbare Befriedigung ihrer Bedürfnisse erlebt wird. Mit dieser emphatischen Beschreibung des «Lernens in der Bewegung» ist implizit oder explizit eine Kritik des schulischen Lernens verbunden. Dies klingt bei v. Dick nur vorsichtig an, wird aber in anderen Texten der Alternativbewegung in ungebremster Massivität formuliert. So heißt es zum Beispiel in den bildungspolitischen Programmen der «Grünen»: «Die Schule macht aus den Gehirnen der Kinder geistige, seelische und soziale Kolonien der Industriegesellschaft (LV Hessen ...). Dieses Schulwesen ist ein Instrument zur Erzeugung von Angst, Charakterlosigkeit, Ellbogenverhalten und Phantasiearmut (NRW ...). Die Schüler sind medienverwöhnt, sozial gestört und durch die Schulfabrik frustriert und gestreßt (AG Schule NRW ...). Die Welt des Kindes ist ursprünglich voller Farben und Gefühle, Widersprüche, Bewegung und Gestalten. Die Schule fegt diese Welt leer: macht sie starr, kalt, farb- und geruchlos, flach wie Papier, asozial und gefühllos, gekachelt und abwaschbar (Hessen ...).» (Zit. nach: Preuss-Lausitz/Zimmermann 1984, S. 215).

Diese Sätze könnten beliebig ergänzt werden, sie lassen sich allesamt als eine negative Idealisierung von Schule verstehen: Zum einen besteht ein überraschend ungebrochener Glaube, daß die Schule eine intensive Sozialisationswirkung bei den Kindern und Jugendlichen entfaltet; zum anderen ist völlig klar, daß diese Wirkung ausnahmslos negativ ist. Kurz: Die Schule verdirbt die Kinder. Wenn sich eine solche Sichtweise überhaupt auf eine schulpolitische Position bringen läßt, so zielt diese auf Entstaatlichung oder gar Abschaffung der Schule. Das bestehende Schulsystem befinde sich in einem Zustand, so konstatieren etwa die hessischen «Grünen», «in dem es nicht mehr reformierbar ist» (Zit. nach Preuss-Lausitz/Zimmermann 1984, S. 218f.).

Nun richtet sich die alternative Kritik am bestehenden Schulsystem nicht nur gegen seine äußere Verfaßtheit als staatliche Großinstitution, sondern auch gegen die Vorstellungen von Bildung, die ihm unterlegt werden; denn wenn es richtig ist, «daß die Ursachen für die schwelende

Weltvernichtung letztendlich das Ergebnis heutiger Wissenschaft und Technik sind» (de Haan 1982, S. 104), so liegt ja der Verdacht nahe, daß die Schule mit ihrer «wissenschaftsorientierten Grundbildung» alltäglich ihren eigenen Beitrag zur Weltzerstörung leistet.

Es ist nicht zu verkennen, daß durch solch eine Kritik nicht nur das bestehende Schulsystem, sondern gerade auch die Reformkonzeptionen und -anstrengungen der siebziger Jahre in erhebliche Legitimationsprobleme geraten sind. Häufig entsteht sogar der Eindruck, daß aus einer alternativen Position die Reformbemühungen (und ihre Ergebnisse) schärfer kritisiert werden als das tradierte Schulsystem. So zeichnen zum Beispiel die hessischen «Grünen» das Bild einer «zentralistischen und kinderfeindlichen Mammut-Gesamtschule mit ihren meist lichtlosen, gesundheitsschädlichen Betonbauten. Sie ist mit ihrem einseitigen Kurssystem, das die Schüler technokratisch nach Leistung ... einordnet ... ein Produkt der Lernmaschinerie. Zentrale, große und damit unüberschaubare Gesamt- und Mittelpunktschulen sowie ein differenziertes Kurssystem zerstören das soziale Gefüge. Zunehmend aggressive Verhaltensweisen und steigender Nikotin-, Alkohol- und Drogenkonsum sind zu beobachten» (zit. nach: Preuss-Lausitz 1983, S. 47).

Ein solches Zerrbild der Gesamtschulpraxis dürfte vor allem bei solchen Lehrern auf Zustimmung stoßen, die zugleich ein hohes Maß sozialer Sensibilität und politischen Engagements zeigen. Sie setzen sich nicht (mehr) für die Reform des Schulwesens ein, sie haben häufig sogar «von ‹jeder Pädagogik› die Nase voll ... und (engagieren) sich lieber in konkreten politischen Projekten wie Frieden, Ökologie oder Dritte Welt ...» (v. Dick 1984b, S. 3)

Zwar sieht v. Dick «Lernen in Bewegungen» nicht als Alternative zur Schule, von etlichen Lehrern wird es aber offensichtlich als solche gesehen, und sie entscheiden sich zuungunsten eines schulischen Reformengagements. Wesentliche Teile der Alternativbewegung wollen nicht etwa die Schulreform wiederbeleben, ergänzen oder gar zu Ende führen, sondern etwas daneben oder gar dagegen setzen, das sie bedeutsamer finden: Lernen in sozialen Bewegungen. Die Schule verwerfen sie als «Lernknast», in dem man nichts lernen könne, sondern sich disziplinieren lassen müsse. «Alles was wichtig ist, erlernt man außerhalb der Schule» meinen viele, die in den neuen sozialen Bewegungen arbeiten.

So nachvollziehbar diese Kritik im einzelnen auch sein mag, so authentisch die dahinterstehenden Erfahrungen auch berichtet werden, so sympathisch die Berichtenden und ihr Engagement auch erscheinen – es ist unerläßlich, diese Position selbst kritisch zu sehen. Denn es besteht die

Gefahr, daß hier das Kind mit dem Bade ausgeschüttet wird, daß mit einer solchen Schulkritik auch ein emanzipatorisches Erbe vorschnell auf den Müll geworfen wird. Wir werden daher im folgenden Abschnitt die soeben skizzierte Schulkritik der Alternativen durchleuchten.

Schulkritik der Alternativen – kritisch betrachtet

Kritisch betrachtet werden muß zunächst einmal der Stellenwert unmittelbarer Erfahrungen, deren Lernpotential von einem beträchtlichen Teil der neuen sozialen Bewegungen maßlos überbewertet wird. Max Frisch pointiert in seinem Tagebuch II den Einwand, wenn er schreibt: «Erfahrung macht dumm ... Diese Parole hat eine gewisse Richtigkeit; sie beruht auf Erfahrung.» Erfahrung als solche, als «unschuldige», macht jedenfalls nicht automatisch schlau. Das ist auch der Grund, warum unterschiedliche Menschen aus der gleichen Erfahrung unterschiedliche Schlüsse ziehen. Erfahrung muß verarbeitet, das heißt interpretiert werden, und zwar vor einem Fundus «bewährten» Wissens. Um den Fundus des Wissens ausschöpfen zu können, muß er nicht nur zugänglich sein oder mindestens doch zugänglich gemacht werden, vor allem müssen die Methoden und Verfahren der Nutzung des Wissensbestandes und der Aufschlüsselung von Erfahrungen vorhanden sein, ebenso die Methoden und Verfahren zur Überprüfung der Triftigkeit von Interpretationen: Will man nicht von vornherein Dogmatiker sein, begegnen einem Erfahrungen ja in zwar nicht beliebiger, aber dennoch in interpretationsoffener Weise. Aber welche Interpretation ist der Erfahrung angemessen? Hier, gerade hier, hat Wissenschaftsorientierung ihren bleibenden Sinn und Wert – und zwar Wissenschaftsorientierung im aufklärerischen Verständnis: Wissenschaft ist eine der wichtigsten, in vielen Bereichen sogar die wichtigste Weise, Erfahrungen aufzuklären. In diesem Sinne kann sogar behauptet werden, daß einige der interessantesten Projekte der neuen sozialen Bewegungen (Geschichtswerkstätten, «Geschichte zum Anfassen») wie auch gewerkschaftlich orientierte Vorhaben wie zum Beispiel die Erarbeitung neuer historischer Lesebücher zur Stadtgeschichte durch schreibende Arbeiter ohne Bildungsreform gar nicht möglich gewesen wären; denn erst die Wissenschaftsorientierung im Verbund mit der sozialwissenschaftlichen Wende der Geisteswissenschaften hat das entsprechende Geschichtsverständnis vorbereitet und die Methoden der Rekonstruktion der Alltagsgeschichte nicht nur vermittelt, sondern auch akzeptabel gemacht.

An dieser Stelle ist es dann auch notwendig, auf die Kritik der Alternativen an der schulischen «Wissenschaftsorientierung» einzugehen. Die Kritik erscheint berechtigt, sofern man ein bestimmtes, ein verkürztes Wissenschaftsverständnis unterstellt – einen «Imperialismus der instrumentellen Vernunft» (Weizenbaum 1977), der immer nur nach der optimalen Machbarkeit, aber nie nach der gesellschaftlichen Wünschbarkeit fragt. Prototypen dieses Wissenschaftsverständnisses sind die Naturwissenschaften (und ihre Anwendung als Technik) und die positivistischen Sozialwissenschaften (und ihre Anwendung als Sozialtechnologie). Nun ist aber spätestens seit Adorno und Habermas deutlich, daß es sich bei einem solchen Wissenschaftsverständnis um eine «positivistisch halbierte Rationalität» handelt, in der die Fragen nach Interessen, Herrschaft, aber auch die nach dem Glück der Menschen gewaltsam ausgeklammert werden. Kritische Sozialwissenschaften und neuerdings auch kritische Naturwissenschaften bringen jedoch genau diese Dimension ein, sie leisten damit zum Beispiel auch Aufklärung darüber, welche gesellschaftlichen Mechanismen, welche Interessen und Herrschaftsansprüche hinter den Atomwaffen-Arsenalen stehen. Während somit darauf verwiesen werden kann, daß Ausbeutungs- und Herrschaftsverhältnisse zwischen Menschen traditionell zum Gegenstandsbereich einer kritischen Wissenschaft gehören, läßt sich eine solche eindeutige Antwort nicht geben, wenn es um das Ausbeutungsverhältnis zwischen Menschen und Natur geht. Doch auch hier läßt sich auf Ansätze in der «Kritischen Theorie» verweisen, die allerdings ausgebaut und weitergedacht werden müssen (vgl. Marcuse 1967, S. 180f.). Nicht die Wissenschaftsorientierung ist abzuschaffen, vielmehr ist ihre kritische Dimension auszuschöpfen und zu erweitern – etwa so, wie wir dies in unserem bilanzierenden ersten Kapitel herausgearbeitet haben (Kapitel 1.3).

Während in den neuen sozialen Bewegungen die Wissenschaftsorientierung des Lernens äußerst kritisch gesehen wird, werden zugleich Spontaneität, Betroffenheit und Sinnlichkeit als positive Werte stark betont. Nun lassen sich solche menschlichen Lebensäußerungen in der Tat gar nicht hoch genug einschätzen, nicht nur in ihrem Wert für Lernprozesse. Kapriziert sich Lernen jedoch zu sehr auf die spontanen Bedürfnisse der Beteiligten und übersteigt es nicht deren Alltagswissen, dann birgt dies die Gefahr in sich, daß man den Verführungen der modernen Konsumgesellschaft verfällt, statt sie sich durchschaubar und kritisierbar zu machen. Denn wo die Konsumgesellschaft Bedürfnisse zum Teil selbst erst produziert, um sie dann befriedigen zu können, und der Alltag des Konsumenten vom «Verblendungszusammenhang» der Tauschmystifikation dominiert wird, da orientiert sich bloß spontanes Lernen unter Umständen an entfremdeten Bedürfnissen und an Ideologien über den Alltag. Allerdings findet kritische Reflexion des Erfahrungslernens auch innerhalb der neuen sozialen Bewegungen statt. So hat Ziehe vor der «Verlockung des kürzesten Weges» gewarnt. Pädagogen müßten demgegenüber den kürzesten Weg gerade verstellen, um Raum und Zeit für Nachdenken, Diskutieren und Interpretieren zu gewinnen. Ein Pädagoge sei immer dann nötig, wenn man ohne ihn nicht lernen würde, lernen im anspruchsvollen Sinne der «Aufklärung» von Erfahrungen (vgl. Ziehe 1985).

Schließlich muß den alternativen Forderungen auf Abschaffung der Staatsschule oder gar der allgemeinen Schulpflicht mit aller Entschiedenheit entgegengehalten werden, daß damit unabdingbare Voraussetzungen für die Bildung breiter Bevölkerungskreise vernichtet würden. Nicht zufällig hat sich die Arbeiterbewegung stets für ein staatliches und unentgeltliches Schulwesen ausgesprochen, sie hat die allgemeine Schulpflicht immer als Schutzrecht für die Kinder der unteren sozialen Schichten verstanden. Hinter dieser Position steckt die Einsicht, daß sich nur denjenigen Kindern ohne Schule und Lehrer Erfahrungen aufschließen können, die aus privilegierten, bildungsbürgerlichen Elternhäusern stammen, in denen die Methoden und Verfahren der Wirklichkeitserfassung gewissermaßen beiläufig vermittelt werden: am Frühstückstisch, beim Musizieren, während des Museumsbesuchs, auf Reisen oder in der Bibliothek des Großvaters, deren Bedeutung Illich gern unterstreicht, wenn er Entschulung propagiert. Nach Bourdieu und Passeron kennzeichnet diese Gruppe denn auch «ironische Nonchalance, gekünstelte Eleganz oder Sicherheit des Auftretens, tatsächliche oder vorgebliche Ungezwungenheit», Eigenschaften, die ihr «als Zeichen ihrer Elitezugehörigkeit» dienen (Bourdieu/Passeron 1971, S. 38). Für alle anderen «bleibt schulmäßiges Lernen auf allen Stufen des Bildungsganges der einzig mögliche Zugang zur Kultur; das Erziehungswesen könnte infolgedessen der Königsweg zur Demokratisierung der Bildung sein, wenn es die ursprünglichen Unterschiede im Bildungsniveau nicht dadurch, daß es sie ignoriert, perpetuieren würde ...» (ebenda).

Für die allermeisten Heranwachsenden ist produktives Lernen außerhalb der Schule also nur möglich, wenn zuvor oder gleichzeitig in der Schule oder Hochschule gelernt wird. Denn die Voraussetzungen für autonomes und eigentätiges Lernen müssen geschaffen, die Instrumente der Aneignung und Entschlüsselung von Erfahrungen müssen erst vermittelt werden. Wer nicht das Privileg hat, aus einem bildungsbürgerlichen Elternhaus zu kommen, kann sich die Instrumente des Lernens nur in der Schule aneignen.

Insgesamt kommen wir damit zu der Einschätzung, daß die Schulkritik der Alternativen überall da bedenkenswerte Beiträge liefert, wo sie Rigidität, Bürokratisierung, Lebensferne und Entfremdung des gegenwärtigen schulischen Lernens beklagt; sie ist da vorwärtsweisend, wo sie konkrete Konzepte zur Überwindung dieser unerwünschten Erscheinungen vorschlägt und damit die eigene Kritik schulreformerisch wendet; die Praxis der Friedenserziehung an vielen Schulen kann hierfür als hervorragendes Beispiel gelten. Die Schulkritik der Alternativen führt jedoch auf die falsche Fährte, wenn sie die Schule insgesamt als irrelevant, reformunfähig oder gar abschaffenswert erklärt. Sie sitzt einem kurzschlüssig-aktionistischen Lernbegriff auf, wenn sie jede Form systematischer, distanzierter und auch anstrengender Aneignung von Inhalten als Entfremdung und Unterdrückung brandmarkt und lediglich das immer auch zufällige «Lernen in Bewegungen» als schüler- und bedürfnisgerecht gelten lassen will.

Im übrigen darf die Schulpolitik der Alternativen mit ihrer Betonung des Lernens in den «neuen sozialen Bewegungen» nicht den Blick darauf verstellen, daß soziale Bewegungen seit jeher ein bedeutsames Lernpotential enthalten haben. Dies gilt auch für die Arbeiterbewegung, die bürgerliche Freiheitsbewegung, die Ostermarsch- oder die Anti-Notstandsbewegung. Arbeitskampferfahrungen von Gewerkschaftlern sind nicht weniger lernbedeutsam als die Erfahrungen, von denen vorstehend van Dick berichtet. Hans Preiss, Vorstandsmitglied der IG Metall, hat den Kampf um die 35-Stunden-Woche die größte Bildungsveranstaltung des Jahres 1984 genannt. Er hat vermutlich recht. Rund eine halbe Million Arbeiter und Angestellte haben monatelang gestreikt, haben Aussperrungen und erhebliche Lohn- bzw. Einkommensverluste hinnehmen mü-sen, befanden sich anfangs in einer fast aussichtslosen Lage, weil es zu Beginn in der Öffentlichkeit kaum Zustimmung gab. Ohne Solidaritätserfahrungen unter den Streikenden und zunehmend mit Sympathisanten wäre das nicht durchzustehen gewesen. Aber auch die verstandesbezogenen Lerneffekte waren groß, nicht nur für die Betroffenen: Fast die gesamte Bevölkerung hat gelernt, worin die beschäftigungspolitischen Probleme der neuen Technologien liegen, welches Maß an Arbeitslosigkeit droht und welche Maßnahmen zu ihrer Bekämpfung in der Diskussion sind.

Nachdem wir auf diese Weise die Sichtweise des schulischen Lernens in den neuen sozialen Bewegungen dargestellt und eingeschätzt haben, soll die Frage nach dem Zusammenspiel zwischen beiden Feldern erneut aufgeworfen werden. Wir entwickeln hierzu unterschiedliche Vorstellungen, wie sich Zukunft entwickeln kann. Das erste Szenario stellt die Entwicklung dar, die wir befürchten; das zweite die, die wir erhoffen. Für beide Entwicklungen gibt es hinreichende Anknüpfungspunkte in der gegenwärtigen Realität; welche Tendenzen sich schließlich durchsetzen werden, hängt nicht zuletzt von den handelnden Lehrern und Schülern ab.

Szenario A: Das öffentliche Schulsystem wird ausgehöhlt

In der Schulkritik der Alternativen sind viele Elemente enthalten, die auf eine generelle Abwendung von der (staatlichen) Schule gerichtet sind: Während die «Grünen» noch vorsichtig die Aufhebung der Schulpflicht als langfristiges Ziel bezeichnen (vgl. Bildungspolitisches Programm NRW, 1985, S. 3), fordert die bundesdeutsche «Kinderrechtsbewegung» die sofortige Abschaffung. Ohne daß das beabsichtigt ist, treffen sich solche Forderungen gegenwärtig mit gesellschaftlichen Tendenzen, die ganz anderen Quellen entspringen: Zum einen beschleunigen die neuen Medien und die hinter ihnen stehenden ökonomischen Interessen einen Prozeß, der auf eine «schleichende» Entschulung hinauslaufen könnte. Wir haben dies im vorangehenden Kapitel dargestellt. Zum anderen werden zunehmend neokonservative und liberalistische Stimmen laut, die sich für Privatschulen und Privatuniversitäten einsetzen, um auf diese Weise eine Schneise für eine neue Elitebildung zu schlagen.

Damit stimmen in der Bundesrepublik die neuen sozialen Bewegungen in einen mehrstimmigen Chor ein, der das Lied von der Entstaatlichung der Schule oder gar von der Entschulung der Gesellschaft singt. Welche Wirkungen solche Argumentationen haben können, hat die Entwicklung der letzten zehn Jahre in den USA gezeigt. Selbst einer der prominentesten amerikanischen Schulreformer, Holt, ist dort zum Schul-Abschaffer geworden: «Früher pflegte ich immer zu sagen: ‹Reformiert die Schulen›. Heute sage ich: ‹Nehmt eure Kinder von ihnen herunter, und zwar ganz und für immer›. In den sechziger und siebziger Jahren bestand die Selbsthilfe im Schul- und Erziehungswesen fast immer darin, Alternativschulen zu gründen. In den achtziger Jahren wird sie vor allem in der Erziehung daheim liegen» (zit. nach: Naisbitt 1984, S. 206). Holt schätzt, daß es bereits 1983 in den USA etwa eine Million Familien gab, die ihre Kinder bei sich zu Hause unterrichteten und nicht mehr zur Schule schickten. Hier geht es also nicht mehr nur um subjektiven Bedeutungsverlust, sondern auch um einen objektiven Funktionsverlust; denn der Gesetzgeber in den USA erlaubt, daß die Unterrichtspflicht auch zu Hause erfüllt werden kann.

Sollte ein Trend zur Entstaatlichung und Entschulung, wie er in den USA bereits eingesetzt hat, in der Bundesrepublik tatsächlich Platz greifen, so träfe er vermutlich eher die öffentlichen Schulen und weniger die privaten, von denen die meisten ja auch seit einiger Zeit längst nicht alle Schüler aufnehmen können, die sich bewerben; denn am Abbau öffentlicher und am Aufbau privater Schulen könnte auch eine konservative Regierung Interesse haben: Vermöchte sie dann doch leichter auf Personalabbau und konjunkturellen Wandel zu reagieren und dennoch die nötigen Führungskräfte auszubilden. In dem Maße, wie sich die genannten Tendenzen durchsetzen, würden noch mehr Lehrer als heute arbeitslos sein. Und wer wollte ihnen dann verdenken, in der Kommerzialisierung und Privatisierung des Lernens neue Erwerbs- und Beschäftigungsmöglichkeiten zu suchen? Auch aus diesen Gründen würden Privatschulen prosperieren, zumal wenn das Schulgeld voll von der Steuer abgesetzt werden könnte, wie das die US-Regierung gerade plant.

Dies alles läßt sich aus einer schulkritischen Perspektive noch als Abbau von Bevormundung und Entfremdung betrachten, sofern Schulen in freier Trägerschaft gegenüber den «Staatsschulen» durchgängig als pädagogisch vorzugswürdig angesehen werden. Allerdings befänden sich die künftigen Privatschulen weniger in den Händen von Anthroposophen, Kirchen oder gemeinnützigen Vereinen, sondern vielmehr in den Händen der Kommunikations- und Mediengiganten und deren Teachware-Abteilungen. Uns ist völlig klar, daß alternative Schulkritiker dies nicht wollen; doch spricht fast alles dafür, daß mächtige ökonomische Interessen die Entwicklung genau in diese Richtung drängen werden.

Daß mit einer solchen Entwicklung die Re-Etablierung von Ungleichheiten verbunden ist, liegt ebenfalls auf der Hand: Unterricht zu Hause oder in Privatschulen wird sich nur das Bildungs- und Besitzbürgertum leisten können. Die Kinder der «einfachen» Bevölkerung besuchen dann die öffentlichen Restschulen oder gehen – bei Aufhebung der Schulpflicht – gar nicht mehr zur Schule.

Geht man von Ausgangsproblemen der neuen sozialen Bewegungen – der Bedrohung der Lebenswelten und des Friedens – aus, so ist nicht zu erkennen, daß mit der propagierten Entschulung ein Lösungsbeitrag formuliert wird. Im Gegenteil: Weil die Mehrheit der Jugendlichen dann eine schlechtere Schulbildung als heute erhält, wird die Fähigkeit zu kritischem Denken und Handeln keinesfalls weiter verbreitet sein. Die Lernchancen, die in einem Zusammenspiel zwischen schulischem Unterricht und Erfahrungen im außerschulischen politischen Handeln liegen können, werden auf diese Weise jedenfalls nicht genutzt.

Szenario B: Schulischer Unterricht wird durch Erfahrungen in sozialen Bewegungen ergänzt

In diesem Szenario gehen wir davon aus, daß sich in den neuen sozialen Bewegungen nicht die pauschalen, sondern die differenzierten schulkritischen Ansätze durchsetzen. Diese setzen ihre Hoffnungen nicht auf Bedeutungs-Aushöhlung, Privatisierung oder Abschaffung der Schule, sondern wollen in der Schule den Kindern und Jugendlichen Gelegenheiten bieten, Kompetenzen und kritisches Bewußtsein zu erwerben. Dabei geht es den Vertretern dieser Position darum, durch pädagogisches, häufig auch sehr persönliches Engagement die Erfahrungen von sinnvollem und bedeutsamem Lernen auch in der Schule zu vermitteln. Daß eine solche Bedeutsamkeit auch darin liegen kann, «trotz mancher Schwierigkeiten eine langweilige oder problematische Situation bewältigt zu haben und sich dadurch wieder etwas Schwierigeres zuzutrauen» (v. Dick 1984a, S. 11f.), macht v. Dick in seinem Bericht über die eigene Arbeit mit seinen Sonderschülern deutlich (1985). Eine solche kritische Nutzung schulischer Bildungsmöglichkeiten bedeutet weder, unablässig «linke» Themen zu strapazieren, noch läuft sie darauf hinaus, ständig «Betroffenheit» herzustellen. Vielmehr geht es darum, gemeinsam mit Schülern Gegenstandsbedeutungen aufzuschließen, um auf diese Weise zu Einsichten zu gelangen, die über direkte Erfahrungen und unmittelbare Betroffenheit hinausgehen (vgl. Ziehe 1985, S. 22ff.).

Weil bisher nur wenige Erfahrungen vorliegen, fällt es uns schwer, das Konzept eines ergänzenden Zusammenspiels zwischen beiden Lern- und Erfahrungsfeldern hier umfassend auszumalen. Vielmehr können wir das Gemeinte lediglich beispielhaft andeuten:

Wird im Sozialkunde-Unterricht zum Beispiel das Thema «Stadtsanierung» unterrichtet, so geschieht das häufig angesichts konkreter örtlicher Konflikte, in die möglicherweise auch Schüler und Lehrer eingebunden sind. Schulischer Unterricht zu diesem Thema würde seine Möglichkeiten überhaupt nicht ausschöpfen, wenn er lediglich oder vorwiegend am Beispiel der gerade stattfindenden Häuserbesetzung in der Nachbarschaft abgehalten würde. Um Gegenstandsbedeutungen aufzuschließen, ist vielmehr eine gewisse Distanz und Verfremdung erforderlich. Insofern kann es gerade dann sinnvoll sein, andere Fälle auszuwählen und mit Quellenmaterial gut zu dokumentieren, allein schon, um eine Art Betroffenheit zu vermeiden, die überwältigt und nicht mehr erlaubt, sich die Gegenstandsbedeutung anzueignen, dafür aber einlädt, sich ausschließlich über die richtige Taktik zu streiten. Lebensnähe und Betroffenheit sind nicht Selbstzweck, sondern bedürfen der Aufklärung. Weil gelungener Unterricht aber beides – Betroffenheit und Aufklärung – miteinander verbinden soll, muß er auch Platz bieten, daß die Schüler ihre Erfahrungen und ihr Engagement hierzu einbringen können. Insofern könnte es auch sinnvoll sein, Erfahrungen aus dem Leben in einem besetzten Haus ergänzend in den Unterricht einzubeziehen.

Ein zweites Beispiel: Ökologische Überzeugungen gelten für viele Jugendliche als selbstverständlich, bei Auseinandersetzungen um den Umweltschutz ist ihre Parteinahme klar, die entsprechenden Zukunftsentwürfe aus den neuen sozialen Bewegungen treffen bei ihnen häufig auf große Sympathie. Wenn nun in der näheren Umgebung politische Konflikte – etwa um die Luft- und Wasserverschmutzung durch einzelne Fabriken – ablaufen, was ist dann die Aufgabe, was die Chance von schulischem Unterricht? Negativ geantwortet: Aufgabe der Schule kann es nicht sein, für die anstehende Demonstration zu mobilisieren – gerade dann nicht, wenn auch der Lehrer diese ökologische Position teilt. Vielmehr bietet eine solche Situation vor allem die Chance, die eigenen «selbstverständlichen» Meinungen zu hinterfragen, die vorliegende Situation zu analysieren und sich dabei mit ökologischen Zukunftsentwürfen eingehend und auch kritisch auseinanderzusetzen. Die sozialen Kosten einer möglichen Fabrik-Stillegung sind dabei genauso zu prüfen wie die Frage, welche romantischen Anteile möglicherweise in der Hoffnung auf «Frieden mit der Natur» stecken. Auch hier hat die Schule die Aufgabe, einen Gegenstand, ein Problem distanziert und kritisch zu durchdringen. Damit werden Betroffenheit und Engagement nicht beiseite geschoben, doch zugleich erhält die Aufklärung über die Sache ihren angemessenen Platz.

Und ein drittes, vielleicht das schwierigste Beispiel: In den Lebensformen der neuen sozialen Bewegungen ist das Ideal eines Umgangs miteinander enthalten, das von Subjekthaftigkeit und Autonomie, von Selbstbestimmung und Gleichberechtigung und von dem Wunsch, auch Emotionen einbringen zu können, getragen wird. Aus vielen Lehrertagebüchern und Erfahrungsberichten ist bekannt, wie schwer es ist, solche Ansprüche im Routinealltag der Institution Schule zu verwirklichen. Gerade das Fehlen solcher Kommunikationsformen wird von vielen Schülern und Lehrern als «Kälte» und Entfremdung erlebt und führt mit zu der beschriebenen Distanzierung von der schulischen Arbeit.

Zugleich gibt es aber immer wieder auch Erfahrungen, die zeigen, daß sich das schulische «Klima» verändern läßt, wenn die Beteiligten sich darum bemühen. Was dann entsteht, kann als «Neue Lebenskultur» in der Schule beschrieben werden – hier hat die Schule von den neuen sozialen Bewegungen gelernt (vgl. Bastian/Gudjons 1983, S. 124ff.). Am stärksten, so scheint uns, geht ein solcher Einfluß von der Frauenbewegung aus: Patriarchalische Strukturen – offene oder verdeckte – werden von Frauen in den Schulen (von Schülerinnen und Lehrerinnen) immer häufiger angesprochen, werden darüber gerade auch Männern zunehmend ins Bewußtsein gerückt. Wenn etwa Schülerinnen durch ihre Kontakte mit der Frauenbewegung lernen, geänderte Ansprüche an die Behandlung durch Mitschüler und Lehrer zu richten, so können sie damit selbstbewußt eine Diskussion in Gang setzen, die im besten Fall durch eine Verbindung von Betroffenheit und analytischer Durchdringung zu sozialem Lernen bei allen Beteiligten führt. Wenn Lehrer und Lehrerinnen im Unterricht die jeweiligen Geschichtsbücher immer häufiger auch daraufhin betrachten, ob und in welcher Weise Frauen als Akteure und als Betroffene von Geschichte überhaupt erwähnt werden, dann hat an dieser Stelle die Schule von der Frauenbewegung gelernt. Allerdings setzen alle diese Formen des Zusammenspiels voraus, daß sich die Beteiligten in die Schule «einbringen» und an ihrer Veränderung mitwirken, statt sich daraus zurückzuziehen.

Sollte sich in den neuen sozialen Bewegungen eine solche Sichtweise schulischen Lernens durchsetzen, so wäre dies keineswegs eine Aufgabe schulkritischer Positionen; denn nach wie vor bleibt richtig, daß der Schulalltag unter bürokratischer Routine, fehlender Lebensnähe, Zerstückelung des Lernens, überflüssigen Hierarchien und mangelnder Autonomie der Subjekte leidet.Schulisches Lernen als bedeutungsvoll zu erkennen, würde aber bedeuten, daß gerade Lehrer sich nach wie vor bemühen, den Schulalltag entsprechend zu verändern, daß sie die mühevolle Kleinarbeit alltäglicher Reformen nicht scheuen, daß sie ihr Engagement nicht völlig auf außerschulische Gruppen verlegen. In einem solchen Szenario wären Lehrer, die den neuen sozialen Bewegungen nahestehen, zugleich Schulreformer. Daß sie Schulreform zum Teil anders interpretieren als dies zu Beginn der siebziger Jahre geschah, kann zu fruchtbaren Diskursen und zu sinnvollen Erweiterungen führen; auf jeden Fall würde es die Diskussion um Schule und Schulreform beleben.

Die Schule mit ihren etwa 10 Millionen Schülern und 600000 Lehrern behält also gegenüber dem Lernen in sozialen Bewegungen – so oder so – ihre Bedeutung als grundlegende Lerneinrichtung. Als Frage stellt sich lediglich, ob zwischen beiden Lernfeldern Ablehnung und Abneigung produziert wird oder ob der Bezug zueinander gesucht wird, ohne daß dabei der jeweils eigene Charakter aufgegeben wird.

3. Zukunft der Bildung

Unsere bisherigen Überlegungen waren von einer doppelten Absicht geprägt: Zum einen haben wir in der Absicht zu bilanzieren an zentrale Leitvorstellungen der Bildungsreform erinnert und Art und Ausmaß ihrer Realisierung dargestellt; zum anderen haben wir versucht, aktuelle gesellschaftliche Problemlagen – demographische Verschiebungen und den «Kampf um Schüler» im viergliedrigen Schulsystem, Herausforderungen durch neue Technologien und Medien, die globale Bedrohung von Frieden und Umwelt – zu skizzieren und ihre Bedeutung für die künftige Schulentwicklung aufzuweisen – in der Absicht, vorauszuschauen.

Angesichts der Vielzahl disparater Strömungen, widersprüchlicher Lagebeurteilungen und auseinanderstrebender Entwicklungen können wir dabei nicht stehenbleiben. Wir sind ja von der Feststellung ausgegangen, daß Schulreform unpopulär geworden ist, obwohl sie etliche Veränderungen und viele Verbesserungen gebracht hat. Wir konnten deutlich machen, daß es in den achtziger Jahren möglicherweise noch triftigere Gründe für Schulreform gibt als in den sechziger Jahren; angesichts des weitverbreiteten schulpolitischen Pessimismus, einer wahren Katerstimmung, ist nun allerdings skeptisch zu fragen, ob immer noch ein Bedürfnis nach Erneuerung der Schule besteht und ob individuelle Interessen und gesellschaftliche Schubkräfte für einen erneuerten Anlauf bestehen. Eine weitere Frage erscheint uns ebenso dringlich nach Antwort zu verlangen, die Frage nach Zielen und Inhalten von Schule; eine Frage, die sich nicht allein aus individuellen Interessen und gesellschaftlichen Entwicklungen beantwortet. Sie wird in den letzten Jahren immer lauter gestellt, aber vielfach gar nicht oder nebulös oder aber extrem kontrovers beantwortet. Wir glauben hier ein Stück weiterzukommen, indem wir uns bemühen, vor dem Hintergrund der Reformerfahrungen und angesichts der aufgezeigten künftigen Entwicklungen Umrisse eines erneuerten Bildungsverständnisses zu skizzieren.

3.1. Schubkräfte künftiger Schulentwicklung

Wenn wir im folgenden auf Schubkräfte künftiger Schulentwicklung verweisen, müssen wir zuvor klarstellen, daß wir nicht Anhänger eines mechanistischen Geschichtsverständnisses sind: Wir glauben nicht an Automatismen, gleichsam selbstlaufende Veränderungen. Entwicklungen resultieren wohl eher aus dem komplizierten Zusammenspiel von gesellschaftlichen Trends und Notwendigkeiten einerseits und andererseits von Menschen mit ihren gemeinsamen und gegenläufigen Interessen und mit ihrer Bereitschaft, sich für deren Durchsetzung zusammenzuschließen und gemeinsam dafür zu streiten. Wenn wir hier von Schubkraft sprechen, verstehen wir dies also nicht deterministisch. Wir denken allerdings, daß es darauf ankommt, Schubkräfte zu nutzen und da, wo sie als Gegenkräfte auftreten, sie richtig einzuschätzen. Eine erste Schubkraft der Schulentwicklung sehen wir darin, daß

Die Nachfrage nach qualifizierten Abschlüssen wächst

Unberührt von Schulkritik, von Lernunlust, Schulverdrossenheit und Entschulungsdebatten ist die Schulgeschichte der Bundesrepublik von einer bis zum gegenwärtigen Zeitpunkt ungebrochenen Nachfragesteigerung nach qualifizierten Abschlüssen bestimmt. Dem Satz aus den Reformjahren «Schick dein Kind länger auf bessere Schulen» wurde in jeder Phase der Nachkriegsentwicklung gefolgt: Bevor er ausgesprochen wurde und – immer noch – als ihn keiner mehr propagiert haben wollte. Als sich in den fünfziger Jahren die Bundesrepublik zu etablieren begann, schickten schon Eltern aus bis dahin «bildungsfernen» Mittelschichten ihre Töchter und Söhne auf «höhere» Schulwege. Als in den sechziger Jahren für mehr Bildung geworben wurde, folgten die Eltern mit weiter steigenden Bildungsansprüchen. Als in der sich entfaltenden Wirtschaftskrise der siebziger und achtziger Jahre Schulabschlüsse für den Ausbildungsbeginn immer mehr erforderlich wurden, reagierten die Eltern wiederum mit weiter steigenden Ansprüchen. Trotz sich verschlechternder Verwertungsmöglichkeiten konnten wir anhand repräsentativer Umfragen, die unser Dortmunder Institut für Schulentwicklungsforschung im Zweijahresrhythmus 1979, 1981 und 1983 bei der erwachsenen Bevölkerung der Bundesrepublik durchführte, einen weiteren Anstieg der Abschlußerwartungen beobachten: Heute wünscht mehr als die Hälfte der Eltern für ihre Kinder ein Abitur (Rolff u. a. 1984, S. 16).

Seit den frühen Nachkriegsjahren streben die Bundesbürger für sich und ihre Kinder, wo nicht hoch aufgerichtete Hürden sie daran hindern, qualifizierende Abschlüsse an. Alles deutet darauf hin, daß dies so bleibt: Demographische Entwicklungen werden die Überfüllung des Bildungssystems abbauen und damit zusätzliche Plätze schaffen; das Interesse an der Erhaltung fast jeden Schulstandorts wird das Werben um Schüler anheizen; die in den Jahren der Expansion zur Schule gegangenen Eltern werden für ihre Kinder zumindest den eigenen Bildungsabschluß wiederholen wollen usw. Dieses deutliche Interesse an qualifizierten Abschlüssen ist, so denken wir, im nächsten Jahrzehnt ein wichtiger und ermutigender Bezugspunkt der Schulentwicklung. Ihm entspricht eine andere Feststellung, die wir ausführlich belegt haben:

Die Gestaltung von Arbeit, Freizeit und Politik setzt mehr Qualifikationen voraus

In dem Maße, in dem Teile der Bevölkerung von umfassender Bildung ausgeschlossen bleiben, wären – so hat vor allem unsere Analyse über «Arbeitsteilung und Qualifikation» gezeigt – alle Tore weit geöffnet für das Eindringen alter und neuer Taylorisierung. Arbeitnehmer wären außerstande, in betrieblichen Auseinandersetzungen ihren Anspruch auf menschlich gestaltete Arbeit anzumelden, sie wären am Arbeitsplatz unfähig, ganzheitliche Arbeit auch auszuführen, und sie wären als einzelne schließlich den sich ausweitenden Angeboten der Kulturindustrie ziemlich ratlos ausgeliefert. Menschen, die in einer «Informationsgesellschaft» mit Informationen und Unterhaltung überschüttet werden, können kaum Teil einer aktiven politischen Öffentlichkeit sein.

Unsere Analysen haben belegt, daß die technologische Entwicklung weder Sachzwängen gehorcht noch Sachzwänge gebiert, weder im Sinne der alten hoffnungsfrohen Bildungsökonomie noch im Sinne eines technikfernen Pessimismus. Ob die Arbeitsplätze der Zukunft mehr oder weniger Qualifikation verlangen, ist deshalb weder eine rein technische noch eine rein ökonomische, sondern auch eine gesellschaftspolitische Frage. Ob wir in Zukunft mehr oder weniger Qualifikation für alle brauchen, hängt auch davon ab, ob wir das wollen und durchsetzen können. Bildungspolitik erweist sich also erneut – wie in den sechziger Aufbruchsjahren – als im Kern auf Gesellschaftspolitik zielend. Dabei treffen sich die Interessen von Lehrern mit denen von Arbeitern und Angestellten (deren Zusammengehen in den sechziger Jahren mehr beschworen als praktiziert wurde) in der Erhaltung qualifizierter Arbeit einerseits und in der Bewahrung der Qualifikationsfunktion von Schulen andererseits.

Die damit begründete Forderung nach mehr Qualifikation für alle richtet sich nicht auf ein Mehr an Spezialwissen, sondern auf die Verbreiterung der in Schule und Ausbildung vermittelten Qualifikationen. Denn dies benötigen die Heranwachsenden, um angesichts der Herausforderungen durch die neuen Technologien an ihrem Arbeitsplatz bestehen zu können. Einfache Spezialtätigkeiten werden als erste von Handhabungsautomaten (Industrierobotern) und informationstechnologischen Systemen übernommen. Die verbleibenden und neu entstehenden Arbeitsplätze verlangen, wenn ihre arbeitsorganisatorische Auslegung auf Aufgabenintegration hin angenommen werden soll, mehr Fähigkeiten. Ganz in diesem Sinne argumentiert auch die Kommission «Zukunftsperspektiven gesellschaftlicher Entwicklung» des Landes Baden-Württemberg mit Bezug auf Informationstechnologien:

«Die zunehmenden Möglichkeiten besseren Informations-Zugangs erfordern andererseits bei den ‹Nutzern› größere Fähigkeiten, die richtigen Fragen zu stellen, die richtigen Quellen zu kennen, unter noch größeren Informationsmengen als heute das Relevante zu selektieren und Einzelfaktoren miteinander in eine sinnvolle Beziehung zu setzen. Die wachsenden Möglichkeiten der Problemlösung mit Hilfe des Computers oder der Übertragung von Steuerungsvorgängen an die Elektronik erfordern die Fähigkeit zur eindeutigen logischen Strukturierung des Problems oder des zu steuernden Vorgangs; das Programmieren selbst wird weiterhin einfacher werden.

Die Entwicklung stellt hohe Anforderungen an Fähigkeiten und Kenntnisse einer Allgemeinbildung, wie sie bereits oben umrissen wurde: insbesondere Grundkenntnisse und Verständnis von Grundzusammenhängen sowie die Fähigkeit zum logischen Denken, insbesondere zum Systemdenken, zum Lösen neuartiger Probleme, zur Bewältigung neuartiger Situationen» (Landesregierung Baden-Württemberg 1983, S. 190).

Die Notwendigkeit der Selbstbehauptung in der Freizeit, der Mitgestaltung in gesellschaftlichen Entscheidungsprozessen, der Bewahrung des eigenen Arbeitsplatzes und der Bewährung dort – dies alles führt uns zu dem Schluß: Wir brauchen auch in Zukunft besser qualifizierte Menschen, die in der Lage sind, in einer Welt, die immer mehr in Einzelinformationen zerfällt, Zusammenhänge zu erkennen, zu bedenken und zum Ausgang eigener Entscheidungen und Handlungen zu wählen. Die Einsicht in die Notwendigkeit von mehr Zusammenhangswissen statt wachsenden Spezialwissens führt uns zu der dritten Feststellung:

Schulen gewinnen zusätzlich an Bedeutung als zentrale Orte zusammenhängenden und gemeinsamen Lernens

Der lange und wechselhafte historische Prozeß der Durchsetzung eines öffentlichen, im Prinzip von Einzelinteressen unabhängigen Schulwesens hat sich gelohnt. Er hat zu Schulen geführt, die sich bei aller Indienstnahme durch außerschulische Teilinteressen aus Politik und Wirtschaft ein Stück «relativer Autonomie» bewahrt haben und die, bei aller Selektivität, jenen Kindern mehr Teilhabe an der Gesellschaft erschloß, die durch Schulen und nur durch Schulen dazu Zugang erhalten konnten, also der überwiegenden Mehrheit der Kinder. Je mehr nun der Alltag der Heranwachsenden von kulturindustriell produzierten Botschaften dominiert wird, um so erforderlicher werden Institutionen, in denen – auf diesen Alltag bezogen, aber in Distanz zu ihm – zusammenhängendes Wissen vermittelt wird. Ohne Schulen gäbe es noch mehr Ungleichheit der Bildungschancen und noch weniger Einsicht in die Zumutungen von Betrieben, Verwaltungen und Kulturindustrie. Schulen schützen vor den Zumutungen einer beschränkten Sicht der Realität und geben Raum für Probehandeln, für Darüberhinausdenken und für Kritik – dies galt in der Vergangenheit, sogar im Nationalsozialismus, wie u. a. Heinrich Böll (1981) in der Erinnerung an seine Schulzeit eindringlich gezeigt hat, und dies kann und muß so bleiben. Schulen könnten dies allerdings weit besser, wenn sie mehr Autonomie erhielten.

Aber es ist nicht nur ihr Potential an Autonomie und Distanz, das den Schulen auch in Zukunft eine bedeutsame Stellung belassen muß. Es ist auch eine in der Vergangenheit bei allem Wandel stets bewahrte Eigenheit: In Schulen lehren und lernen Menschen gemeinsam.

Vor dem Hintergrund einer «Informationsgesellschaft» wird dieser Aspekt schulischen Lernens noch wichtiger und unverzichtbarer. Daß er auch angesichts des Eindringens neuer (Unterrichts-)Technologien bewahrt bleiben kann, darf aufgrund historischer Erfahrungen und empirischer Untersuchungen erwartet werden. Schulischer Unterricht ist von Anbeginn mehr gewesen als bloße Wissens- oder gar Informationsvermittlung. Das Besondere des Lernens durch Unterricht lag schon immer in der sozialen Situation des Lernens, die dadurch ausgezeichnet ist, daß Schüler und Lehrer unmittelbar miteinander lernen, von Angesicht zu Angesicht, dabei reden und gegenreden, fragen und antworten und «hinterfragen» und dieses in verbindlicher Form: Orientiert an Sachen und Ideen, getragen von der Lerngruppe, bei der zustimmende und ablehnende Haltungen, spontane Bedürfnisse und geistige Disziplin andauernd aufeinander verwiesen sind. In der Schule geht es vom Anspruch her immer um menschliche Kommunikation, auch da, wo sie gestört ist.

Das alles darf selbstverständlich nicht zu Idealisierungen führen. Die schulische Lerngruppe ist gleichzeitig (anders als etwa Familie und Freundschaftsgruppe) eine Zwangsinstitution, ein sach- und regelbestimmtes Sozialsystem, organisiert, institutionalisiert und objektiviert. Schulischer Unterricht vollzieht sich im Spannungsfeld zwischen «Lebenswelt» und «Systemzwängen». Wir beklagen dies nicht, sondern begreifen es als Chance. Wir erhoffen uns Schubkräfte aus der forcierten

Doppelorientierung schulischen Lernens

Wir haben zu begründen versucht, daß Schulen der zentrale Ort gemeinsamen Lernens bleiben. Dies erfordert allerdings, daß sie menschlicher, freier und lebendiger werden, wozu Alternativen innerhalb und außerhalb des Systems der Regelschulen einen wichtigen Beitrag leisten. So wie die Gesamtschulen als Modellschulen den Unterricht in den tradierten Schulen zum Teil nachhaltig verändert haben, so wirkt die Alternativschulbewegung auf den «normalen» Schulalltag ein. Dies wird forciert, wenn die vielfältigen Erfahrungen des Lernens in sozialen Bewegungen durch dort aktive Lehrer und Schüler in die Schule gelangen. Dies darf nicht durch Grenzverwischung geschehen, durch ein nur praxiswütiges Eintauchen der Schule in alltägliches Leben. Dagegen spricht die begründete Skepsis vor der Scheingewißheit bloß anschaulichen Verstehens wie auch die Einsicht, daß sich die bewegenden Kräfte hinter den «Systemzwängen» überhaupt nicht aus Alltagserfahrungen erschließen lassen. Außerdem müssen sich die Schulen davor schützen, daß ihr alle Probleme des Alltags zur Lösung «über den Zaun geworfen» werden.

Wenn wir uns gegen eine naive Öffnung der Schulen zum Alltag hin wenden, so plädieren wir dabei gleichzeitig für eine Bezugnahme des Unterrichts auf eben diesen Alltag – aber mit den der Schule eigenen Mitteln des Fragens, Suchens, Erklärens und Verstehens. Die Öffnung der Schule zur Erfahrung des außerschulischen Lebens muß durch die Verarbeitung von Erfahrung in der Schule geschehen. Und die Inhalte schulischen Lernens müssen auf Lebenserfahrung bezogen sein, wenn sie motivieren wollen. Wenn wir von der Doppelorientierung schulischen Lernens sprechen, so meinen wir, daß die Schule immer mit beidem zu tun hat: mit Distanz und mit Nähe. Dieses dialektische Bezugsverhältnis hält Inhalte in Bewegung, die schulischen sowohl wie die außerschulischen.

Das gilt nicht nur für Unterricht, sondern ebenso für die Erziehung in der Schule. Nicht erst seit Herbart wissen wir, daß Unterricht immer auch erzieht. Ablehnen kann die Schule den Erziehungsauftrag also keinesfalls, wohl aber ihn nicht ernst nehmen oder ihn zurückdrängen; das wäre einseitige Orientierung an Distanz. Aber auch eine Orientierung an zu viel Nähe wäre problematisch. Es muß ein Unterschied zwischen Privatleben und Schule bleiben. Lehrer können Elternrollen nicht übernehmen und auch nicht die von Therapeuten; für zu viel Nähe gibt es zu wenig Kompetenz und auch zu wenig Ressourcen. Umgekehrt wären Lehrer bloße Unterrichtsbeamte, wenn sie sich nicht bemühen würden, die Schüler in ihren verschiedenen Absichten und Befindlichkeiten zu verstehen, ihnen Erfolgserlebnisse zu vermitteln, ihnen Ängste zu nehmen, ihr Selbstwertgefühl zu stärken, sie als Individuen zu akzeptieren. In extremen Fällen wie dem einer Suizidgefährdung müssen Lehrer auch extrem «erzieherisch» sein, das heißt viel Zeit für ein einzelnes Kind haben, zu Einfühlungsvermögen und Engagement bereit und fähig sein. Zur Regel des Schulalltags gehört allerdings ebenso die Negierung von Nähe, schon aus der Struktur der Situation heraus, die einen Lehrer mit oft weit mehr als zwanzig Schülern koppelt, und zwar auf der Grundlage eines Lehrplans und nicht auf der Grundlage einer persönlichen Beziehung.

Schulische Erziehung bedeutet also ebenfalls immer Distanz und Nähe zugleich, wobei Nähe betroffen macht, unter die Haut geht, anstößt, und Distanz einlädt zu Reflexion, Verarbeitung, Orientierung und Umorientierung. Diese Dynamik stellt Routine in Frage und ist eine ständige Herausforderung für Erneuerung und Weiterentwicklung. Sie wird forciert durch die aktuelle Debatte um die Grenzen der Erziehung («Antipädagogik») einerseits und über die Wiedergewinnung des Erzieherischen («Mut zur Erziehung») andererseits. Sie erhält Schubkräfte aus der Auseinandersetzung mit Gruppendynamik, aus der Veralltäglichung von Beziehungsgesprächen und aus der Wiederentdeckung der Qualität des Alltagslebens.

Dies alles, mehr Bildung für alle Heranwachsenden, die wachsende Notwendigkeit von zusammenhängendem und gemeinsamem Lernen und schließlich die Bedeutung schulischen und außerschulischen Lernens, drängt auf eine Form schulischen Lernens, die wir nennen:

Eine gemeinsame Schule für alle

In den Szenarios des zweiten Kapitels haben wir deutlich gemacht, daß in vielen Lebensbereichen ein Fortschreiten von Teilung, Marginalisierung und Vereinzelung droht und häufig genug auch längst eingesetzt hat: Auf dem Arbeitsmarkt werden Menschen in Arbeitsplatzbesitzer und Erwerbslose geteilt; im Beschäftigungssystem droht die Arbeit von immer mehr Menschen sinnlos zu werden, während den Kernbelegschaften vieler technologisch fortschrittlicher Betriebe attraktive Tätigkeiten erhalten bleiben; eine Computerelite wird gefördert, der – verständnislos – die große Zahl der Nutzer gegenübersteht; die Öffentlichkeit atomisiert sich in Subkulturen und Mikrowelten.

Wir haben – immer wieder orientiert am Grundgedanken der Gestaltbarkeit der Zukunft in einer demokratischen Gesellschaft – dem alternative Szenarios entgegengehalten: In ihnen haben wir uns eine Zukunft vorgestellt, in der durch Arbeitszeitverkürzung, durch Aufgabenintegration in Produktion und Verwaltung, durch kritische Einbeziehung der neuen Medien auch in den Unterricht aller Schulen sowie durch Friedenserziehung der Prozeß fortschreitender Zerstörung ehedem ganzheitlicher Lebenswelten verlangsamt und tendenziell umgekehrt werden könnte.

Eine Entwicklung, die diesem Ziel verpflichtet ist, kann in Schulen nicht hinreichend gestützt werden, solange diese auf dem Prinzip dauernder Teilung und Auslese begründet sind. Nach wie vor ist das herkömmliche Schulwesen im Anschluß an die Grundschule zergliedert in drei, vier oder sogar fünf Äste in der Sekundarstufe I und in weitaus mehr in der anschließenden Sekundarstufe II. Dieses auf ständige Auslese gegründete System hat sich fraglos als außerordentlich flexibel und stabil zugleich erwiesen. Zwei turbulente Reformjahrzehnte haben ihm, was die äußere Struktur angeht, kaum etwas anhaben können; selbst die größte bildungspolitische Herausforderung, die Gesamtschule, konnte die dreigliedrige Schule nur um ein viertes Glied ergänzen. Elemente der Gesamtschule wie Differenzierungsformen, Fördermaßnahmen, aktualisierte Curricula oder die Ideen von Projektwochen wurden von den herkömmlichen Schulen flexibel übernommen, so daß die Gesamtschulpolitik den bedeutsamen Nebeneffekt auslöste, die herkömmlichen Schulen zu modernisieren und sie damit zu stabilisieren.

Stabilität und Flexibilität des herkömmlichen Schulwesens können jedoch nicht darüber hinwegtäuschen, daß Veränderungen der Schulstruktur weiterhin notwendig sind; sie sind sogar dringender als zuvor. Die

Expansion des Besuchs höherer Schulen und der anhaltende Rückgang der Schülerzahlen in den Sekundarschulen haben die Strukturprobleme der herkömmlichen Schulformen nicht gelöst, sondern eher verschärft. Das Gymnasium steckt in dem Dilemma, den «gymnasialen Bildungsgang» zugunsten quantitativer Expansion vernachlässigen zu müssen und mit der anwachsenden Zahl von Abiturienten den Wert des schulspezifischen Abschlusses zu inflationieren. Die Lage der Hauptschule ist besonders prekär, weil jede Rettungsmaßnahme mit großer Wahrscheinlichkeit Folgen nach sich zieht, die den Schülerschwund noch beschleunigen. Die Realschule sucht zwischen Gymnasium und Hauptschule eine eigenständige Rolle, ohne diese aus einem originären Konzept ableiten zu können. Die Gesamtschule hingegen hat sich sogar in der erdrückenden Umklammerung durch das Herkömmliche bewährt: Sie fördert mehr Schüler, vor allem mehr Arbeiterkinder, weist ein angenehmeres Lernklima auf und leistet nicht weniger als das dreigliedrige System. Wieviel mehr könnte sie sich erst entfalten, wenn sie ihre Fesseln abwerfen dürfte, indem sie zur alleinigen Regelschule würde. Wir wiederholen, was seit Jahren unsere Überzeugung ist: Es gibt kein besseres Konzept als das der Zusammenführung getrennter Bildungswege. Dies gilt für die Grundschule, die bereits seit einem halben Jahrhundert unumstritten als Gesamtschule arbeitet; dies gilt für den Bereich der Sekundarstufe I, in dem übertragungsfähige Gesamtschulmodelle vorhanden sind; dies gilt letztlich auch für die Bildungswege in der Sekundarstufe II, wo im nordrhein-westfälischen Modell der Kollegschule Wege für eine erfolgreiche Integration von Allgemein- und Berufsbildung aufgewiesen werden.

Unsere schulpolitische Option für die Idee der Integration auf allen Stufen des Schulwesens bliebe aber verkürzt, wenn sie nicht über das Ende der Pflichtschulzeit hinausweisen würde. Gerade unsere Analysen zur Entwicklung neuer Technologien in Produktion, Verwaltung und Unterhaltung haben gezeigt:

Lebenslanges Lernen wird wichtiger

Wir haben auf die Fülle der Entwicklung im Bereich des Beschäftigungssystems wie auch in dem der Medien hingewiesen, die allesamt durch ein hohes Maß andauernder Veränderung gekennzeichnet sind. Produktions- und Verwaltungsverfahren ändern sich; einmal erworbene Fähigkeiten reichen zu ihrer Beherrschung nicht mehr aus; ganze Wissensbestände – wie etwa die des traditionsreichen Setzerberufes – verschwinden aus der

Anwendung; die erwerbsfreie Zeit weitet sich aus, und die Versuche ihrer kulturindustriellen Vereinnahmung sind unübersehbar; die Notwendigkeit einer gesellschaftlichen Kontrolle der Technik wird immer deutlicher. Dies alles wird den einzelnen überfordern und letztlich überrollen, wenn er nicht auch nach dem Ende seiner Schulzeit immer wieder Gelegenheit erhält und ergreift, sich mit neuen Wissensbeständen vertraut zu machen und ihre dauernd erneuerten Erfahrungen in Bildungseinrichtungen zu bedenken. Der Leiter des Instituts für Arbeitsmarktforschung der Bundesanstalt für Arbeit verdeutlicht dies: «Ausbildung garantiert nichts mehr. (...) Hinzukommen müssen unter anderem Weiterbildungsfähigkeit und Weiterbildungsbereitschaft, viel weniger in dem Sinne der Erwartung, daß jeder seinen Beruf mehrmals wechseln muß – dies ist weit übertrieben und findet in der Empirie keine Stütze –, aber in dem Sinne, daß Zusatzqualifikationen, Aufstockungen der Kompetenz und Aktualisierungen des Wissens erworben werden müssen. Und auch dies gilt nach wie vor: Ein leistungsfähiges Weiterbildungssystem ist unverzichtbar ...» (Mertens 1984, S. 448).

Die Schaffung eines leistungsfähigen Weiterbildungssystems setzt allerdings – wir haben darauf verwiesen – eine ursprüngliche Lernerfahrung aus der Schulzeit voraus, die zum Weiterlernen ermutigt, genauso wie hinreichend erwerbsfreie Zeit, so daß Lernen neben dem Beruf nicht zu einer kaum erträglichen Belastung wird. Das Lernen Erwachsener als lebenslanges Lernen ist zwar nicht Erwerbstätigkeit, aber eben doch auch Arbeit. Zu den Voraussetzungen gehört ferner der Ausbau öffentlicher Weiterbildungsangebote: Wenn lebenslanges Lernen letztlich nicht nur zu einer immer erneuerten Anpassung von Arbeitnehmern an sich ändernde Qualifikationsanforderungen der Unternehmungen führen soll, so darf dieser Bereich der Bildung nicht der innerbetrieblichen Fort- und Weiterbildung überlassen bleiben. Eine Kommerzialisierung der Weiterbildung, die in den USA bereits soweit fortgeschritten ist, daß für die innerbetriebliche und also private Weiterbildung mehr Geld als für die staatlichen Hochschulen insgesamt ausgegeben wird (Doyle 1984, S. 6), hätte schwerwiegende Nachteile: Das vermittelte Wissen würde sich auf das in Karrieren direkt Verwertbare konzentrieren, und Lernprozesse würden aus Ersparnisgründen rationalisiert; technische Medien fänden auf Kosten des sozialen Charakters von Lernen weite Verbreitung. Orientierungs- und Handlungswissen für gesellschaftliche Auseinandersetzungen bliebe ausgespart.

3.2. Ein erneuertes Bildungsverständnis als Orientierungshilfe

Nachdem wir unserer Hoffnung auf mehr Ausbildungsbedarf und unserer Klage über Chancenungleichheit beim Erwerb von Bildung Ausdruck verliehen und lebenslange Weiterbildung angemahnt haben, wollen wir nun, abschließend, versuchen, unser Verständnis von Bildung zu explizieren, so daß dieser Begriff, der nach einer inhaltlichen Orientierung verlangt, nicht Leerformel bleibt.

Warum überhaupt am Bildungsbegriff anknüpfen, nachdem er während der sechziger und siebziger Jahre nicht nur verschlissen schien, sondern häufig auch verpönt war? Wir erinnern daran, daß der neuhumanistische oder klassische Bildungsbegriff am Ende des 18. Jahrhunderts entstand, des «Jahrhunderts der Aufklärung», das ja auch «pädagogisches Jahrhundert» genannt wurde, weil zu dieser Zeit der Pädagogik eine prominente Rolle bei der Emanzipation des hinter Adel und Klerus dritten Standes zu «Weltbürgern» zugesprochen wurde. Die Pädagogik der Aufklärung befreite den Begriff der Bildung aus überkommenen theologischen und mystischen Zusammenhängen und machte ihn zu einem Schlüsselwort für den bürgerlichen Emanzipationsprozeß. Diese Tradition des Bildungsbegriffs, der zwischen 1770 und 1830 zu einem Zentralbegriff des deutschen literarisch-philosophischen Neuhumanismus, der deutschen Klassik, geworden war, war allerdings in den sechziger Jahren dieses Jahrhunderts, also zu Beginn der Bildungsreform, weithin vergessen. Damals stand der

Bildungsbegriff unter Ideologieverdacht

Die Reformer der sechziger Jahre hatten den klassischen Bildungsbegriff allerdings nicht leichtfertig aufgegeben. Was Blankertz mit Blick auf die Überholtheit eines Begriffs der Allgemeinbildung 1972 formulierte, bleibt bis heute bedenkenswert: «Denn eine inhaltlich eindeutig ausgewiesene Festlegung von Allgemeinbildung im emphatischen Sinne wäre abhängig von einer einheitlichen, die politisch-gesellschaftlichen Ordnungen umgreifenden Weltanschauung, einem ungebrochenen Verhältnis zum kulturellen Traditionszusammenhang, einer relativ umgrenzten und jedenfalls in ihrer Dynamik überschaubaren Wissenschaftsentwicklung. Diese Voraussetzungen sind für uns nicht gegeben» (KM-NW 1972, S. 21). Ein Bildungsbegriff, der sich gleichwohl auf eine «einheitliche

Weltanschauung» und längst zerstörte Traditionen stützte, sah sich dem Verdacht ausgesetzt, bloß ideologisch zu sein. Gestützt wurde dieser Verdacht durch den sozialwissenschaftlichen Verweis darauf, daß die abgehobene Gesellschaftsferne des ursprünglich geisteswissenschaftlich konzipierten Bildungsbegriffs diesen von jeder Realität gelöst hatte und damit für ideologische Zwecke, vor allem für die Legitimation sonst nicht legitimierbarer Vorrechte, nutzbar machte (vgl. dazu Otten 1973).

Ein weiterer Grund, vom Bildungsbegriff abzurücken, war die offensichtlich gewordene

Verfallsgeschichte der Bildungsidee

Bildung, ehedem ein zentrales Element der Emanzipation des Bürgertums von Klerus und Adel, verkam im Verlauf des 19. Jahrhunderts in der Symbiose mit Besitz und Bürgertum zum Vehikel der sozialen Abschließung des erstarkten Bürgertums gegenüber den «niederen Volksklassen». Schon Ende des 19. Jahrhunderts stand der Bildungsbegriff, entwickelt im Dienst der Befreiung, nun im Dienst der Herrschenden. Die Realgeschichte dieses Begriffes, mißt man sie an den Ursprüngen der philosophisch-pädagogischen Klassik, ist die seines Scheiterns. Was die Gründe dieses Scheiterns betrifft, vermuten Herrlitz u. a., daß die «Auseinanderentwicklung von niederem und höherem Schulwesen» (Herrlitz u. a. 1981, S. 35 ff.) schon in Humboldts Bildungsidee angelegt ist und daß Humboldt der Frage nach den sozialen Voraussetzungen emanzipierender Bildungsbeteiligung mit hilfloser Naivität gegenüberstand. Bildung war nach Herrlitz u. a. auch schon für Humboldt ein «Instrument der Herrschaftssicherung» (S. 20), allerdings im Sinne der Herrschaft eines Kulturstaates, der auf der Bildung seiner Beamtenschaft beruhte (S. 32 ff.).

Die Tatsache, daß der Bildungsbegriff bereits in seiner Entstehungsgeschichte nur einer sozialen Gruppe, nämlich den Bürgern (und zudem nur den männlichen) diente, kann allerdings ebensowenig wie seine Pervertierung im Verlauf seiner Verfallsgeschichte davon abhalten, uns auf seinen emanzipatorischen Ursprung zu besinnen: «Bildung stellt den Menschen auf das ihm als Menschen Eigene: auf seine *Vernunft.* Das bislang als unabänderbar Hingenommene wird in seiner Genese durchschaut und als prinzipiell veränderbar erkannt, der Mensch nicht länger als bloße Funktion zufälliger Verhältnisse verstanden. Bildung ist der Versuch, von dem Eigenrecht und der Eigenwürde des Menschen überhaupt her die seine Menschheit beeinträchtigenden Zwänge zu erfassen und durch Aufklärung über sie ihre Abschaffung einzuleiten. Sie erhält eine allem Einpassenden und Unterdrückenden gegenüber kritische Qualität» (Menze 1983, S. 351). Anzumerken ist in diesem Zusammenhang auch, daß die Bildungsidee nicht nur eine Rolle in der Welt der Bürger spielte, sondern auch in der sozialistischen Theorie und in der Praxis der Arbeiterbildung. Für Karl Marx war der Bildungsbegriff bis hin zu seiner Radikalisierung als polytechnische Bildung eine der Weiterentwicklung würdige Kategorie bürgerlicher Philosophie; das gleiche gilt für so unterschiedliche sozialistische Erziehungstheoretiker wie Makarenko, Krupskaja und Suchodolski oder Heydorn und Gamm.

Ein dritter Grund für das «Veraltern» des Bildungsbegriffs war die

Verdrängung durch den Qualifikationsbegriff

Gerade wegen des Ideologieverdachts und der Verfallsgeschichte konnte der Bildungsbegriff – Baethge sprach von seiner historischen Überfälligkeit (1974) – weitgehend durch den vermeintlich wertneutralen und ideologisch unbelasteten Qualifikationsbegriff verdrängt werden (vgl. zum Austausch dieser Begriffe Kade 1983). Ziel des Lernens sollten seither die Qualifikationen für Beruf, für Freizeit, für gesellschaftliche Mitwirkung, die Tauglichkeit des Menschen in seinen unterschiedlichen Lebensbereichen und Tätigkeitsfeldern sein. Der sich in beruflicher Tätigkeit bewährende, sozial aufsteigende, zu demokratischer Mitbestimmung fähige Mensch wurde zum Muster eines gelungenen Qualifikationsprozesses. Die schulischen Bedingungen, unter denen sich dieser Prozeß vollzog, wurden zugleich stärker reflektiert. Damit rückten einerseits – und dies war eine notwendige Erweiterung – Themen wie Klassengrößen, Unterrichtsorganisation, Zensurengebung, Schulabschlüsse, Gebäudeausstattungen, Lehrerbildung usw. in das Blickfeld der Pädagogen. Andererseits erweckte eine solche Diskussion durch die Konzentration auf Qualifikationen und die Bedingungen ihrer Vermittlung auch den Eindruck, als ginge es ihr nicht mehr um originär pädagogische Fragen wie der nach der Entwicklung heranwachsender Menschen: So wurde der Schulreform schon in den siebziger Jahren der Vorwurf gemacht, sie sei unpädagogisch.

Wir halten diesen Vorwurf für falsch: Bei der Schulreform ging es nie allein oder auch nur vorwiegend um Organisationsprobleme, sondern auch um die Inhalte des Unterrichts und um die Beziehungen der Lehrer und Schüler untereinander, also um das pädagogische Verhältnis und um die Inhalte von Bildung. Nicht zuletzt die großen Debatten, die Anfang der siebziger Jahre in Hessen um die Rahmenrichtlinien geführt wurden, belegen dies. Selten zuvor und nie seither hat es in Deutschland und in der Bundesrepublik einen so umfassenden öffentlich geführten Diskurs darüber gegeben, was Schüler lernen sollen – und dies anläßlich von Richtlinien für Deutsch und Gesellschaftslehre, also für Fächer, die zum Zentrum des tradierten Bildungskanons zählten. Ein weiterer Beleg für die Bedeutung pädagogischer Fragen in der Schulreform ist das Gewicht, das dem Leitziel «Soziales Lernen» beigemessen wurde.

Gleichwohl meinen auch wir, daß mit dem Begriffswechsel von «Bildung» zu «Qualifikationen» eine Einengung verbunden war. Richtig am Qualifikationsbegriff bleibt der Bezug auf Praxis und auf die Arbeitswelt, ein Bezug, an dem es dem klassischen Bildungsbegriff gerade mangelte. Doch bleibt eine auf den Qualifikationsbegriff zentrierte Pädagogik reduktionistisch, was Kade verdeutlicht, wenn er darauf verweist, «daß es einem unerträglich erscheint, wenn jemand davon spricht, er würde sich für die Liebe oder für eine künstlerische Tätigkeit qualifizieren» (1983, S. 860). Menze betont, daß der Versuch, Bildung in empirisch ableitbare Komponenten als Bausteine für ein Curriculum zu zergliedern, an Phänomenen wie Verantwortung, Freiheit und Liebe scheitern müsse. Adornos Satz in seiner «Theorie der Halbbildung»: «Wer noch weiß, was ein Gedicht ist, wird schwerlich eine gut bezahlte Stellung als Texter finden» (1972, S. 101), weist ebenfalls darauf hin, daß mit der Rückrechnung von Lernbereichen aus beruflichen Tätigkeitsfeldern ganze Wissensbereiche ausgeklammert werden. Hinzu kommt ein prinzipieller Einwand: Der Qualifikationsbegriff ist gewissermaßen additiv, Qualifikation ist bestenfalls die Summe von einzelnen Fertigkeiten und Fähigkeiten, währenddes beim Bildungsbegriff die Einheitlichkeit des Subjekts, das Problem der Identität, mitbedacht wird.

Die Beschränkung, die im Qualifikationsbegriff von Anfang an angelegt ist, wurde spätestens in dem Moment deutlich, in dem über veränderte Bedingungen im Beschäftigungssystem die Funktionalisierung von Schulbildung für berufliche Tätigkeiten und sozialen Aufstieg zumindest brüchig wurde. Wenn erfolgreich beendete Qualifikationsprozesse nicht mehr in die Anwendung erworbener Qualifikationen einmünden, so verliert die Frage nach der Bedeutung von Schulbildung ihr Gewicht; an ihre Stelle schiebt sich die Frage nach der Bedeutung, die dem Lernen für die persönliche Entwicklung des einzelnen Menschen zukommt.

Nachdem wir auf ideologiekritische Hinweise zum Bildungsbegriff, auf seine Verfallsgeschichte und auf sein Verhältnis zum Qualifikationsbegriff verwiesen haben, wird deutlich, daß am klassischen Bildungsbegriff nicht umstandslos angeknüpft werden kann, sondern daß er erneuert werden muß. Für eine Wiederaufnahme der Bildungsdiskussion spricht, daß sie die Chance enthält, die emanzipatorische Botschaft des klassischen Bildungsbegriffs wiederzubeleben und einer Verkürzung des Auftrages der Schule auf Qualifikationsvermittlung entgegenzutreten. Hinzu kommt, daß der Bildungsbegriff geeignet ist, uns vor Verkürzungen zu bewahren, die mit der aktuellen Forderung nach Werterziehung verbunden sind.

Werterziehung oder Bildung?

Die in letzter Zeit vielerorts geforderte Werterziehung kommt bis vor wenigen Jahren in der erziehungswissenschaftlichen Fachliteratur so gut wie gar nicht vor; selbst in den neuesten Lexika und Enzyklopädien ist sie als Stichwort nicht zu finden. Das bestärkt den Eindruck, daß es sich eher um eine politische Parole als um ein pädagogisches Anliegen handelt, daß Werterziehung als neokonservative Antwort auf die sogenannte Sinnkrise zu verstehen ist. Diese Sinnkrise soll, vereinfacht gesagt, durch eine Rückbesinnung auf Werte wie Fleiß, Disziplin, Arbeitseifer, Leistung u. ä. bewältigt werden.

Wir haben nichts gegen diese «Werte». Wir selbst sind sehr pünktlich und halten einiges von Leistung und Disziplin. Doch wir fragen: Pünktlichkeit für wen? Und Leistung für was? Und Disziplin wozu? Wir denken, daß es höhere Werte gibt als die bei Werterziehung zumeist genannten «Sekundärtugenden» und daß es darum gehen muß, um diese höheren Werte zu ringen, sie zu begründen, zu vertreten, zu erläutern und gegebenenfalls auch zu revidieren. Außerdem beharren wir darauf, die Wertediskussion zu konkretisieren, das heißt, auf menschliche Praxis zu beziehen, also zu fragen, wo der einzelne «seine» Werte auch tatsächlich realisieren kann – in der Schule, in der Freizeit und bei der Arbeit.

Das konservative Konzept der Werterziehung fragt weder nach den «primären» Werten noch nach deren Realisierung im Alltag. Es orientiert sich indes an Begriffen wie Sinn und Sinnkrise aus dem Spektrum kulturpessimistischen Philosophierens, das vor allem in Nietzsches «Umwertung aller Werte» sowie in Spenglers «Untergang des Abendlandes» Ausdruck fand. Im geisteswissenschaftlichen Verständnis gehört Sinn nicht zur Sache selbst, zum Wesen der Dinge, sondern Sinn wird einer Sache beigelegt, ist von Tatsachen und Verhältnissen prinzipiell unabhängig. Mit der Analysekategorie «Sinnkrise» können deshalb reale Probleme einer Struktur- und Verteilungskrise nicht erfaßt werden. Von ihnen, und das soll wohl auch so sein, lenkt diese Kategorie eher ab. Das hat zur Folge, daß sich die Sinnkrise in den Köpfen verselbständigt hat und daß sie losgelöst debattiert wird von der Gesellschaftskrise, die doch die meisten Sinndefizite erst produziert. Tatsächlich ist die Sinnkrise eine Gesellschaftskrise.

Man bekommt eine Vorstellung von den gesellschaftlichen Bedürfnissen nach Sinn, wenn man an Arbeit in den Büros und in den Betrieben denkt, die in kleinste Teile zerlegt und überdies starr vorgegeben ist. Wenn Jugendliche auch außerhalb der Büros und Betriebe das Gefühl nicht loswerden, daß es nichts mehr zu gestalten gibt, weil alles schon fertig produziert und vorgedeutet daherkommt, dann schwinden die Sinnorientierungen einer Gesellschaft, auch wenn die Zahl der professionell angebotenen Lebenshilfen noch so zunimmt.

Der Verlust an selbstverständlichen Wertorientierungen und Sinn ist in der soziologischen Theorie längst thematisiert. Schon Marx sprach in diesem Zusammenhang von «kultureller Freisetzung» und Max Weber von «Entzauberung der Welt». Die kritische Soziologie im Umkreis der Frankfurter Sozialphilosophen Horkheimer und Adorno hat zudem bereits während des Zweiten Weltkrieges untersucht, daß das entstandene Sinndefizit durch ein immens expandierendes Angebot von vorgefertigten, konfektionierten Deutungen kompensiert werden soll, das die Konsum- und Freizeitindustrie und die Massenmedien auf den Markt bringen und welches sie Massenkultur nennen. Die Deutungen der Massenkultur zwingen sich dem einzelnen nicht auf. Die Nachfrage ergibt sich aus dem Mangel an Orientierungen. Denn durch die hochgradige Arbeitsteilung und gegenseitige Abschottung immer mehr zerstückelter Lebensbereiche werden Kinder und Jugendliche mit einer Vielzahl unterschiedlicher und gegensätzlicher Verhaltens- und Handlungsanforderungen konfrontiert, die nicht mehr zusammenpassen. Die Erfahrung von Brüchen und Zusammenhanglosigkeiten in den verschiedenen Bereichen läßt die Vermutung plausibel erscheinen, daß hier der Massenkultur eine enorme Entlastungsfunktion zukommt. Massenkultur verdeckt und verstärkt die Sinndefizite gleichzeitig. Sie ist der tiefere Grund für die Widersprüchlichkeit konservativer Werterziehung, die beispielsweise deutlich wird, wenn Konservative nach mehr Arbeitserziehung durch die Schule rufen und gleichzeitig für immer mehr Jugendliche hoffnungslose Arbeitslosigkeit droht. Ebenso klar wird diese Widersprüchlichkeit bei der Wiederentdeckung der Familie als «Kernzelle» der Gemeinschaft durch neokonservative Politiker, während doch dieselben Politiker durch die Verkabelung der Republik dazu beitragen, daß die isolierenden neuen Medien dem Gemeinschaftsleben dieser Familien den Garaus machen. Daß sich daraus zwangsläufig eine Sinnkrise ergibt, ist offensichtlich. Sie durch «Mut zur Werterziehung» beheben zu wollen, führt zu Manipulation und Dogmatismus und ist beruhigenderweise auch aussichtslos.

Aussichtslos ist die Erziehung von Kindern und Jugendlichen zu vorgegebenen Werten, weil die beschriebene «Enttraditionalisierung» die dafür notwendige soziale und kulturelle Basis hat verbleichen lassen. Bemühungen um Erziehung zu bestimmten Werten sind aber auch deshalb vergeblich, weil Werte von Heranwachsenden nicht einfach übernommen werden – anders wären die gegensätzlichen politischen Orientierungen, die in vielen Familien bei Eltern und Kindern bestehen, nicht zu erklären. Der Sinn für Gerechtigkeit zum Beispiel kann sich durchaus an erlebter Ungerechtigkeit entzünden. Die Herausbildung von Werturteilen ist viel komplizierter, als die konservative Erziehungstheorie meint (vgl. Portele 1978). Der Werterziehung haftet nicht nur der Geruch des Vergeblichen an, sondern gegenüber dem Bildungsbegriff auch noch der Makel des Zweitrangigen. So definiert Groothoff in Übereinstimmung mit den meisten Erziehungswissenschaftlern in einem weitverbreiteten pädagogischen Lexikon: «Das Geschäft der Pädagogik erscheint in Deutschland als ein doppeltes: als das der Erziehung und das der Bildung, wobei sich Erziehung auf die Gesinnung und das Verhalten bezieht und des näheren als Disziplinierung, Zivilisierung und Moralisierung (Kant) bezeichnet werden kann, während sich Bildung auf den ganzen Menschen, auf seine Selbstverwirklichung bezieht und des näheren als diejenige Auseinandersetzung des Menschen mit seiner Umwelt bezeichnet werden kann, mittels deren er welthaft wird, mittels deren er aber auch die Fähigkeit erwirbt, seinerseits die Welt zu verändern» (Groothoff 1970, Sp. 135). Erziehung und Bildung schließen sich selbstredend nicht aus; Erziehung ist eine Voraussetzung für Bildung, und je mehr sie Sozialerziehung ist und je kindgemäßer, desto bessere Voraussetzungen legt sie für das Gelingen von Bildungsprozessen. Deshalb wollen wir den Erziehungsauftrag der Schule auch nicht – wie die Antipädagogen – leugnen, sondern stärken. Aber wir müssen dabei die Grenzen der Erziehung im Auge behalten, wie sie die Bildungsidee überzeugend aufzeigt. Denn seit der Aufklärung ist mit dieser Bildungsidee das Vertrauen darauf verbunden, daß die Kraft der menschlichen Vernunft größer ist als das Bedürfnis nach

Anleitung durch Tradition und Autorität. Aufgeklärte Bürger bedienen sich – so will es dieses Bildungsverständnis – des eigenen Verstandes ohne Bevormundung, dafür selbstbewußt und in mitbürgerlicher Verantwortung. Es gehört folgerichtig zu den Erkenntnissen der Aufklärung, daß die höchsten Werte wie Mündigkeit nicht planvoll anerzogen werden können. Wer jemanden nach vorbestimmten und unbefragten Werten erziehen will, erzieht ihn nicht zur Mündigkeit, sondern behandelt ihn wie ein Mündel. Erziehung zu Mündigkeit ist ein Paradox.

Der Erzieher kann nicht Vormund sein, sondern nur Vorbild. Mündig können Menschen erst durch den Gebrauch des eigenen Verstandes werden. Der Erzieher ist bestenfalls in der Lage, Hindernisse beiseite zu schaffen und Kräfte freizulegen. Der Pädagogik der Aufklärung verdanken wir die Erkennntnis von der Dialektik des Bildungsprozesses: Jeder Heranwachsende wird in ursprünglicher Abhängigkeit erzogen, um selber unabhängig zu werden. Jedes Erziehungsverhältnis steht von vornherein unter der Voraussetzung, daß es beim Gelingen überflüssig wird, eine Erkenntnis, die die Anhänger von Werterziehung offenbar verdrängen.

Wir sagen, daß der Bildungsbegriff dem Erziehungsbegriff zwar nicht entgegensteht, ihm aber überlegen ist – und daß es auch deshalb lohnt, ihn für eine fortschrittliche Schulpolitik zu aktualisieren.

Merkmale eines erneuerten Bildungsverständnisses

Wenn wir im folgenden versuchen, Umrisse eines erneuerten Bildungsverständnisses zu zeichnen, so tun wir dies auf der Grundlage der hier vorgebrachten Klärungen. Wir knüpfen nicht an dem Bildungsbegriff an, der uns am Ende seiner Verfallsgeschichte entgegentritt, sondern wir gehen hinter diese Verfallsgeschichte zurück und erinnern mit Klafki (1985) an die emanzipierende Kraft des Bildungsbegriffs. Doch reicht dies nicht aus. Ein erneuertes Bildungsverständnis muß sich auf das reale Leben der Gegenwart beziehen und auch über dieses noch hinausweisen. Im Grundsätzlichen heißt das, den sozialen Implikationszusammenhang von Bildung zu berücksichtigen und eine Neufassung des Bildungsbegriffs vor dem Hintergrund einer Analyse der gesellschaftlichen Wirklichkeit sowie der gewünschten Zukunft zu versuchen.

Ausschnitte einer Wirklichkeitsanalyse haben wir in Kapitel 2 skizziert. Wir haben eine Veränderung der sozialen Organisation der Arbeitsteilung festgestellt mit der Gefahr, die Arbeit noch mehr zu teilen und Millionen Arbeitswillige auszugliedern. Wir haben das Aufkommen neuer Medien untersucht und können nicht ausschließen, daß geistige Arbeit industrialisiert und der Wirklichkeitsbezug mediatisiert wird. Wir haben an die globale Gefährdung des Friedens und die totale Bedrohung der Umwelt erinnert und Gegenbewegungen als wichtige Lernorte, die auf eine bessere Zukunft verweisen, identifiziert. Das Ergebnis der Wirklichkeitsanalyse muß in die Neubestimmung des Bildungsbegriffs genauso eingehen wie die unabgegoltenen Ziele der Bildungsreform: Abbau von Ungleichheit, Demokratisierung und Partizipation, Wissenschaftsorientierung und Curriculumrevision sowie Humanisierung des pädagogischen Umgangs.

Dies alles auf einen Begriff zu bringen, überfordert uns freilich. Nur kurze Zeit in der deutschen Geschichte, nämlich nach den napoleonischen Kriegen, hat dies einmal der neuhumanistische Bildungsbegriff geleistet. Sehr schnell ist mit der Restauration die soziale Basis zerbröckelt, die ihn trug. Nach einem neuen Bildungsbegriff in einer Zeit zu suchen, in der «Restauration» mit «Wende» übersetzt wird, wäre vermessen. Deshalb wollen wir bescheidener sein und lediglich Merkmale eines erneuerten Bildungsverständnisses zu formulieren versuchen, an dem sich hoffentlich viele orientieren können.

Aber es gibt auch einen prinzipiellen Grund, bei der Formulierung eines Bildungsbegriffs eher zurückhaltend zu sein. Menze, auf den wir uns schon wiederholt bezogen haben, begründet das so: «Alle pädagogischen Maßnahmen erhalten erst ihre Begründung von einer Auffassung der Bildung, die als letzter Bezugspunkt pädagogischen Tuns diese Maßnahmen als sinnvoll für das Leben des Menschen auszuweisen hat. Es gibt daher keine Definition, mit der festgelegt werden könnte, was Bildung ein für allemal inhaltlich bedeutet, so daß jedermann einer solchen Bestimmung beipflichten müßte. Lediglich eine formale Kennzeichnung ist möglich, der zufolge sich Bildung als ein komplexer Prozeß begreifen läßt, in dem eine als wünschenswert ausgegebene Persönlichkeitsstruktur hervorgebracht werden soll» (Menze 1984, S. 350).

Dieses Argument wird erst plausibel vor dem Hintergrund des Mündigkeitsparadoxes: Wenn wir inhaltlich vorgeben wollten, was Bildung sei, so würden wir Mündigkeit und Selbstbestimmung außer Kraft setzen, einen Kernbestandteil des Bildungsverständnisses.

Es gehört also zum Grundverständnis der Bildungsidee, daß sie sich nicht konkret definieren läßt. Das darf allerdings nicht mit Beliebigkeit verwechselt werden, weil sich dann die Grundbedeutung der Bildungskategorie verflüchtigte, nämlich Sinn und Orientierung zu geben. Die Auflösung dieses Dilemmas kann nur eine dialektische sein: formal zu definieren, was die Bedingungen für Inhalte sind; nicht vorherzubestimmen, worin Bildung besteht, sondern die Merkmale zu benennen, die Bildung als Selbstbildung erst möglich machen. Wir wollen hier einen Schritt weiterkommen, indem wir fünf solche Merkmale herausarbeiten.

Das erste bezeichnen wir als

Gestaltbarkeit – Historisch-politische Zusammenhänge aufzeigen

Ein gründliches Verstehen setzt die Kenntnis des Entstehens voraus; sie vermittelt, warum etwas entstanden ist, wie es sich gewandelt hat und was davon dauerhaft ist. Nur auf dem Hintergrund eines derartigen historischen Wissens lassen sich aktuelle Ereignisse fundiert beurteilen: So sind Auseinandersetzungen um Frieden und Friedenserziehung der Gefahr von Fehlschlüssen verstärkt ausgesetzt, wenn sie nicht in eine historische Dimension eingebettet sind, eine Dimension, zu der auch Nationalismus, Imperialismus, Rassismus und Klassenherrschaft gehören. Ebenso sind Debatten über Umwelterziehung verkürzt, wenn sie nicht aufbauen auf einer Geschichte der industriellen Entwicklung sowie der Verknüpfung von Industrialisierung und Kapitalverwertung.

Erst das Verstehen des Entstehens liefert Einblick in die Veränderbarkeit und die Dynamik gesellschaftlicher Entwicklungen. Es hilft, Interessen und Konventionen als solche zu erkennen und vorgegebene Sachzwänge zu entmystifizieren, und es ermutigt dazu, Entwicklungen nicht als unvermeidbar hinzunehmen und ihre Gestaltung immer wieder neu zu versuchen. Die Erkenntnis der Veränderbarkeit, die erst in einer historischen Perspektive von Bildung gewonnen wird, ist in einer Welt der Bedrohung von Frieden und Umwelt, der fortschreitenden Zerteilung von Arbeit sowie der Marginalisierung großer Teile der Bevölkerung durch Arbeitslosigkeit und Armut von unschätzbarer Bedeutung. Die Einsicht in die Gestaltbarkeit der menschlichen Entwicklung gibt erst den Mut, die Gesellschaft zu verändern und dafür auf Reformen zu bestehen. Diese Einsicht verleiht der Forderung nach Demokratisierung und Mitbestimmung erst eine zukunftsbezogene Bedeutung.

Denken in historischen Zusammenhängen öffnet ohnehin die Augen dafür, daß Bildung immer politisch ist, ohne mit Politik je identisch zu sein. Bildung ist immer politisch, weil sich Menschen nur als das verwirklichen können, was sie ihrer Möglichkeit nach sind, nämlich gesellschaftliche Wesen. Deshalb muß im Mittelpunkt von Bildungsprozessen der historisch-konkrete, gestaltende Mensch stehen – nicht aber ein bloß kontemplatives, gesellschaftsfernes und monadisches Individuum, das eine pädagogische Provinz bewohnt.

Das zweite Merkmal nennen wir

DURCHSCHAUBARKEIT – Wissenschaftsorientierung und Erkenntniskritik fördern

Immer mehr Wissen wird im Zuge der «verwissenschaftlichten Zivilisation» (Schelsky) durch Wissenschaft gewonnen, immer weniger durch die Ansammlung von Erfahrungen handelnder und ausführender Menschen. Dies führt zu der Notwendigkeit, den einzelnen zu befähigen, durch Wissenschaft gewonnenes Wissen durchschaubar zu machen und zu überprüfen, aber auch Erfahrungswissen durch Wissenschaft «aufzuklären». Von daher muß Wissenschaftsorientierung ein zentrales Element der Schule bleiben. Dies gilt erst recht für «Informationsgesellschaften», in denen Wissensproduktion und -verwendung als dominante Tätigkeiten angesehen werden. Deshalb ist es für einen aktuellen Bildungsbegriff unerläßlich, sich an Wissensproduktion und -verwendung zu orientieren und darüber hinaus erkenntniskritisch zu reflektieren.

Zur Wissenschaftsorientierung haben wir uns in den vorangegangenen Kapiteln bereits hinreichend geäußert. Zur Erkenntniskritik sind noch einige Erläuterungen vonnöten. Erkenntniskritik soll durchschaubar machen, nach welchen methodischen Kriterien Wissen gültig ist und welche Erkenntnisgrenzen damit verbunden sind. Es geht in prinzipieller Hinsicht um das notwendige Maß an Reflexion und intellektueller Distanz gerade gegenüber dem Universalitätsanspruch der neuen Kommunikations- und Informationswissenschaften, von denen nicht wenige behaupten, sie seien die zeitgemäßen Grundlagenwissenschaften. Was sich hinter «harten» wie «soften» Informationsverarbeitungssystemen tatsächlich verbirgt, wird um so weniger einsehbar, je komplexer die Systeme ausgelegt sind. Kinder und Jugendliche haben viel Vertrauen und zunehmend Übung darin, «Black-box-Systeme» anzuwenden. Das ist bei technischen Apparaten nicht so problematisch wie bei angewandter Informationswissenschaft. Die Betriebssysteme verbergen ihre Funktionsweise und die dahinter liegenden technischen und organisatorischen Strukturen, die Machtverhältnisse oder auch die rechtliche Struktur. Sie treten dem Nutzer lediglich als virtuelles System gegenüber, das zudem das Verhalten des Nutzers vorbestimmt. Kompetenter und kritischer Umgang der Anwender sollte aber über «blindes» Vertrauen hinausgehen. Aufklärung durch

Wissenschaft muß sich deshalb zunehmend auf Wissenschaft selber richten. Der mögliche Mißbrauch von Wissenschaft wird damit ein vordringliches Argument für deren Repräsentanz im Schulunterricht. Das gibt der Forderung nach «Wissenschaftsorientierung der Lehr- und Lernprozesse» aus den sechziger Jahren eine neue Triebkraft.

«Informationsgesellschaft» bedeutet auch Gewichtszunahme für die Kulturindustrie und damit auch Zunahme von Vorfabriziertem, auch von vorgeprägten Bedürfnissen. In einer demokratischen Gesellschaft kommt es auf Menschen an, die nicht nur gelernt haben, in vorgegebenen Bahnen zu funktionieren. Es ist erforderlich, daß Menschen ihre eigenen Bedürfnisse kennen, bevor sie von der Kulturindustrie vereinnahmt werden, mit ihnen umgehen können und darauf bezogene Interessen artikulieren. Was den Produkten der Kulturindustrie entgegenzusetzen wäre, ist ein Typus von gehaltvollem Wissen, dessen Herkunft aus einer kulturellen Praxis nachvollziehbar sein muß.

Gehaltvoll wäre Wissen, wenn es die Erfahrung von Widersprüchlichem und Unabgeschlossenem bewahren und möglichst noch auf den Begriff bringen würde. Derartige Wissensbestandteile enthalten sowohl Klassen- als auch Gegenkulturen, die bürgerliche philosophische Aufklärung wie die Arbeiterbewegung. Solche Bildungsgehalte sind unterschiedlich sperrig gegen kulturindustrielle Vereinnahmung, aber nicht dagegen gefeit. Die sicherste Vorkehrung gegen «Einbürgerungen» dürfte noch in der Forderung nach «Dekonstruktion» (Wexler 1981) bestehen, der «Rückarbeitung» der Wissensbestandteile zum Ausgangspunkt, zur ursprünglichen kulturellen Praxis. Natürlich kann nicht alles Wissen im Unterricht oder durch Unterricht neu erfunden werden, und es sollte auch nicht so getan werden, als sei das erstrebenswert. Worum es geht, ist Aneignungsprozesse auf ein möglichst hohes Maß an Eigentätigkeit zu gründen, ein traditionsreiches pädagogisches Prinzip, das schon von Pestalozzi unter der Bezeichnung Selbsttätigkeit vertreten wurde.

Im Mittelpunkt von Bildungsprozessen muß also die Vermittlung von unmittelbaren Erfahrungen mit Menschen, Sachen und Ideen stehen. Erfahrungen verlangen nach einem klärenden Diskurs; miteinander Sprechen, Lesen und Schreibenkönnen gehören unverzichtbar dazu, Spielen ebenfalls. Nur wenn es Kindern gelingt, sich eigentätig Erfahrungen anzueignen und diese zu reflektieren, wird für sie die Welt durchschaubar. Es geht also um die Belebung sowohl erfahrungsbezogenen als auch diskursiven Lernens.

Das dritte Merkmal heißt

SINNLICHKEIT – Zu Eigentätigkeit anregen und Erfahren mit Erleben verbinden

Automatisierte Produktion, mediatisierte Kommunikation, elektronische Textverarbeitung, Mensch-Maschine-Programme oder Fernsehbilder laufen ja allesamt darauf hinaus, daß die Lebenswirklichkeit entsinnlicht wird und daß unmittelbare Erfahrungen tendenziell durch «Erfahrung aus zweiter Hand» ersetzt werden. Auch verweist der Begriff «Informationsgesellschaft» eher auf den Datenschatten der gesellschaftlichen Wirklichkeit als auf diese selbst. Die Bildungseinrichtungen müßten konkret wahrnehmbare Sinnlichkeit bewußt dagegensetzen. Dafür benötigen sie mehr Autonomie und mehr Gestaltungskraft. Es ist auch zu bedenken, ob es nicht lohnt, Disziplinen, die heute vernachlässigt werden, wieder neu zu beleben, wie Ästhetik, die in die verschiedensten Bereiche künstlerischer Arbeit und sinnlichen Lebens einführt, oder Rhetorik als Vorbereitung auf die aktive, nicht medial vermittelte Teilnahme am öffentlichen Leben.

Mit Sinnlichkeit meinen wir nicht nur die romantisch-kontemplative Dimension des klassischen Bildungsbegriffs. Wir wollen demgegenüber darauf achten, daß mehr Bildung nicht zu mehr «Verkopfung» führt. Bildung muß deshalb entschiedener als bisher bezogen werden auf Lebenswelt und Handeln, auf praktische, menschlich-sinnliche Tätigkeit, auf Eigentätigkeit.

Bei eigentätiger Aneignung objektivieren sich Selbstbild und Selbstsicherheit, Kompetenz und Urteilsvermögen. Im hergestellten Gegenstand, der verinnerlicht wird, bleiben sie erhalten. Das Selbstbild beruht also mehr auf Eigenem, und es ist gefestigter und ist deshalb auch weniger von den Urteilen und Erwartungen anderer abhängig, weniger narzißtisch orientiert. Darüber hinaus ist Eigentätigkeit die materielle Grundlage der Erkenntnistätigkeit. Das Kind lernt durch die eigene Herstellung von Gegenständen noch am ehesten deren Eigenschaften und Verwendungsmöglichkeiten, ja, deren Wesen kennen. Das gilt nicht nur für schöpferische Leistungen, sondern ebenso für den Nachvollzug oder die Wiederholung derselben.

Eigentätigkeit ist die intensivste Form des Lernens, nicht nur, weil sie die Herstellung durchschaubar macht, sondern weil sie je nach Umständen alle Sinne anspricht. Sie ist kognitiv und zugleich emotional. Erfahren und Erleben fallen zusammen; Gefühle können auf ihre «Gründe» zurückgeführt werden, machen auf diese Weise weniger ängstlich und bereiten hoffentlich auch Vergnügen.

Das vierte Merkmal lautet:

GANZHEITLICHKEIT – Den Zusammenhang der Lebenspraxis verständlich machen

Prozesse gesellschaftlicher Differenzierung und zunehmende Teilung der Arbeit haben die Lebenspraxis in voneinander getrennte Bereiche zergliedert wie Arbeiten und Wohnen, Freizeit und Erziehung, Planen und Ausführen, die gegenüber vorindustriellen Verhältnissen mehr und mehr auseinanderfielen. Ebenso wurde Theorie tendenziell von Praxis geschieden, Tätigkeit von Erkenntnis und Arbeit von Bildung. Auf den schulischen Lehrplan wirkte sich das durch Zerstückelung des Unterrichts in immer mehr Spezialfächer aus, die in 45-Minuten-Einheiten fast willkürlich miteinander kombiniert werden.

Zerstückelung ist keine exklusive schulische Angelegenheit, sie ist in allen Lebensbereichen festzustellen, vor allem im Fernsehen mit den charakteristischen 45-Sekunden-Sequenzen und schnell wechselnden Programmbausteinen bis hin zur Unterbrecher-Werbung, die hierzulande kommen soll und in den USA gang und gäbe ist, einem Land mit einer Programmstruktur, von der behauptet werden kann, das einzige, was dort noch Zusammenhänge zeige, sei der Wetterbericht (Gitlin 1982, S. 209). Die neuen Technologien am Arbeitsplatz haben die Potenz, die Fragmentierung auf die Spitze zu treiben. Sie sind umgekehrt auch geeignet, Auseinandergefallenes wieder zu integrieren. Letzteres kann aber nur gelingen, wenn Schulbildung die Voraussetzungen dafür schafft, wenn sie den Zusammenhang der Lebenspraxis selber zum Bildungsgegenstand macht, zusammenbringt, was in großen Teilen der Lebenswelt nicht mehr als zusammenhängend deutlich wird.

Das heißt, daß ein alter Makel des klassischen Bildungsbegriffs überwunden werden muß, nämlich die falsche Trennung von allgemeiner und beruflicher Bildung; die Einführung polytechnischen Unterrichts wäre ein Weg dazu. Das heißt auch, Unterricht viel stärker fachübergreifend zu organisieren als bisher und die Lehrgangsstruktur zugunsten einer Projektstruktur zurückzunehmen. Das heißt schließlich, die bornierte Trennung in sogenannte intellektuelle Leistungsfächer und sogenannte musische Fächer aufzugeben und sich statt dessen darum zu bemühen, Elemente des Musischen und der Kreativität stärker in sprachlichen und naturwissenschaftlichen Lernbereichen zur Geltung kommen zu lassen und umgekehrt anspruchsvolle Reflexionen über Musik, Kunst oder Sport anzuregen.

Mehr Ganzheitlichkeit heißt allerdings nicht, die Vermittlung einer einheitlichen Volkskultur anzustreben. Die Vorstellung von einer einheitlichen Volkskultur ist in Klassengesellschaften, so sehr sich die Klassengrenzen auch in Bewegung befinden, reine Ideologie. Zudem können wir angesichts der vereinheitlichenden Produkte der Kulturindustrie froh sein über die neue Vielfalt blühender ethnischer Gegen- und Subkulturen, deren Vielfältigkeit eher noch zu fördern wäre. Vielmehr kann es in der Schule nur darum gehen, angesichts der Widersprüche und auseinanderlaufenden Bewegungen neue Möglichkeiten der Verständigung auch über Dissentes zu gewinnen, wie es v. Hentig für den Bildungsbegriff auch fordert: «Bildung ist eine Geistesverfassung, Ergebnis eines nachdenklichen Umgangs mit den Prinzipien und Phänomenen der eigenen Kultur. Eine allgemeine Bildung ist sie in dem Maße, indem sie der Verständigung unter den Menschen über ihre Welt dient.» (1980, S. 108f.)

Der klassische Bildungsbegriff bezog Ganzheitlichkeit von Anfang an auch auf den gebildeten Menschen selbst. Humboldt benutzte die berühmt gewordene Formulierung von der «höchsten und proportionierlichsten Bildung seiner Kräfte zu einem Ganzen» (1964, I, S. 164). Wir können uns sehr wohl mit der Idee der «proportionierlichsten» Bildung aller Kräfte zu einem Ganzen identifizieren, weniger jedoch mit der Forderung nach Höchstleistung. «Höchste» Bildung aller Kräfte scheint uns nicht nur unmöglich zu sein, sondern zudem Schwerpunkte, Besonderheiten oder Vorlieben ausschließen zu wollen; außerdem verspüren wir dabei einen elitären Beiklang. Uns erscheint einleuchtender, was Pestalozzi fast gleichzeitig, aber humaner faßte, wenn er unter Bildung die Selbstentfaltung der Grundkräfte von Kopf, Herz und Hand verstand, also von Verstand, Gefühl und Tätigkeit.

Das führt zum fünften Merkmal:

Solidarität – Beschränkungen abbauen und die Schüler stärken

Bildung ist kein Privileg einiger Ausgewählter, sondern ein menschliches Grundrecht, das allen zusteht, unabhängig von Geburt, Besitz, sozialer Stellung. Hier sind wir mit Humboldt völlig einig: «Jeder, auch der Ärmste, erhielte eine vollständige Menschenbildung ... jede intellektuelle Individualität fände ihr Recht und ihren Platz, keiner brauchte seine Bestimmung früher als in seiner allmählichen Entwicklung selbst zu suchen» (1964, IV, S. 175). Der Bildungsbegriff verträgt sich nicht mit ungleichen Bildungschancen, er begründet vielmehr das Gleichheitsgebot, weil er ausdrücklich von Abhängigkeiten und Beschränkungen befreien will.

Der Bildungsbegriff steht deshalb auch im Widerspruch zur aktuellen Forderung nach Elitebildung. Indem Bildung für die Herausbildung von Eliten in Dienst genommen wird, verkommt sie zum Instrument der Herrschaftssicherung. Dies gilt besonders in einem Land, das wie die Bundesrepublik über ein Schulsystem verfügt, das strukturell auf Selektion angelegt ist und dessen Selektion dem Begüterten ein Übermaß an Bildungschancen einräumt. Verschärfte Auslese würde zudem viele Schüler überfordern, wo es doch gilt, die Schüler zu stärken. Denn der Weg zu einer selbstbestimmten Orientierung und zu selbständigem Handeln ist für junge Menschen dorniger geworden. Heute treten gesellschaftliche Widersprüche und konfligierende Wertorientierungen deutlicher hervor als in den sechziger und siebziger Jahren. Eine Vielzahl von Bewegungen, auch auseinanderlaufende, sind ein Indiz dafür. Wie dramatisch das Auseinanderdriften zugenommen hat, zeigt ein Vergleich zu den fünfziger Jahren, in denen es nur eine nennenswerte Jugendbewegung gegeben hat, die Halbstarken, während sich heute von Punks über Skinheads bis zu Poppern und Alternativis ein ganzes Kaleidoskop auftut. Kindheit und Jugend haben sich grundlegend gewandelt (Rolff/Zimmermann 1985). Bildung hieß schon immer, mit disparaten Lebensbereichen und Konflikten umgehen zu können, heute gilt das jedoch mehr als je zuvor. Schüler, die dieses aushalten sollen, brauchen emotionale, soziale und intellektuelle Stärkung, benötigen individuelle Förderung.

Individuelle Förderung darf allerdings nicht mit unbeschränktem Individualismus verwechselt werden; sie muß eingebettet sein in die Gewinnung einer Verantwortlichkeit des einzelnen gegenüber der Gesellschaft. Das Äquivalent mündiger Selbstbestimmung muß Solidarität sein, damit die Befreiung aus Unmündigkeit nicht allein zur Freiheit in der bürgerlichen Konkurrenz wird: zur Freiheit des Stärkeren, Tüchtigeren, Leistungsfähigeren, der seine Stärken bedenkenlos einsetzen darf, solange er dabei nicht gegen Gesetze verstößt. Diese Variante der Freiheitsidee läuft Gefahr, auf Egoismus und Egozentrik verkürzt zu werden. In der Tradition der Arbeiterbewegung ist individuelle Entwicklung immer solidarischem Handeln verpflichtet. Für Bildungsprozesse bedeutet das, daß Kinder erfahren sollen, wie Lernen Freude macht, wenn sie zusammen lernen, einander helfen, sich helfen lassen und Aufgaben gemeinsam bewältigen. Für Bildungsprozesse bedeutet das auch, daß sie didaktisch orientiert, also lernerleichternd sein und auf die soziale Biographie der Schüler Rücksicht nehmen müssen. Wir können uns Bildung ohne «Humanisierung des pädagogischen Umgangs» nicht vorstellen.

Zum Schluß

Mit dem Versuch, für die Gegenwart und für die absehbare Zukunft zu interpretieren, was unter Bildung verstanden werden kann, haben wir den grundsätzlichen Bezugspunkt unserer Analyse herausgearbeitet: Weil gesellschaftlich-ökonomische Entwicklungen und technischer Wandel dem Menschen nicht allein fremd entgegentreten, sondern stets auch von Menschen herbeigeführt werden, kommt es darauf an, diesen Prozeß so zu beeinflussen, daß Prinzipien der Humanität, der Gerechtigkeit und der gesellschaftlichen Teilhabe tatsächlich eingelöst werden. Wenn Bildung dazu einen Beitrag leisten soll, darf sie nicht den Gesetzen der ökonomisch-technischen Funktionalisierung unterworfen werden, sondern muß sich an dem humanen Anspruch eines jeden einzelnen orientieren, zu Mündigkeit und zur gesellschaftlichen Handlungsfähigkeit zu gelangen. Diese Einsicht ist keineswegs neu, sie wurde bereits im ausgehenden 18. Jahrhundert von dem bedeutendsten deutschsprachigen Philosophen der Aufklärung, von Immanuel Kant, in faszinierender Weise formuliert: «Kinder sollen nicht dem gegenwärtigen, sondern dem zukünftig möglich besseren Zustande des menschlichen Geschlechts, das ist: der Idee der Menschheit, und deren ganzen Bestimmungen angemessen, erzogen werden (...) Dies eröffnet uns den Prospekt zu einem künftigen glücklicheren Menschengeschlechte» (Kant 1964, S. 704). Bildung für eine glücklichere Zukunft – ja, aber nicht um den Preis einer Aufopferung der Gegenwart: «Die Lebenstätigkeit, die ihre Beziehung auf die Zukunft hat, muß zugleich auch ihre Befriedigung in der Gegenwart haben; so muß auch jeder pädagogische Moment, der als solcher seine Beziehung auf die Zukunft hat, zugleich auch Befriedigung sein für den Menschen, wie er gerade ist: Je mehr sich beides durchdringt, um so inhaltlich vollkommener ist die pädagogische Tätigkeit» (Schleiermacher 1957, S. 48). Diese Maximen des 18. und 19. Jahrhunderts, das haben wir deutlich gemacht, behalten ihre Gültigkeit, müssen aber grundlegend neu bestimmt werden. Welchen Beitrag Schule im ausgehenden 20. Jahrhundert zu ihrer Realisierung leisten kann, welche Gefahren aber auch bestehen, daß Schule einen solchen Beitrag verfehlt – das war das Thema unseres Buches.

Literatur

Adorno, Th. W.: Theorie der Halbbildung, in: ders.: Gesammelte Schriften 8 (Soziologische Schriften 1), Frankfurt 1972, S. 93ff.

Anders, G.: Die Antiquiertheit des Menschen, 2 Bde, München 1983 (I) und 1981 (II)

Baethge, M.: Qualifikation – Qualifikationsstruktur, in: Wulf, C. (Hg.): Wörterbuch der Erziehung, München 1974, S. 478ff.

ders., Oberbeck, H.: Berufsbildungspolitische Folgerungen aus Entwicklungen im Angestelltenbereich, Göttingen 1983 (Ms.)

Bastian, J.: Schülerbeteiligung zwischen Symmetrie-Sehnsucht und den Verhältnissen, die nicht so sind, in: Westermanns Pädagogische Beiträge 11/1981, S. 460ff.

ders., Gudjons, H.: Impressionen zu einer Neuen Lebenskultur in der Schule, in: Westermanns Pädagogische Beiträge 3/1983, S. 124ff.

Bauer, K. O., Klemm, K., Pardon, H.: Ergebnisse empirischer Schulforschung: Sekundarschulen auf dem Prüfstand, in: Rolff u. a.: Jahrbuch der Schulentwicklung 1, Weinheim 1980, S. 141ff.

ders., Budde, H.: Schule und Studium: Mehr Berechtigungen, weniger Chancen, in: Rolff u. a.: Jahrbuch der Schulentwicklung 3, Weinheim 1984, S. 76ff.

Baumert, J.: Aspekte der Schulorganisation und Schulverwaltung, in: MPI für Bildungsforschung (Hg.): Bildung in der Bundesrepublik Deutschland, Bd. 1, Reinbek 1980, S. 589ff.

Becker, H.: Die verwaltete Schule, in: ders.: Kulturpolitik und Schule, Stuttgart 1956

Beer, W.: Lern- und Handlungsfelder für die Friedensbewegung, in: v. Dick, L. (Hg.): Lernen in der Friedensbewegung, Weinheim 1984, S. 40ff.

Bennholdt-Thomsen, V.: Zur Bestimmung der geschlechtlichen Arbeitsteilung im Kapitalismus, in: v. Werlhof, C., u. a.: Frauen, die letzte Kolonie, Reinbek 1983

Birster, R.: Unterrichtsmittel: Computer, in: Journal Neue Technologien, EDV, Beilage von Westermanns Pädagogische Beiträge 10/1984, S. 4ff.

Blankertz, H.: Warnung vor dem Widerruf: Die Grusel-Wissenschaftsorientierung des Herrn Spies, in: Schulpraxis 5,6/1982a, S. 11ff.

ders.: Die Sekundarstufe II. Perspektiven unter expansiver und restriktiver Bildungspolitik, in: ders. u. a. (Hg.): Enzyklopädie Erziehungswissenschaft, Bd. 9.1, Stuttgart 1982b, S. 321 ff.

ders.: Ideologie – Ideologiekritik. Stichwort in: Wulf, Ch. (Hg.): Wörterbuch der Erziehung, München 1974

Bourdieu, P., Passeron, J. C.: Die Illusion der Chancengleichheit, Stuttgart 1971

Böll, H.: Was soll aus dem Jungen bloß werden? Bornheim 1981

Bölling, R.: Volksschullehrer und Politik. Der Deutsche Lehrerverein 1918–1933, Göttingen 1978

Brater, M.: Arbeit – Beruf – Persönlichkeit, in: Soziale Welt 1983, S. 36 ff.

v. Braunmühl, E.: Antipädagogik – Studien zur Abschaffung der Erziehung, Weinheim 1975

Braverman, H.: Die Arbeit im modernen Produktionsprozeß, Frankfurt 1977

Brzukalla, H.-J., Hansen, R.: Reformansätze in der Sekundarstufe II, in: Rolff u. a.: Jahrbuch der Schulentwicklung 2, Weinheim 1982, S. 101 ff.

Büchner, P.: Vom Befehlen und Gehorchen zum Verhandeln – Entwicklungstendenzen von Verhaltensstandards und Umgangsnormen seit 1945, in: Preuß-Lausitz, U. (Hg.): Kriegskinder, Konsumkinder, Krisenkinder, Weinheim 1983, S. 196 ff.

Bund-Länder-Kommission für Bildungsplanung: Modellversuche mit Gesamtschulen, Brühl 1982

dieselbe: Bericht über Strukturprobleme im Verhältnis von Bildungs - und Beschäftigungssystem, Bonn 1983

dieselbe: Künftige Perspektiven von Hochschulabsolventen im Beschäftigungssystem, Drucksache B 10/85, Bonn, 13. 2. 1985

Bundesministerium für Bildung und Wissenschaft (BMBW) (Hg.): Bildungsbericht '70. Bericht der Bundesregierung zur Bildungspolitik, Bonn 1970

dasselbe (Hg.): Arbeiterkinder im Bildungssystem, Bonn 1982

dasselbe (Hg.): Grund- und Strukturdaten 1982/83 ff., Bonn 1982 ff.

Clark, R. E.: Reconsidering Research on Learning from Media, in: Review of Educational Research 53 (1983) 4, S. 445 ff.

Deutsch, K. W.: Bildung in der Informationsgesellschaft, in: BMFT/BMBW (Hg.): Computer und Bildung, Bonn 1984

Deutscher Ausschuß für das Erziehungs- und Bildungswesen: Rahmenplan zur Umgestaltung und Vereinheitlichung des allgemeinbildenden öffentlichen Schulwesens, Stuttgart 1960

Deutscher Bildungsrat, Empfehlung zur Einrichtung von Schulversuchen mit Gesamtschulen, Bonn 1969

Deutscher Bildungsrat: Strukturplan für das Bildungswesen, Stuttgart 1970

ders. (Hg.): Zur Reform von Organisation und Verwaltung im Bildungswesen, Teil 1: Verstärkte Selbständigkeit der Schule und Partizipation der Lehrer, Schüler und Eltern, Stuttgart 1973

ders.: Zur Neuordnung der Sekundarstufe II, Konzept für eine Verbindung von allgemeinem und beruflichem Lernen, Bonn 1974

ders.: Bericht '75 – Entwicklungen im Bildungswesen, Bonn 1975

Deutscher Bundestag: Zwischenbericht der Enquête-Kommission «Neue Informations- und Kommunikationstechniken», Drucksache 9/2442, Bonn 1983

Dewe, W.: Kultursoziologische Bildungsforschung. Zum Wechselverhältnis von lebenspraktischen Deutungsmustern und wissenschaftlichen Orientierungen, in: Zeitschrift für Sozialisationsforschung und Erziehungssoziologie 2/1984, S. 307ff.

Dichanz, H., Bischoff, H., u. a.: Das Methodenrepertoire von Lehrern. Eine Untersuchung zum Unterrichtsalltag in der Sekundarstufe I, Manuskriptdruck Fernuniversität Hagen 1984

v. Dick, L. (Hg.): Lernen in der Friedensbewegung, Weinheim 1984(a)

ders.: Lernen in Bewegungen – Hunger nach Leben, Manuskript, Hamburg 1984(b)

ders.: Wohin mit meinem Haß? Haupt- und Sonderschüler am Ende ihrer Schulzeit. In: Westermanns Pädagogische Beiträge, 5–6/1985

Doyle, D. P.: Literacy in the post-industrial world. A paper prepared for the AEI-Konrad-Adenauer-Stiftung Meeting, Bonn 1984 (hektogr. Ms.)

Düll, K. (Hg.): Industriearbeit in Frankreich, München 1984

Eigler, H., Hansen, R., Klemm, K.: Wem hat die Bildungsexpansion genutzt? in: Rolff u. a.: Jahrbuch der Schulentwicklung 1, Weinheim 1980, S. 45ff.

Fabry, E.: Integration behinderter Kinder und der Elternwille, in: Westermanns Pädagogische Beiträge 4/1983, S. 162ff.

Faulstich-Wieland, H., u. a.: Erfolgreich in der Schule – diskriminiert im Beruf: Geschlechtsspezifische Ungleichheiten bei der Berufseinmündung, in: Rolff u. a.: Jahrbuch der Schulentwicklung 3, Weinheim 1984, S. 117ff.

Fend, H.: Gesamtschule im Vergleich, Weinheim, Basel 1982

Fernau, F. W.: Rechtliche Grundlagen der Schulentwicklung, in: Schulmitwirkung und Schulalltag, Haus Neuland Werkstattbericht 3, Bielefeld 1981, S. 141ff.

Flechsig, K. H.: Die technologische Wendung in der Didaktik; zuerst 1968, hier zit. nach: Issing/Knigge-Illner: Unterrichtstechnologie und Mediendidaktik, Weinheim 1976, S. 15ff.

Fluck, B.: Stellungnahme zur Hochbegabten- und Eliteförderung, in: Westermanns Pädagogische Beiträge 2/1985, S. 64ff.

Freise, G.: Warum es wichtig ist, die Diskussion über die «Wissenschaftsorientierung von Unterricht» wieder aufzunehmen und weiterzuführen, in: Die Deutsche Schule 1/1983, S. 3ff.

v. Friedeburg, L.: Bilanz der Bildungspolitik, in: betrifft: erziehung 5/1978, S. 50ff.

Furck, C.-L.: Innere oder äußere Schulreform? in: Fürstenau, P., u. a.: Zur Theorie der Schule, Weinheim 1969, S. 115ff.

Gebbert, V.: Rationalisierung und Flexibilisierung durch Arbeitsstrukturierung, Diss. Dortmund 1984

Gesellschaft für Arbeitsschutz- und Humanisierungsforschung mbH: Ergebnisse der bundesweiten Bestandsaufnahme zum Stand der Rationalisierung und des technischen Wandels in den Betrieben der Metallindustrie, Frankfurt 1983

GEW (Hg.): Datenservice – Kommentierte Daten zur Bildungspolitik, Frankfurt 1983

Gitlin, T.: Television's screens, in: Apple, M. W. (Ed.): Cultural and Economic Reproduction in Education, London/Boston: Routledge 1982

Groothoff, H. H.: Bildung, in: ders. u. Stallmann, A. (Hg.): Neues Pädagogisches Lexikon, Freiburg 1970

Günther, K. H., u. a.: Geschichte der Erziehung, Berlin (DDR) 1966

Günther, M., Heitmeyer, W.: Eltern und Schule – Einstellungen und Voraussetzungen zur Mitwirkung, in: Schulmitwirkung und Schulalltag, Haus Neuland Werkstattbericht 3, Bielefeld 1981, S. 11ff.

de Haan, G.: Die ökologische Krise als Herausforderung für die Erziehungswissenschaft, in: Lenzen, D. (Hg.): Jahrbuch für Erziehungswissenschaft 1, Stuttgart 1982, S. 79ff.

Habermas, J.: Gegen einen positivistisch halbierten Rationalismus, in: Adorno, Th. W. (Hg.): Der Positivismusstreit in der deutschen Soziologie, Darmstadt, Neuwied 1969, S. 235ff.

Haefner, K.: Die neue Bildungskrise, Basel 1982

Haensel, D., Klemm, K.: Lernen in der Grundschule, Weinheim 1977

Hansen, R., Rolff, H. G.: Sinkende Schülerzahlen, Schulstruktur und Lernbedingungen: Die Sekundarstufe I in den 80er Jahren, in: Rolff, u. a.: Jahrbuch der Schulentwicklung 3, Weinheim 1984, S. 144ff.

v. Hentig, H.: Das allmähliche Verschwinden der Wirklichkeit, München, Wien 1984

ders.: Die Krise des Abiturs und eine Alternative, Stuttgart 1980

Herrlitz, H. G.: Gesamtschulreform im historischen Prozeß, in: Gesamtschul-Berichte, Heft 5/1984 (hg. von der GGG Niedersachsen), S. 11ff.

ders., Titze, H.: Überfüllung als bildungspolitische Strategie, in: Die Deutsche Schule 6/1976, S. 348ff.

ders., Hopf, W., Titze, H.: Deutsche Schulgeschichte von 1800 bis zur Gegenwart, Königstein 1981

Hopf, D., Krappmann, L., Scheerer, H. J.: Aktuelle Probleme der Grundschule, in: MPI für Bildungsforschung (Hg.): Bildung in der Bundesrepublik Deutschland, Bd. 2, Reinbek 1980, S. 1113ff.

Horkheimer, M., Adorno, Th. W.: Dialektik der Aufklärung, Frankfurt/M. 1971 (1947)

Hornstein, W.: Neue soziale Bewegungen und Pädagogik. Zur Ortsbestimmung der Erziehungs- und Bildungsproblematik in der Gegenwart, in: Zeitschrift für Pädagogik 2/1984, S. 147ff.

Horstkemper, M., Klemm, K., Tillmann, K. J.: Gesamtschule im viergliedrigen Schulsystem, in: Rolff, H. G. u. a.: Jahrbuch der Schulentwicklung 2, Weinheim 1982, S. 75ff.

Humboldt, W. v.: Über die mit dem Königsbergischen Schulwesen vorzunehmenden Reformen, in: Werke in fünf Bänden, hg. von Flitner, A. u. Giel, K., Darmstadt 1964, Bd. IV, S. 168ff.

Humboldt, W. v.: Ideen zu einem Versuch, die Grenzen der Wirksamkeit des Staates zu bestimmen, in: Werke in fünf Bänden, hg. von Flitner, A. u. Giel, K., Darmstadt 1964, Bd. I, S. 56ff.

IGM: Maschinen wollen sie – uns Menschen nicht. Rationalisierung in der Metallwirtschaft, Frankfurt 1983

Institut für Arbeitsmarkt- und Berufsforschung (IAB): Perspektiven 1980–2000, in: Quintessenzen aus der Arbeitsmarkt- und Berufsforschung, März 1983

Jellinek, G.: Die Erklärung der Menschen- und Bürgerrechte, [4]1927

Kade, J.: Bildung oder Qualifikation, in: Zeitschrift für Pädagogik 6/1983, S. 859ff.

Kaiser, R. (Hg.): Global 2000. Der Bericht an den Präsidenten, Frankfurt/M. 1980

Kant, I.: Beantwortung der Frage: Was ist Aufklärung?, in: Werke VI, hg. von Weischedel, W., Frankfurt 1964, S. 51ff.

ders.: Über Pädagogik, in: Werke VI, hg. von Weischedel, W., Frankfurt 1964, S. 691ff.

Keim, W.: Die bildungspolitischen Zielsetzungen eines einheitlichen Sekundarstufen-I-Abschlusses, in: Die Deutsche Schule 7,8/1979

ders.: Vom gegliederten Schulsystem zur Stufenschule. Modellfall Bremen. Manuskriptdruck o. O. (Paderborn) 1984

Keitel, Chr.: Entwicklungen im Mathematikunterricht, in: MPI für Bildungsforschung (Hg.): Bildung in der Bundesrepublik Deutschland, Bd. 1, Reinbek 1980, S. 447ff.

Kern, P., Wittig, H.-G.: Pädagogik im Atomzeitalter, Freiburg 1982

Kern, H., Schumann, M.: Das Ende der Arbeitsteilung? München 1984

Klafki, W.: Thesen zur «Wissenschaftsorientierung» des Unterrichts, in: Pädagogische Rundschau 1/1984, S. 79ff.

ders.: Konturen eines neuen Allgemeinbildungskonzepts, in: ders.: Neue Studien zur Bildungstheorie und Didaktik, Weinheim 1985

Klemm, K.: Vom Wandel der Arbeit und der Zukunft der Schule, in: Westermanns Pädagogische Beiträge 5/1984(a), S. 226ff.

ders. u. a.: Zukunft der Arbeit – Perspektiven der Schulentwicklung, Braunschweig 1984(b)

ders.: Arbeitsmigration und Rückkehrbereitschaft, in: Rolff u. a.: Jahrbuch der Schulentwicklung 3, Weinheim 1984(c), S. 225ff.

ders., Koch, H.: Schule und Arbeitsmarkt, in: Rolff u. a.: Jahrbuch der Schulentwicklung 3, Weinheim 1984, S. 44ff.

ders., Rösner, E., Holtappels, H. G.: Quantitative Entwicklungen im Bildungswesen Nordrhein-Westfalens. Werkheft 20 des Instituts für Schulentwicklungsforschung, Dortmund 1985

ders., Tillmann, K. J.: Schule im kommunalen Kontext, in: Baethge, M., Nevermann, K. (Hg.): Enzyklopädie Erziehungswissenschaft, Bd. 5, Stuttgart 1984, S. 280ff.

Kohlberg, L., u. a.: Die gerechte Schul-Kooperative, in: Portele, J. (Hg.): Sozialisation und Moral, Weinheim 1978

Kultusminister NW (Hg.): Kollegstufe NW, in: Strukturförderung im Bildungswesen, Heft 17, Düsseldorf 1972

Laaser, A.: Die Verrechtlichung des Schulwesens, in: MPI für Bildungsforschung (Hg.): Bildung in der Bundesrepublik Deutschland, Bd. 2, Reinbek 1980, S. 1343 ff.

Landesregierung Baden-Württemberg (Hg.): Bericht der Kommission ‹Zukunftsperspektiven gesellschaftlicher Entwicklung›, Stuttgart 1983

Lay, G., Lemmermeier, L.: Werkstattprogrammierung: ja oder nein? In: VDI-Zeitschrift 17/1984, S. 595 ff.

Lutz, B.: Der kurze Traum immerwährender Prosperität, Frankfurt 1984

Marcuse, H.: Der eindimensionale Mensch, Neuwied 1967

Mayer-Vorfelder, G.: Brief an die Bundesbildungsministerin D. Wilms, in: Frankfurter Rundschau, 29. 3. 1984

Melberg, H.: Schulpolitik in der pluralistischen Gesellschaft. Die politischen und sozialen Aspekte der Schulreform in Hamburg 1890–1935, Hamburg 1970

Menze, Ch.: Bildung, in: Lenzen, D., Mollenhauer, K. (Hg.): Enzyklopädie Erziehungswissenschaft, Bd. 1, Stuttgart 1983

Mertens, D.: Das Qualifikationsparadox, in: Zeitschrift für Pädagogik 4/1984, S. 439 ff.

Meyer, R.: Das Berechtigungswesen in seiner Bedeutung für Schule und Gesellschaft im 19. Jahrhundert, in: U. Herrmann (Hg.): Schule und Gesellschaft im 19. Jahrhundert, Weinheim 1977

Minssen, H.: Ungleiche Verteilung von Chancen und Risiken im Verlaufe industrieller Rationalisierungsprozesse, in: Frank, H. W., Kruse, W., Rolff, H. G. (Hg.): Neue alte Ungleichheit, Opladen 1985

Moll, H. H.: Mehr Produktivität durch weniger Arbeitsteilung, Ms. 1983 (o. O.)

Naisbitt, J.: Megatrends, Bayreuth 1984

National Institute of Mental Health (ed.): Television and Behaviour, vol. 1, Washington 1982

Negt, O.: Lebendige Arbeit und enteignete Zeit, Frankfurt 1984

Nell-Breuning, O. v.: Die Enzyklika ‹Laborem exercens› und ihre Bedeutung für die Arbeitswelt, in: Die Neue Gesellschaft 2/1984, S. 119 ff.

Nevermann, K.: Ausdifferenzierung der Schulverfassung am Beispiel Preußens, in: Baethge, M./ders. (Hg.): Enzyklopädie Erziehungswissenschaft, Bd. 5, Stuttgart 1984(a), S. 172ff.

ders.: Schule und Schulverfassung in der Bundesrepublik Deutschland, in: Baethge, M./ders. (Hg.): Enzyklopädie Erziehungswissenschaft, Bd. 5, Stuttgart 1984(b), S. 393ff.

Oettinger, A. G.: Run, Computer, Run. The Mythology of Educational Innovation, Cambridge, Mass., 1969

Otten, D.: Kapitalentwicklung und Qualifikationsentwicklung, Berlin 1973

Pardon, H., Zimmermann, P.: Schülerbewegung – Vor einer Rückbesinnung, in: betrifft: erziehung 10/1984, S. 52ff.

Pfeiffer, H., u.a.: Wissenschaftsorientierung in der Schulpraxis: Zur Verkürzung und Verkehrung eines Reformkonzepts, in: Rolff u. a.: Jahrbuch der Schulentwicklung 3, Weinheim 1984, S. 259ff.

Picht, G.: Die deutsche Bildungskatastrophe, Freiburg 1964

Portele, G. (Hg.): Sozialisation und Moral, Weinheim 1978

Preuß-Lausitz, U.: Grün-alternative Bildungspolitik. Wahlprogramme, Initiativen, Grundsatzpapiere, Ms. TU Berlin 1983

ders., Zimmermann, P.: Alternativschulen und grüne Bildungspolitik, in: Rolff, H. G., u. a.: Jahrbuch der Schulentwicklung 3, Weinheim 1984, S. 204ff.

Rahmenrichtlinien für die Grundschule, hg. vom Niedersächsischen Kultusministerium, Hannover 1975

Richtlinien und Lehrpläne, hg. von der Behörde für Jugend und Berufsbildung der Freien Hansestadt Hamburg, Bd. I Grundschule, Regensburg 1973

Robinson, S. B.: Bildungsreform als Revision des Curriculums, Neuwied 1967

Rolff, H. G. u. a.: Soziologie der Schulreform, Weinheim 1980 (a)

ders.: Unterricht und Massenkultur – Probleme der Modernisierung von Lehren und Lernen, in: Rolff, H. G., u. a.: Jahrbuch der Schulentwicklung 2, Weinheim 1982, S. 159ff.

ders.: Schule im Wandel, Essen 1984

ders.: Hansen, G./Klemm, K./Tillmann, K. J. (Hg.): Jahrbücher der Schulentwicklung, Weinheim 1980, 1982, 1984

ders., Zimmermann, P.: Kindheit im Wandel, Weinheim 1985

Rösner, E., Tillmann, K. J.: Strukturelle Entwicklung: Auf dem Weg zur horizontalen Sekundarstufe I? in: Rolff, H. G., u. a.: Jahrbuch der Schulentwicklung 1, Weinheim 1980, S. 73ff.

Roth, H.: Schule als optimale Organisation von Lernprozessen, in: Die Deutsche Schule 9/1969, S. 520ff.

Rumberger, R. W.: High Technology and Job Loss. Project Report No. 84-A-12, Institute for Research on Educational Finance and Governance, Stanford 1984

Scheibe, W.: Die Reformpädagogische Bewegung 1900–1932, Weinheim 1969

Schleiermacher, F.: Vorlesungen aus dem Jahre 1826, in: Pädagogische Schriften, Bd. 1, hg. von E. Weniger, Düsseldorf 1957

Schnur, P.: Arbeitslosigkeit: Ist-Analyse und Prognose für die achtziger Jahre, unveröff. Ms., Nürnberg 1983

Schorb, B., u. a.: Familie am Bildschirm, Frankfurt 1982

Schreier, H.: Ideologische Momente im Schulunterricht der Grundschule, in: Die Deutsche Schule 1/1983, S. 40ff.

Schröder, H., Sauter, Th.: Zur Politischen Theorie des Feminismus, in: aus politik und zeitgeschichte, Beilage zu ‹das parlament›, Bonn 3. 12. 1977, S. 46ff.

Schwarzer, R.: Streß, Angst und Hilflosigkeit, Stuttgart 1981

Schweim, L.: Schulreform in Preußen 1809–1819. Entwürfe und Gutachten, Weinheim 1966

Shell Studie: Jugendwerk der Deutschen Shell (Hg.): Jugend '1 8, 4 Bände, Hamburg 1981

Sinus-Institut: Die verunsicherte Generation. Jugend und Wertwandel, Leverkusen 1983

Sorge, A., u. a.: Mikroelektronik und Arbeit in der Industrie, München 1982

ders.: Informationstechnik und Arbeit im sozialen Prozeß, Frankfurt 1985

Stegmann, H., Kraft, H.: Jugendliche an der Schwelle von der Berufsausbildung in die Erwerbstätigkeit, in: Mitteilungen aus der Arbeitsmarkt- und Berufsforschung 1/1982, S. 20ff.

Stenographische Berichte der Verhandlungen des Preußischen Abgeordnetenhauses 17. Legislaturperiode, 1. Session, 1. Bd.

Storch, K.: Der zweite Bildungsweg – Chance oder Illusion? Frankfurt 1974

Strzelewicz, W., Raapke, H. D., Schulenberg, W.: Bildung und gesellschaftliches Bewußtsein, Stuttgart 1966

Tausch, R.: Merkmalsbeziehungen und psychologische Vorgänge in der Sprachkommunikation des Unterrichts, in: Zeitschrift für experimentelle und angewandte Psychologie 9/1962, S. 474ff.

Taylor, F. W.: Grundsätze wissenschaftlicher Betriebsführung, Weinheim 1977

Tillmann, K. J.: Aufforderung, auch die Kehrseite der Medaille zu sehen, in: Westermanns Pädagogische Beiträge 4/1983, S. 160ff.

ders.: Die Computerisierung der Schule findet nicht statt – eine Analyse mit konservativ-emanzipatorischem Ergebnis, in «Bildschirm», Jahresheft des Friedrich-Verlags, Velbert 1985(a)

ders.: Reformweg in der Sackgasse? – Die Entwicklung des Hamburger Schulwesens, in: Die Deutsche Schule 2/1985b, S. 110ff.

ders., Faulstich-Wieland, H., Horstkemper, M., Weißbach, B.: Die Entwicklung von Schulverdrossenheit und Selbstvertrauen bei Schülern in der Sekundarstufe, in: Zeitschrift für Sozialisationsforschung und Erziehungssoziologie 2/1984, S. 231ff.

Toffler, A.: Die Dritte Welle, München 1980

Turkle, S.: Die Wunschmaschine. Vom Entstehen einer Computer-Kultur, Reinbek 1984

Ulshöfer, R.: Die Geschichte des Gymnasiums seit 1945, Heidelberg 1967

Volpert, W.: Das Ende der Kopfarbeit oder: Daniel Düsentrieb enteignet sich selbst, in: psychologie heute, 10/1984, S. 28ff.

Walker, D. F.: Reflections on the Educational Potential and Limitations of Microcomputers, in: Phi Delta Kappa 2/1983, S. 103ff.

Weizenbaum, J.: Die Macht der Computer und die Ohnmacht der Vernunft, Frankfurt 1977

Weniger, E.: Die Eigenständigkeit der Erziehung in Theorie und Praxis, Weinheim o. J. (1952)

Wexler, Ph.: Struktur, Text und Subjekt, in: Zeitschrift für Sozialisationsforschung und Erziehungssoziologie 1/1981, S. 55ff.

Wilhelmi, J.: Hochbegabten-Stiftungen und Privatuniversitäten – Wie sich Elitebildung gegenwärtig etabliert, in: Westermanns Pädagogische Beiträge 2/1985, S. 53ff.

Wilms, D.: Stellungnahme zur Hochbegabten- und Eliteförderung, in: Westermanns Pädagogische Beiträge 2/1985(a), S. 62ff.

dies.: Frauenbeschäftigung und neue Technologien, in: CDU-Dokumentation 5, Bonn 1985(b)

Wissenschaftsrat: Empfehlung zur Förderung besonders Befähigter, Berlin 15.5.1981, Drucksache 5307–81

Ziehe, Th.: «Ich bin heute wohl wieder unmotiviert». Von der Gratisproduktion der Kultur und der unsichtbaren Arbeit des heutigen Lehrers, in: Westermanns Pädagogische Beiträge 7/1983(a), S. 316ff.

ders.: Gesellschaftlicher Wandel und sein Bezug zu Kunst, Kulturarbeit und Ästhetischer Erziehung, in: Boström u. a. (Hg.): Jahrbuch Ästhetische Erziehung, Berlin 1983(b), S. 216ff.

ders.: Höhenrausch und Alltagsfrust – eine Polemik gegen die linke Gewohnheit, die Eigenlogik pädagogischen Handelns außer acht zu lassen, Ms., Hannover 1985

Ziegenspeck, J.: Von der Förderstufe zur Orientierungsstufe, in: Frommelt, B. (Hg.): Beispiel Förderstufe – Probleme einer strukturverändernden Reform und ihrer wissenschaftlichen Begleitung, Frankfurt 1980, S. 10ff.